设计产业蓝皮书

BLUE BOOK OF DESIGN INDUSTRY

中国创新设计发展报告（2016）

REPORT ON THE DEVELOPMENT OF CHINA'S INNOVATIVE DESIGN (2016)

主　编／王晓红　张立群　于　炜

社会科学文献出版社
SOCIAL SCIENCES ACADEMIC PRESS (CHINA)

图书在版编目(CIP)数据

中国创新设计发展报告.2016／王晓红，张立群，于炜主编.--北京：社会科学文献出版社，2016.11
（设计产业蓝皮书）
ISBN 978－7－5097－9952－9

Ⅰ.①中… Ⅱ.①王… ②张… ③于… Ⅲ.①国家创新系统－研究报告－中国－2016 Ⅳ.①F204 ②G322.0

中国版本图书馆CIP数据核字（2016）第268738号

设计产业蓝皮书
中国创新设计发展报告（2016）

主　　编／王晓红　张立群　于　炜

出 版 人／谢寿光
项目统筹／周　丽　王玉山
责任编辑／王玉山

出　　版／社会科学文献出版社·经济与管理出版分社（010）59367226
地址：北京市北三环中路甲29号院华龙大厦　邮编：100029
网址：www.ssap.com.cn
发　　行／市场营销中心（010）59367081　59367018
印　　装／北京季蜂印刷有限公司
规　　格／开　本：787mm×1092mm　1/16
　　　　　　印　张：21.75　字　数：327千字
版　　次／2016年11月第1版　2016年11月第1次印刷
书　　号／ISBN 978－7－5097－9952－9
定　　价／98.00元

皮书序列号／B－2016－555

本书如有印装质量问题，请与读者服务中心（010－59367028）联系

▲ 版权所有 翻印必究

中国创新设计发展报告编委会

总 顾 问 路甬祥

顾　　问（按姓氏笔画排序）

朱晓明　朱　焘　许宪春　李德水　李毅中
李　平　张大卫　张　祥　林忠钦　闻邦椿
姜云宝　徐志磊　潘云鹤　魏礼群

编委会主任 王晓红　张彦敏

副 主 任 陈　革　胡清林

编　　委（按姓氏笔画排序）

于　炜　马胜杰　王祖耀　王晓红　汉诺·凯霍宁
朱　健　刘士林　刘秀梅　刘琦岩　刘惠荣
刘曦卉　许科敏　孙守迁　陈　革　李本乾
李　蕊　宋慰祖　张立群　张彦敏　林笑跃
明新国　罗俊杰　单世联　胡　飞　胡坚波
胡清林　姜　楠　姜鑫玉　娄永琪　贾荣林
唐　智　董占勋　韩　挺

主　　编 王晓红　张立群　于　炜

上海交通大学高水平文科建设项目资助
中国创新设计产业战略联盟组织编写

主要编撰者简介

王晓红 中国国际经济交流中心信息部副部长、《全球化》副总编，兼任上海交通大学、北京航空航天大学、北京师范大学等多所大学教授，商务部服务贸易专家委员会委员，《服务外包蓝皮书》主编、《工业设计蓝皮书》主编、《中国时尚产业蓝皮书》副主编。1998年毕业于中国社会科学院研究生院财贸经济系，获经济学博士学位。2002年进入东北大学博士后流动站从事研究工作。长期从事国际贸易投资、服务经济等领域研究。公开发表出版学术专著及论文共计300余万字。出版个人专著5部：《中国服务外包：跨越发展与整体提升》（山西经济出版社，2012）荣获2013年商务部"全国商务发展研究成果奖"三等奖；《中国设计：服务外包与竞争力》（人民出版社，2008），荣获2009年商务部"全国商务发展研究成果奖"三等奖；《广告经济新论》（中国工商出版社，1999）、《跨国公司发展与战略竞争》（人民出版社，2004）、《利用外资与中国经济新跨越》（社会科学文献出版社，2006）。译著《设计创造财富》（中国轻工业出版社，2006）。公开发表学术论文160余篇，刊登于《人民日报》《经济日报》《光明日报》《求是》《经济学动态》《财贸经济》《改革》《国际贸易》《国家行政学院学报》《宏观经济研究》《中国社会科学院研究生院学报》《红旗文稿》《当代世界与社会主义》等权威报刊。有若干篇调研报告被新华社《参考清样》、《人民日报》内参、《光明日报》内参以及国家发改委、商务部等部委内参所采用，获得党中央、国务院有关领导的批示。主持参与国家发改委、商务部、工信部、科技部、中央政研室、国家知识产权局等部级科研课题40余项。承担商务部《"十二五"中国国际服务外包产业发展规划纲要》编制工作，担任工信部《中国制造业创新设计行动纲要》课题组副组长、编写组组长。

张立群 上海交通大学设计管理研究所所长，上海交通大学媒体与设计学院副教授。上海交通大学工业设计工学学士、设计艺术学硕士。英国RCA皇家艺术学院服务设计研究伙伴，IBM CDL访问学者（智慧城市与跨文化用户体验），英国Salford大学Adelphi研究院访问学者。上海市教委工业设计知识服务平台（培育）研究员，上海研发公共服务平台科技创新专家，上海工业设计协会常务理事，上海市现代设计法研究会常务理事，上海市创意工作者协会理事。HCII大会UX分会New Approaches of User Experience Design Research议题主席。近年主持和参与了欧盟AsiaLink基金、PMI2：A&HRC UK基金、RCUK英国研究理事会基金、中英友好创意基金等资助的多项国际设计管理研究项目；教育部哲学社会科学发展报告首批资助项目"中国都市化进程年度报告"（10JBG011）子项目"世界设计之都创新发展报告"负责人。承担中国工程院重大咨询项目"创新设计发展战略研究"及工信部课题《中国制造业创新设计行动纲要》编制工作。

于　炜 博士，华东理工大学艺术设计系主任；上海交通大学城市科学研究院特聘研究员；美国伊利诺理工大学设计学院（新包豪斯）高级研究学者、客座研究员。历任上海交通大学、第二工业大学、华东理工大学相关部处院系负责人；担任国家发改委"十三五"规划前期研究重大遴选项目"'十三五'建设社会主义文化强国研究"负责人之一、教育部哲学社会科学发展报告首批资助项目"中国都市化进程年度报告"课题组分课题《中国城市设计年度报告》负责人、《中国城市科学》编委、2010年上海世博会策划设计邀约专家等。发表论文数十篇，另有多部专著、编著出版，荣获国家专利授权、世博会上海馆"杰出设计奖"及国内外其他设计大赛奖励多项。

摘　要

《中国创新设计发展报告（2016）》是一部比较全面、系统、深入研究国际国内创新设计发展的年度报告。报告立足研究在经济新常态背景下，如何通过创新设计驱动产业转型升级这一重大问题。针对当前创新设计发展的重大理论和现实问题，从宏观层面、理论层面、政策层面和操作层面进行研究和探索，注重前瞻性、时效性、应用性、可操作性，将为推动我国创新设计发展提供引导和政策依据，同时为相关政府、地区、企业、服务机构、产业联盟、园区等制定设计战略提供有益参考。

报告分为总报告、专题研究报告、行业研究报告、国际研究报告、区域研究报告、企业创新设计案例研究报告、设计组织案例研究报告等主要板块。在专题研究报告中，紧密结合在网络化、数字化、智能化、信息化时代，创新设计对于制造业转型升级的重大作用，重点针对大数据及工业4.0与创新设计范式变革、设计创新与知识产权发展、创新设计教育模式等当前创新与经济发展中的热点、难点问题进行深入探讨。在行业研究报告中，重点研究分析了高端装备制造设计、互联网设计、信息服务设计、影视动画设计、服装设计等领域创新发展的新趋势和新问题，有利于指导相关行业的创新。在国际研究报告中，重点研究了美国、芬兰等发达国家创新设计政策及发展情况，对于我国制定创新设计相关促进政策具有重要参考价值。在区域研究报告中，紧密结合长江经济带发展战略、京津冀协同发展战略等国家重大战略，重点研究了长三角、珠三角、京津冀三大重点区域的创新设计发展及其对区域产业的带动作用，同时还研究了中国香港创新设计的发展情况，对于促进三大区域的自主创新能力提升、推动产业转型升级具有积极意义，同时对于其他地区发展创新设计也具有借鉴意义。在企业创新设计案例研究

报告中，重点分析了华为、小米科技等设计引领的创新型企业和重大创新设计项目，通过解剖典型案例告诉大家，如何认识创新设计价值、如何发挥设计在创新中的引领作用。在设计组织案例研究报告中，重点分析了中国创新设计产业战略联盟、德国设计委员会、SVID瑞典工业设计基金会等国内外设计服务组织、设计促进机构的发展情况，它们的经验和做法对于国内设计服务机构转型具有一定的示范意义和参考价值。

序 一

英文 Design 一词源于古拉丁文 Designare，意为构思、计划。古汉语"设计"，是"设"与"计"的合词。根据东汉许慎的《说文解字》，"设"为"施陈也"，"计"即"会算也"，其基本含义是设想、运筹、规划和计算。就本质而言，设计是人类对有目的创新实践活动的创意和设想、策划和计划，是技术装备、工程建设、经营管理、商业服务和应用创新的先导和关键环节，是将信息、知识和技术转化为集成创新和整体解决方案，实现应用价值的发明创造和应用创新过程。设计创新不仅推进了农耕文明，而且曾引发产业革命，推动了工业化、现代化、信息化的进程。在现当代，人们不仅致力于设计创新产品，而且也设计创新工艺与装备，设计创新经营管理和商业服务模式。知识网络时代的创新设计呈现新的特征，将引发新产业革命，也必将为中国制造转变为中国创造发挥引领作用。

一 设计创新与产业革命

纵观人类文明发展历程，设计创造推动了社会文明进步。在延绵数千年的农耕时代，人们主要利用天然材料、依靠劳动中积累的经验传承和个人的创意创造，采用手工艺制作方式，设计制作了诸多精美陶瓷铜器、金玉礼器、兵刃胄甲、器皿家具、棉麻丝锦、服饰冠靴、房舍殿寺、园林美景等。中国古代火药的发明以及火冲、烟花的设计应用，造纸术的发明以及手工造纸工艺流程的设计，丝绸的发明以及缫丝工艺和提花丝绸织机的设计与应用，瓷器的发明以及瓷器制作工艺流程和瓷窑的设计，造型简洁、结构严谨的明清家具设计和精湛的制作工艺等，中国人发明的指南针以及明代设计制造的郑和出海远航的宝舡大船，明清时期设计建造的北京故宫建筑群及其丰富的宫廷珍藏，等等，集中国古代设计精粹于大成，使得我国设计和工程技术走在当时的世界前列，并经由古代海上和陆地丝绸之路传播至东南亚、中亚和欧洲等地，对人类文明进步做出了重要贡献。古埃及、古巴比伦、古希腊、古罗马、古印度等也曾涌现诸多各具特色的重要发明和设计。但是由于在人造材料、能源动力、工作机器等生产力关键要素方面没有取得创新突破，因而未能引发产业革命。18世纪中叶，蒸汽机、纺织机械、金属切削机床、火车、轮船等机械设计和发明以及煤的开采利用、钢铁冶金技术和规模生产等，引发了第一次产业革命，英伦三岛崛起为"日不落帝国"；19世纪70年代以后，电机电器、电力系统、汽轮机、内燃机、燃气轮机、汽车、飞机、核电等发明，机电设计和发明，以及合金材料、石油化工和高分子合成材料等发明和规模生产等，引发了第二次产业革命，将人类社会推进到了电气化核能时代，德、美、日相继崛起成为世界工业强国；20世纪20年代兴起的工业设计提出"设计为人"，倡导技艺结合，功能与美学、经济相协调，提升了产品附加值和竞争力。20世纪中叶以来，发明了半导体三极管，设计了硅基电子功能材料和光刻工艺装备、集成电路、电子计算机、数控机床、商用机器等，将人类社会推进到以数字化、机械电子一体化和柔性制造为特征的后工业时代，美国引领主导了电子信息技术创新和微电子、计算机产业发展的进程，德、日、韩等国也在机械电子装备设计制造、消费类电器设计制造等领域形成了优势。

以设计促进产业创新是现代工业化国家的共同战略。美、德、日、英、法、韩等工业化国家始终高度重视设计对产业创新的作用，并将其纳入国家创新战略。德国早在20世纪初就确立了"设计定标准，设计定质量"的战略，从而铸就了德国制造品质和奔驰、宝马、大众、西门子、博世等世界名牌。1969年日本政府先后成立"设计行政室"和"日本产业设计振兴会"，推动设计产业蓬勃发展，使日本产品质量和品牌在全球市场的竞争力快速提升。法国从戴高乐时代起，就在关系国家安全和核心利益的重要领域，坚持自主设计研发核电站、航空航天、高铁、核潜艇等装备并形成了产业优势。

1998年韩国总统金大中发表《21世纪设计时代宣言》，宣告以三个"五年计划"实现设计立国，推动了三星、现代、LG、蒲项等企业创新，造就了韩国制造业的崛起。

21世纪，人类进入知识网络时代，形成不同于工业时代的技术与市场环境，设计呈现出与工业时代不同的新特征，进入了新的发展阶段。如果将农耕时代的传统设计定义为设计1.0，工业时代的近现代设计定义为设计2.0，那么，我们可将知识网络时代的创新设计定义为设计3.0。

二 全球知识网络时代的创新设计——设计3.0

全球知识网络时代，宽带网络将世界连接成一体，信息知识大数据成为最重要的创新资源，全球宽带网络、智能交通物流、云计算、云存储等成为设计最重要的创新基础设施。全球市场多样化、个性化物质与文化需求的持续增长，以及资源环境压力、应对气候变化、科技创新与产业变革、发展理念的进化等，推动了设计创新价值理念的进化。

知识网络时代的设计将具有绿色低碳、网络智能、融合创新、多元优化、共创分享等特征。知识网络时代的设计制造、运行服务、经营管理，不仅处于物理环境中，还同时处于全球信息网络环境中；设计制造和服务更依靠人的创意创造，依靠科学技术、经济社会、人文艺术、生态环境等知识信息大数据和全球网络；设计制造从工业时代注重产品的功能和成本效益，拓展为注重包括制造过程、营销服务、使用运行和再制造等全生命周期的资源高效利用，经济社会、生态环境、人文艺术等综合协调优化和可持续发展的价值追求；转向多样化、个性化、定制式、更注重用户体验的设计制造和服务。宽带网络、信息开放获取、云计算、虚拟现实、3D+X打印与精确成形与处理、智能物流等技术创新，为设计创造了全新的自由开放、公平竞争、全球合作环境，设计更加自由，奇思妙想的设计能被制造出来；设计与研发、制造、应用、服务相互融合，依托大数据和云计算，发展成为全球协同、共创分享的网络设计研发、制造和营销服务，制造者、分销商、运行服

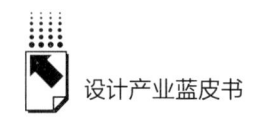

务商、用户乃至第三方"创客"皆可共同参与设计创新。知识网络时代的设计是人人可以自由参与、公平竞争合作、共创分享的创意创造；知识网络时代的资源能源开发利用将转向绿色低碳、智能高效、可再生循环、可持续利用，设计创造的重点领域将是绿色材料、超常结构功能材料、可再生循环材料，以及具有自感知、自适应、自补偿、自修复功能的智能材料等，将设计创造多样的增材与减材、绿色低碳工艺与智能装备；空天海洋、深部地球、运载物流、化工核能、新能源、生物医学、微纳系统等超常环境、超常功能、超常尺度装备成为创新设计的新领域和新目标；计算机辅助设计也将发展成为基于全球网络、大数据和超级计算的数字虚拟现实，多元优化、超算分析、控制管理等操作系统，工具软件和嵌入式应用软件的设计创新成为竞争力和附加值的核心要素，并由此催生了以大数据分析、设计计算、虚拟制造、软件和服务增值为核心的网络设计制造、软性设计制造新业态；设计研发将融合物理、化学、生物与仿生、材料、工程技术、软件和计算等多学科、跨领域、跨界的系统集成创新，将融合理论、实验、虚拟现实和大数据等科学方法。

其实，设计的转型变革从20世纪80年代已经开始。主动引领、积极顺应这一变革的企业得以强势崛起、超常发展，反之则衰落或被淘汰。比尔·盖茨早在20世纪80年代就认识到，只要能设计开发一款界面清晰、简单易用的操作系统，便可将计算机变得人人可以使用。1981年，微软与IBM签约，盖茨领导开发了适用PC的MS-DOS操作系统，后来发展成为Windows，还开发了办公软件Office和浏览器IE等，曾占据全球个人电脑软件市场70%以上的份额；1999年微软创下6205.8亿美元的市值，成为世界上最大的软件公司，改变了每个人的生活与工作；IBM因只专注于发展商用计算机和服务器，失去了个人电脑和操作系统软件的巨大市场。1997年乔布斯重返苹果公司，领导推出iPod、iPhone、iPad等移动智能终端创新设计，引领了移动互联网产业的新潮流。2012年8月21日，苹果以市值6235亿美元超越微软名列全球股市第一，而且创造了基于iOS操作系统和APP.Store、iTunes等的共创分享平台，形成了移动互联网金融、网络物流、网络零售、网络娱乐等新兴业态，改变了人们的生活与娱乐方式。爱立信、摩托罗拉、诺基亚等企业曾不乏卓越的手机设计，也曾是移动通信产业的领军者，但它们未能抓住网络智能终端的创新设计而衰落。英国罗尔斯·罗伊斯公司基于互联网、大数据、云计算和新型传感技术，通过"引擎健康管理"网络服务的创新设计，赢得了全球大型发动机50%的市场份额。波音787、空客A380等都是采用全球网络协同设计的成功案例。

三 创新设计与中国创造

经过30余年的高速发展，我国已成为全球第二大经济体、第一制造大国，但发展主要依靠高要素投入、低成本优势，以及引进资金、技术、装备和管理，付出了巨大资源环境代价。我国经济已进入新常态，未来5~10年将是我国产业转型升级、打造经济升级版、迎接世界新产业革命挑战的关键时期，但我国多数企业主要依靠代工生产和仿制，创新设计能力薄弱仍然是制约我国产业转型升级和自主创新能力跃升的主要瓶颈。提升创新设计能力，对提升我国制造业的国际竞争力，推动中国制造向中国创造转变，实现创新驱动、跨越发展具有重大意义。

创新设计是实现从跟踪模仿到创造引领的关键环节。创新设计是产品和产业创新链的起点和源头，不仅能提升产品的功能、品质、市场竞争力和附加值，还可以创造和引领新的市场和产业。我国载人航天、北斗导航、嫦娥奔月、超深水半潜式钻井平台、特高压直流输电设备等依靠自主创新设计系统集成和突破关键核心技术，成为我国重大工程技术装备进入世界先进行列的标志；中车集团、中铁工程设计院等通过自主设计研发实现了我国高铁工程系统的集成再创新，使我国高铁运行和建设里程居世界第一位，成为全球高铁产业的领跑者。小米公司选择高性价比市场定位，依靠自主创新设计体验卓越的用户界面、独具一格的硬件设计和营销策略，仅用了三年时间，2014年全球销售就突破6112万台，成为国内外"米粉们"追捧的智能手机品牌。我国汽车业因过度依赖技术引进和合资，自主设计、自主知识产权和

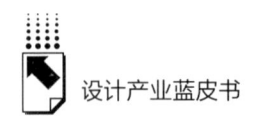

自主品牌缺失，虽是全球乘用车产销第一大国，却形成了外资以40%的资本，占据了50%市场份额、攫取行业利润70%的被动局面。

创新设计是推动制造业实现"三个转变"的重要抓手。创新设计通过创意创造，集成信息、知识、技术和服务，推动制造业实现从设计研发到制造服务的全产业链的创新变革，引导企业从OEM向ODM、OBM、OSM转变，是我国制造业摆脱"微笑曲线"底端困境、实现价值链攀升的关键。华为公司致力于创新设计先进通信产品和系统，突破关键核心技术，形成了自主知识产权和品牌，从一个后起的中低端通信设备生产商发展成为先进通信装备、服务整体解决方案和智能用户终端的提供商，不仅进入世界500强，而且名列"全球创新竞争力百强"和"全球百强品牌"。格力公司坚持以创新设计主导技术、产品、管理与服务创新，其生产的家用空调产销连续7年居世界之首，成为享誉全球的名牌。宁波太平鸟、青岛红领等服装企业运用互联网和创意创新设计实现全球个性化定制、网络经营，并实现了销售和利润的逆势大幅上扬、品牌增值，成为传统产业转型增效的范例。

发展创新设计是把握新产业革命机遇的必然要求。当前，以信息、能源、材料、智能制造、生物等技术为主导的新产业革命正在孕育，将成为推动新一轮全球经济增长和产业结构变革的引擎。大数据、云计算、全球信息物流、3D打印等全新的信息网络—物理环境催生出创客、众包、众筹及个性化、定制式设计制造、网络设计制造、软性设计制造与服务等新业态，开启了大众创业、万众创新的新时代。美国政府为了巩固全球创新优势地位，2013年投资3.2亿美元成立"数字制造和设计创新研究院"，2014年奥巴马总统宣布每年投入25亿美元推动"创客"发展。2011年欧盟成立设计领导力委员会，制定面向未来创新设计的《欧洲非技术性创新与用户创新联合计划》，并颁布《为发展和繁荣而设计》纲要。2013年德国政府在《德国工业4.0战略》中，把适应网络智能制造的软件、系统等创新设计作为关键环节。日本致力于发展无人工厂和协同机器人，力图抢占网络智能设计制造的先机。20世纪80年代以来，微软、英特尔、苹果、谷歌等一批IT及互联网企业依靠创新设计，长期占领PC操作系统、CPU、商用计算机与服务器、移动智能终端、搜索引擎等全球市场的主导权，引领了全球相关产业创新发展的潮流。抓住创新设计才能在新一轮产业革命中立于不败之地，面对新产业革命与我国发展方式转型交汇的难得机遇，我们应当通过创新设计引领带动关键产业领域变革升级，抢占知识网络时代的先机，成为高端设计制造服务和新兴产业的领跑者。

创新设计打造企业的核心竞争力。创新设计推动了科技成果的市场转化，20世纪70年代末，波音公司通过创新设计和系统集成，仅耗时28个月就研制出载客量大、航程超长的波音747，纵横蓝天40余年，成为各国民航大型跨洲客机的首选。根据美国设计管理协会2013年发布的数据，福特、微软、耐克、可口可乐等"以设计为主导"的企业，10年来其股市市价表现高于标准普尔指数228%。阿里巴巴公司创新设计了独特的电商信用体系和多元化大数据平台，形成了淘宝、支付宝、余额宝、菜鸟等新商业模式，成为全球电商领导者，上市市值达到2480亿美元，一度超过亚马逊和eBay的总和，为亿万国人提供了网络商务、创业和融资的新模式，促进了相关产业信息化、网络化的进程。深圳大疆公司集成无线传输、GPS、高性能航空摄影平台、模块化硬件、嵌入式控制软件等技术，创新设计四轴消费应用无人机，通过网络营销方式，近5年营收增长近百倍，成为全球同行业的领军者，被美国《时代周刊》评选为2014年全球十大科技产品。

提升我国创新设计能力，应实施"重点突破、支撑引领、开放融合、以人为本"的总体战略。通过创新设计探索绿色低碳、智能高效的创造强国之路，重点突破设计软件等共性关键技术，在重点产业领域实现创新跨越，提升产品及工程系统、工艺装备、经营服务等创新设计能力。通过创新设计全面提升自主创新和可持续发展能力，促进"两化"融合，迎接全球知识网络时代的新产业革命挑战，支撑引领我国产业转型升级、转变发展方式，提高国防安全保障能力，实现富民强国的中国梦。开放融合全球先进设计理念、技术、人才等资源要素，推动跨地区、跨产业、跨学科融合发展，形成面向产业、和谐包容的创新设计服务体系，推动中国设计走向世界。依照用户需求驱动创新设计发展，大力培养创新设计人才，以人为本，形成大

众创业、万众创新的良好环境，将人口红利转化为创新红利，支持推动由中国制造向中国创造转变。

——提升重点产业领域的创新设计能力。通过创新设计提高关键技术创新、系统集成创新、服务模式创新的能力，形成具有自主知识产权的新产品、新材料、新工艺。在传统制造产业、战略性新兴产业、现代服务业等重点领域实施创新设计示范工程，培育一批具有创新设计能力、掌握关键核心技术、拥有自主品牌的世界著名企业。

——利用创新设计改造提升传统产业。通过创新设计提升钢铁冶金、纺织服装、家用电器、建筑建材、能源电力、交通运载、公共安全与国防等工业的装备制造、系统集成和服务水平，实现从产量规模到质量效益、从制造向创造的转变，支撑"一带一路"战略，实现从输出产品到输出系统和服务的转变。

——发展战略性新兴产业和现代服务业的创新设计。重点提升信息技术、高端装备、新能源、新材料、航空航天、智能电网、轨道交通、新能源汽车、节能环保等战略性新兴产业，以及大数据应用、云计算、软件、互联网、电子商务、文化创意等现代服务业的创新设计能力，推动业态创新，加速形成国际竞争优势。

——推动公共服务和生态环境领域的创新设计。重点提升公共安全和国家安全、社会管理与服务、生态与环境等领域的创新设计能力。形成信息化、网络化、智能化的技术和装备支撑体系，建立先进设计规范和标准，提高公共安全、国家安全、社会服务的保障能力以及生态环境保护和修复能力。

——加强设计共性关键技术的创新。发展信息化设计与过程集成的设计、复杂过程和系统设计等共性技术；强化绿色低碳、网络智能、个性与定制化、商业模式、服务和品牌设计等关键技术。自主研发用于智能产品、智能制造、智能管理及大数据挖掘等领域的设计工具、云计算、虚拟现实、智能控制、操作系统和嵌入式应用软件等。

——建设完善创新设计生态系统。制定创新设计发展产业政策，设立创新设计基金，构建公共服务平台；加快构建以企业为主体，市场为导向，

"产学研、媒用金"协同的创新机制；建立以市场应用为主要依据的创新设计竞争力评价指标，完善创新设计知识产权保护；发展各类创新设计教育，促进国际交流，构建创新设计人才体系；培育建设质量第一、用户至上、创新引领、诚信合作的具有中国特色的创新设计文化。

发达国家的经验和我国产业发展实践表明，必须强化设计在产业创新链中的关键作用，把创新设计作为国家创新驱动发展战略的重要组成部分，纳入国家"十三五"和中长期发展规划；通过顶层设计与政策引导，完善支持保障措施，制订创新设计行动计划，促进产学研合作，着力提升企业创新设计能力，加快实现中国制造向中国创造跨越。

序　二

综观国际国内形势，发展创新设计具有长远的历史意义和重大战略意义。

当前，以信息技术、新能源、新材料、生命科学、生态环保等为代表的新一轮科技革命和产业革命正在世界蓬勃兴起，并深刻影响和加速经济发展方式、生活方式、消费方式、创新方式的变革，也推动全球制造业正在迎来一场新的革命，智能制造、绿色制造、服务型制造正在成为未来发展的趋势，网络化、数字化、社会化、大众化的创新模式将颠覆旧有的传统模式，为制造业带来大众创业、万众创新的创新生态环境。与此同时，全球制造业分工体系也面临重构，将为发展中国家带来弯道超车的历史机遇。

创新设计是创新链的源头和起点，也是人类有目的、系统性的创造活动，具有"绿色低碳、网络智能、融合创新、共创分享"的主要特征。它以产业为主要服务对象，贯穿融合技术创新、产品创新、工艺流程创新、商业模式创新、服务业态创新等，由此推动制造业从研发、生产、市场到服务的全产业链创新发展，实现价值链向高端跃升。创新设计将新的科学技术转化为现实生产力，创造出新的产品、新的业态、新的服务模式和崭新的市场需求，促进生产方式、生活方式、消费方式的变革，在重塑现代制造业价值链体系中发挥关键性作用。比如，苹果公司的智能终端就是当代经典的创新设计成果。

搞好创新设计必须牢固树立创新、协调、绿色、开放、共享的发展理念。提高创新设计能力，对于实现绿色低碳、智能高效的新型工业化道路，构建中国先进制造体系，引领企业走向自主品牌之路，提升中国制造的自主创新能力、可持续发展能力和国际竞争力具有重要作用。"十三五"时期我

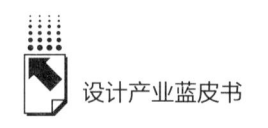

国经济进入新常态，制造业面临严峻挑战。经济下行压力和新旧动能转换，使制造业面临更大挑战，亟待培育核心动力源；低端产能过剩、要素成本上升、粗放生产难以为继，使制造业面临结构升级的任务更加迫切；缺乏关键核心技术、自主设计、自主品牌仍是制约中国制造业竞争力的短板。因此，发展创新设计比以往任何时候都显得重要。

《中国创新设计发展报告（2016）》是一部比较全面、系统、深入研究国际国内创新设计发展的年度报告。报告立足研究在经济新常态背景下，如何通过创新设计驱动产业转型升级这一重大问题。针对当前创新设计发展的重大理论和现实问题，从宏观层面、理论层面、政策层面和操作层面进行研究和探索，注重前瞻性、时效性、应用性、可操作性，将为推动我国创新设计发展提供引导和政策依据，同时为相关政府、地区、企业、服务机构、产业联盟、园区等制定设计战略提供有益参考。

报告分为总报告、专题研究报告、行业研究报告、国际研究报告、区域研究报告、企业创新设计案例研究报告、设计组织案例研究报告等主要板块。在专题研究报告中，紧密结合在网络化、数字化、智能化、信息化时代，创新设计对于制造业转型升级的重大作用，重点针对大数据及工业4.0与创新设计范式变革、设计创新与知识产权发展、创新设计教育模式等当前创新与经济发展中的热点、难点问题进行深入探讨。在行业研究报告中，重点研究分析了高端装备制造设计、互联网设计、信息服务设计、影视动画设计、服装设计等领域创新发展的新趋势和新问题，有利于指导相关行业的创新。在国际研究报告中，重点研究了美国、芬兰等发达国家创新设计政策及发展情况，对于我国制定创新设计相关促进政策具有重要参考价值。在区域研究报告中，紧密结合长江经济带发展战略、京津冀协同发展战略等国家重大战略，重点研究了长三角、珠三角、京津冀三大重点区域的创新设计发展及其对区域产业的带动作用，同时还研究了中国香港创新设计的发展情况，对于促进三大区域的自主创新能力提升、推动产业转型升级具有积极意义，同时对于其他地区发展创新设计也具有借鉴意义。在企业创新设计案例研究报告中，重点分析了华为、小米科技等设计引领的创新型企业和重大创新设计项目，通过解剖典型案例告诉大家，如何认识创新设计价值、如何发挥设计在创新中的引领作用。在设计组织案例研究报告中，重点分析了中国创新设计产业战略联盟、德国设计委员会、SVID 瑞典工业设计基金会等国内外设计服务组织、设计促进机构的发展情况，它们的经验和做法对于国内设计服务机构转型具有一定的示范意义和参考价值。

王春正

目 录

Ⅰ 总报告

B.1 创新设计引领产业转型升级 ……… 王晓红 张立群 于 炜 / 001

Ⅱ 专题研究报告

B.2 大数据、工业4.0与创新设计范式变革研究
　　……………………………… 王祖耀 黄少华 孙守迁 / 022
B.3 设计创新与知识产权发展现状和趋势
　　………………………………………… 林笑跃 吴 溯 / 034
B.4 创新设计教育模式研究 ……………………… 姜 楠 / 053

Ⅲ 行业研究报告

B.5 高端装备制造业设计发展现状及趋势 ………… 明新国 / 068
B.6 互联网思维与互联网设计 …………… 谢雪莹 董占勋 / 082
B.7 信息化设计发展现状及趋势 …………………… 胡坚波 / 090

B.8 影视动画创新设计发展现状及趋势 ………… 刘秀梅 张蕾蕾 / 105
B.9 服装设计的发展趋势与对策 ………………… 贾荣林 常 乐 / 123

Ⅳ 国际研究报告

B.10 美国设计服务业发展研究
　　　　　………………… 于 炜 姜鑫玉 王 琳 鲍如霜 / 139
B.11 芬兰设计创新体系的演变及发展研究
　　　　　………………………〔芬兰〕汉诺·凯霍宁 陈朝杰 / 153

Ⅴ 区域研究报告

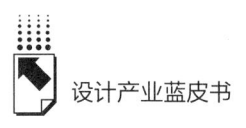

B.12 长三角地区与珠三角地区工业设计特色发展研究
　　　　　………………………………………… 胡 飞 周红石 / 164
B.13 京津冀设计产业发展研究 ………………… 宋慰祖 亚 建 / 172
B.14 香港设计服务业发展状况 ……………………………… 刘曦卉 / 190

Ⅵ 企业创新设计案例研究报告

B.15 小米科技创新设计案例研究 ……………………………… 梁琦惟 / 202
B.16 加意新品设计管理发展案例研究 ………… 郭 宇 谢 敏 / 217
B.17 华为创新设计案例研究 …………………… 王 晋 钟嘉明 / 236
B.18 厦门东太集团创新案例分析与研究 ……… 胡清林 梁 田 / 248

Ⅶ 设计组织案例研究报告

B.19 中国创新设计产业战略联盟 ……………… 张彦敏 刘惠荣 / 263
B.20 德国设计委员会 ………… 于 炜 姜鑫玉 王亚运 袁 淞 / 272

B.21 SVID 瑞典工业设计基金会
.... 姜鑫玉　于　炜　陈　欣　李燕巧 / 288

Abstract ………………………………………………………… / 304
Contents ………………………………………………………… / 306

总报告

General Report

B.1 创新设计引领产业转型升级

王晓红　张立群　于炜

摘　要： 创新设计在推动实现制造业智能化、绿色化和服务化，构建中国新型制造体系中将发挥核心作用。创新设计是有效推动供给侧结构性改革的重要途径，对于推动"中国制造向中国创造转变、中国速度向中国质量转变、中国产品向中国品牌转变"，探索绿色低碳、智能高效的新型工业化道路，加快产品、系统、工艺、服务等创新，提升中国制造的自主创新、可持续发展能力和国际竞争力，具有重要战略意义。创新设计已经成为许多国家创新驱动战略的重要组成部分和创新活动的重要构成内容，当前各地区各产业领域的创新设计日趋活跃。通过构建国家创新设计战略和创新设计体系，促进创新设计的理论与应用研究，实施创新设计人才发展战略，强化创新设计在经济转型与科技创新中的地位，发挥创新设计

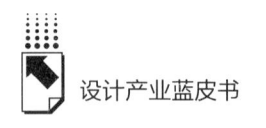

在提升全产业链价值中的核心关键作用，有助于从总体上提升我国的创新设计能力。

关键词： 创新设计　转型升级　创新设计战略

一　引言

创新设计在推动实现制造业智能化、绿色化和服务化，构建中国新型制造体系中将发挥核心作用。创新设计也是有效推动供给侧结构性改革的重要途径，对于推动"中国制造向中国创造转变、中国速度向中国质量转变、中国产品向中国品牌转变"，探索绿色低碳、智能高效的新型工业化道路，加快产品、系统、工艺、服务等创新，提升中国制造的自主创新、可持续发展能力和国际竞争力，具有重要战略意义。[①]

创新设计是创意性、系统性创造活动，它面向网络智能时代，集科学技术、文化艺术、服务模式创新于一体，以绿色低碳、网络智能、超常融合、共创分享为主要特征。创新设计以产业为主要服务对象，以需求侧为起点，在供给侧为产业、产品和服务全过程提供系统性的支持服务，将技术创新、产品创新和服务创新有机融合，推动制造业实现从研发、生产、市场到服务的全产业链创新发展，是科技成果转化为现实生产力，引领企业走向自主品牌和服务增值之路的关键环节，也是中国制造业摆脱长期位于"微笑曲线"底端困境，实现价值链向中高端攀升的关键。

创新设计涵盖工程设计、工业设计、艺术设计、服务设计等各个领域，正有力支撑和引领新一轮产业革命。随着制造业网络智能化新趋势的出现，

[①] 《第十二届全国人民代表大会第四次会议关于国民经济和社会发展第十三个五年规划纲要的决议》，《中华人民共和国全国人民代表大会常务委员会公报》2016年4月15日。

创新设计正在利用互联网、大数据、软性制造、物理信息系统、云计算等新技术，催生出创客、众包、众筹及个性化、定制化设计制造、网络设计制造等新业态，开启了大众创业、万众创新的新时代。互联网信息技术的发展，人们的消费观念、文化理念、生活与生产方式的改变，带动了设计从注重对材料和技术的应用、功能的优化，上升为对人性化、个性化、多样化的用户体验追求以及对人文道德、生态环境的关注，创新设计不仅赋予产品、服务更丰富的物质、精神和文化内涵，同时在引导和创造市场需求方面也发挥了重要作用。[1]

从创新设计发展与应用的前景来看，路甬祥认为，今天和未来的设计创新将适应和引领知识网络时代的经济社会和文化需求，促进引发新产业革命，将导致网络化、智能化、绿色低碳、全球共创分享、可持续发展。设计致力于创新资源能源和新材料开发利用；致力于创新交通运载、制造装备、信息通信、农业生物、社会管理与公共服务、金融商业、生态环保、公共与国家安全等装备与服务；致力于设计低碳高效，具有可再生、可回收、可存储、可控制、可分配、自适应、分布式的能源和动力系统[2]。

二 世界创新设计的发展趋势

（一）创新设计是国家创新驱动战略的重要组成部分

近年来，世界各国把建设创新型国家作为重要战略选择。创新型国家是指那些将科技创新作为基本战略，大幅度提高科技创新能力，形成日益强大竞争优势的国家。[3] 创新型国家应至少具备四个基本特征：一是创新投入高，研发投入占 GDP 的比例一般在 2% 以上；二是科技进步贡献率高达

---

[1] 《中华人民共和国国民经济和社会发展第十三个五年规划纲要》，《人民日报》2016 年 3 月 18 日。
[2] 路甬祥：《设计进化与面向未来的中国创新设计》，《全球化》2014 年第 6 期。
[3] 萧灼基：《建设创新型国家十大关键点》，《中国经济信息》2006 年第 2 期。

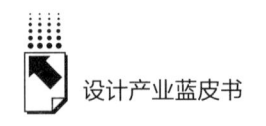

70%以上；三是自主创新能力强，对外技术依存度指标通常在30%以下；四是创新产出高。创新设计能够通过发现与整合用户需求来驱动公共、私人机构及社会的产品、服务和流程创新[1]，对于企业转型、区域经济发展和全球化背景下国家竞争力建设的牵引作用越来越突出。因此，越来越多的国家和地区把创新设计作为获取竞争优势的核心资源要素。创新设计促进政策已经成为政府推动企业发展的手段。Hobday（2012）[2]等认为，创新政策是引导推动企业开发新的产品、服务和流程的政策。实际上，创新设计早已成为创新经济时代的国家创新战略与政策的要素，在国家层面，从欧洲的英国、丹麦、芬兰及瑞典到亚洲的日本、韩国都已将创新设计作为国家创新战略的重要组成部分，并在促进创新设计应用、研究、专业化方面进行了大量投资，其目的在于将创新设计纳入国家及地方的创新体系中。[3]

自2004年起，美国国家科学研究委员会和美国国家工程院发布了 *Retooling Manufacturing：Bridging Design，Materials，and Production* 和 *Making Value：Integrated Innovation，Design，Manufacturing and Service* 等系列报告，强调设计在制造革新和新价值创造方面的突出作用[4][5]。2014年美国总统奥巴马拨款10亿美元组建国家创新制造网络，并计划建设15个制造创新研究所，形成国家创新生态系统。通过联结产业界、学界、政界等各方力量，为企业创新提供基础设施和资源共享平台。

德国一直注重创新设计政策体系建设。德国装备制造业一直全球领先，是全球制造业中最具竞争力的国家之一。德国创新设计政策的主要特

---

[1] 刘力源：《中国智造：围绕产业链打造创新链》，《文汇报》2015年11月13日。
[2] Hobday, M., Boddington, A., and Grantham, A. (2012) Policies for design and policies for innovation: Contrasting perspectives and remaining challenges, Technovation 32, pp. 272–281.
[3] 杜芳：《设计创新引领中国制造》，《经济日报》2015年11月30日。
[4] Committee on Bridging Design and Manufacturing, Board on Manufacturing and Engineering Design, National Materials Advisory Board, Division on Engineering and Physical Sciences, National Research Council. RetoolingManufacturing: Bridging Design, Materials, and Production. National Academies Press, 2004.
[5] National Academy of Engineering. Making Value: Integrated Innovation, Design, Manufacturing and Service, National Academies Press, 2012.

点是：大幅度增加教育和科技投入，铸造产、学、研一体化链条，加速创新知识的产品转化；高度重视企业创新活动，让企业成为技术创新主体；实施推动创新的收入分配政策，激发人们创新的勇气与潜能；加强普通教育与职业培训，为创新提供高素质的人力资源。在 2013 年德国政府发布的《德国工业 4.0 战略》中，提出了开放创新、协同创新、用户创新，注重用户价值、关注满足个性化需求的产品设计，推动工业创新从生产范式到服务范式转变的全新理念。

英国政府把创新设计视为国家六大竞争性资源之一。政府十分重视创新设计产业和教育事业发展。英国政府有着注重设计产业战略的传统，2008 年英国设计委员会（Design Council）联合 Lancaster 和 Dundee 等大学开展的"Design 2020"设计产业战略研究项目，为在全球化背景下英国创新设计的未来走向和路径选择制订了长远发展规划。[①]

韩国 1998 年提出"设计韩国"战略。[②] 制定专门法律法规确立"文化立国"的方针，明确发展创新设计与产业融合的方向，尤其注重对信息技术产业，如电子游戏、音乐及电子网络等新兴产业与创新设计融合的支持，具体包括：提供设备技术支持；投入硬件基础设施；提供资金，包括提供创新文化企业贷款，使得中小企业也能贷到资金；立法保障文化产业的发展；设立产业振兴院，协调产业之间的互动融合；等等。韩国在亚洲金融危机之后开始推动成为创意强国的进程，每年拨款相当于 3 亿元人民币用于工业设计的展示、交流和评选工作。

日本在通产省下设产业设计振兴会，专门负责创新设计国策的具体落实工作，每年颁布国家级优秀设计奖 G Mark。国家设立专属部门，从政策层面推动创意设计的发展，极大地促进了制造业和国家的创新设计竞争力的跃升。

（二）创新设计是创新活动的重要构成内容

创新设计广泛应用于各类产业的产品、服务和流程创新，并开始频繁出

[①] http://www.ukdesign2020.org/index.php.
[②] SEOUL DESIGN FOUNDATION, http://www.seouldesign.or.kr/eng.

现在社会问题的求解过程中（Brown，2009）。[1] 与过去不同，当今的创新不再是局限于单纯的技术开发，而是越来越多地涉及服务、用户体验和社会系统改良，这就要求设计在创新中担当更重要的角色。创新在形式和途径上均已发生了转变，即使在科学领域，靠偶然发现取得的原创成果也已经越来越少见，大多数的创新都需要借助有目标、有设计、有计划的活动才能实现。[2] 英国NESTA创新指数（2009）显示，创新设计比研发更为重要，创新设计的贡献（17%）高于技术研发（11%）。[3] 创新设计的核心是以用户为中心的创新过程，因此创新设计是架设在技术、服务、用户和社会创新之间的桥梁，并已经成为企业在技术研发之外的一条新途径。创新设计使创新立足点从单纯的技术创新延展到更为多样化的层面。尤其对于那些在技术研发方面不具备持续投资实力的中小型企业而言，创新设计能够大幅度提升其竞争能力。对于传统制造业而言，通过创新设计围绕其核心产品展开服务创新、流程创新有助于实现制造价值增值，为企业转型升级探索新的途径。无论是对于企业还是公共服务及社会发展，设计都是一种强劲的创新力量。根据英国设计理事会的设计价值实证报告（2007），[4] 商业活动中每100英镑的设计投资，其回报为255英镑；丹麦商业管理部在设计的经济效用研究（2003）中发现"设计的使用与企业的经济表现及宏观经济增长之间有着明显的相关性"且采购过设计服务的企业其营业总收益超出平均值以上22%。[5]

---

[1] Brown, T. (2009) Change by Design-How design thinking transforms organizations and inspires innovation, HarperCollins, New York, USA.

[2] 路甬祥：《提升创新设计能力，加快创新型国家建设》，2014年浙江大学学术年会演讲，2014。

[3] National Endowment for Science, Technology and the Arts (2009) Innovation Index 2009; Measuring the UK's investment in innovation and its effects, London.

[4] Design Council (2007) The Value of Design Factfinder Report, London, http: www.designcouncil.org.uk/Documents/Documents/Publications/Research/TheValueOfDesignFactfinder_ Design_ Council.pdf.

[5] Danish Business Authority (2003) The Economic Effects of Design, Copenhagen, http: www.ebst.dk/file/1924/the_ economic_ effects_ of_ designn.pdf.

(三)产业领域的创新设计日趋活跃

抓住创新设计才能在新一轮产业革命中立于不败之地,已经成为产业界、企业界的共识。在产业领域的创新设计活动中,最具代表性的国家是美国和德国。美国 Microsoft、Intel、IBM、Apple、Google 等一批 IT 互联网企业依靠创新设计,长期占据 PC 操作系统、CPU、商用计算机与服务器、移动智能终端、搜索引擎等全球市场的主导权,引领了全球相关产业创新发展的潮流。根据美国设计管理协会 2013 年发布的数据,福特、微软、耐克、可口可乐等"以设计为主导"的企业,10 年来其股市市价表现高于标准普尔指数 228%。

德国在很多领域,如可再生能源系统、分子生物技术、激光技术以及实验软件工程等方面都有领先的创新技术。与美国相比,德国不仅在研发最具革命性的新技术方面毫不逊色,在运用设计将创新价值从工业扩展到整个商业领域方面则更为擅长,德国的创新设计更注重将新理念与传统产品、加工方式融合,使即将被淘汰的部门整合到新的更具活力的部门中。德国认为,有意义的创新必须能够广泛地提升生产力,而不仅是针对个别时下热门的高新技术领域。所以他们并不局限于开发新的工业领域,同时也不断在原有产业中注入新思想、新技术。[①] 德国有许多帮助公司通过创新设计重新整合、优化各种创意想法的公共研究所,这种机制已经被运用到整个德国的工业领域中。此外,德国创新的目的是提高工人素质进而提高生产力,其创新理念是能够为不同教育水平的工人提供最好的、长期的工作。2010 年德国有22% 的人从事制造业,并且贡献了 GDP 的 21%,但工资福利平均比美国高66%。

英国设计委员会的一项调查显示,英国企业重视创新设计的比例愈来愈高,设计产业国际化程度也非常高,73% 是由 20 人以下的小型设计顾问公

---

① Dan Breznitz. Why Germany Dominates the U. S. in Innovation. Harvard Business Review,MAY 27,2014,https：//hbr. org/2014/05/why-germany-dominates-the-u-s-in-innovation/.

司所组成，64%的设计组织在两个以上国家设立分支机构。目前英国在设计研究、设计教育、设计产业国际化方面居于领先地位。英国设计委员会经过调查该国1500家企业，发现50%的制造企业认为设计在商业行为中起着重要的作用，尤其是以设计为导向的企业在过去十年间其股票价值增值200%。

三 我国创新设计的发展现状

（一）我国创新设计取得快速发展

"十二五"时期，我国科技创新对经济社会发展的支撑和引领作用日益突出，尤其是互联网＋与产业融合互动，不仅加速了新经济的产生，也催生了创新设计活动繁荣，重大创新设计成果不断涌现，创新设计在推动传统产业转型升级、加速战略性新兴产业发展以及推动服务业态创新等方面都发挥了重要作用。

1. 国家创新设计能力显著提升，已经涌现出一批重大创新设计成果

北斗导航、神舟飞船、嫦娥探月、"蛟龙号"载人潜水器、高铁、核电等标志着我国重大工程装备创新设计能力已居国际前列。尤其是中车集团、中铁工程设计院等通过自主设计研发实现了我国高铁系统集成创新，奠定了我国高铁产业世界领跑者的地位，成为"一带一路"战略中带动中国装备"走出去"的排头兵。2016年初美国国家科学基金会发布的《美国科学与工程指标》显示，我国已成为世界第二研发大国。研发投入、科技论文产出、高技术制造增加值等均居世界第二位，研发支出接近欧盟的总和，研发强度10年间几乎增长了1倍。2015年我国研发（R&D）经费支出14220亿元，比上年增长9.2%，占GDP的比重为2.1%，科技进步贡献率达55.1%，国家创新能力世界排名提升至第18位。截至2015年底，累计建设国家工程研究中心132个，国家工程实验室158个，国家认定企业技术中心1187家，工信部认定的国家级工业设计中心64家。专利方面，2015年度的专利申请总量是2289346件。其中外观设计专利474079件，占总量的21%；实用新型专利859925件，

占总量的37%；发明专利955342件，占总量的42%，在三者中比例最大。

2. 企业创新设计竞争力显著增强，出现了一批设计引领的创新型企业

2015年，我国企业发明专利申请58.3万件，占国内发明专利申请受理量的60.2%，与2014年基本持平。我国企业获得发明专利授权15.9万件，占国内发明专利授权量的60.5%，较2014年提高4.1个百分点[1]。2014年国内发明、实用新型和外观专利受理与申请量分别是2010年的2.73倍、2.11倍和1.34倍，企业作为市场主体，在创新设计中继续发挥决定性作用。[2] 创新设计增强了企业开拓国际市场、创建品牌的能力。华为通过长期坚持创新设计，形成了自主品牌和自主知识产权，从一个中低端通信设备生产商成长为全球通信服务整体解决方案提供商，进入世界500强，也是我国唯一进入"全球创新竞争力百强"和"全球百强品牌"的企业。阿里巴巴、腾讯、百度等一批创新型企业也依靠创新设计占领了全球互联网企业的制高点。格力坚持以创新设计为主导，通过构建工艺、制造、销售服务等各环节的质量保障体系，2014年实现营业额1400多亿元，利润同比增长32%。美的、TCL、康佳、创维等大型企业平均设计研发投入占销售额的2.5%，海尔、联想、一汽、吉利、奇瑞等一批制造企业通过设计创新使产品进入了国际市场。海尔集团在全球建立了18个设计中心，平均每天申请2.6项专利，外观设计专利近2000件。上海家化集团完成佰草集、六神、高夫、美加净等知名品牌的设计开发，2011年带动企业营业收入突破35亿元。据调查，广东制造企业对工业设计投入达到50亿元/年，工业设计对全省经济增长的贡献率达28%。在实施工业设计战略的企业中，80%开拓了新产品市场，70%降低了产品成本，企业有40%的利润和25%的销售增长来自工业设计。

3. 创新设计在推动产业升级中发挥了重要作用

创新设计所具有的系统整合思维能为企业制定发展路径，推动转变的实现；创新设计方法能够引导企业挖掘用户和市场需求，从而把握迈向"创

---

[1] 佘惠敏：《中国稳居世界第二研发大国位置》，《经济日报》2016年2月24日。
[2] 中华人民共和国国家知识产权局，2016年1月14日，http://www.sipo.gov.cn/twzb/2015ndzygztjsj/。

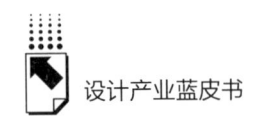

造"的商业机遇与方向。创新设计能加快企业从OEM到ODM、OBM、OSM的转型升级，重塑我国产业在全球产业链的地位。近年来，轻工、纺织服装、电子信息制造、机械及装备制造、交通运输装备等产业通过应用创新设计实现了转型升级。我国家电行业企业设计投入平均占研发费用的比重达30%，我国在手机、家电、汽车等领域涌现出一批具有竞争力的设计公司。而作为代表性传统产业之一的家具行业已在创新设计的引领下走向"创造"发展的道路，通过细分用户与市场、引入绿色环保材料及工艺、整合大数据及互联网技术，家具行业已经进入发展自主品牌、个性化定制、智能化生产的新阶段。通过家具与家电的整合、实体店与网络销售的整合、用户需求和设计研发的整合，以尚品宅配为代表的一批家具企业实现了从代工制造向自主品牌定制家具营销的转型。在服装产业，以宁波太平鸟、青岛红领等为代表的传统企业运用互联网思维，通过创新设计实现了网络个性化定制和销售，企业竞争力大幅度增强。

4. 设计服务业快速发展壮大

截至2014年底，我国设计师人数已有1700万，工业设计从业人员约50万，近年来我国设计人员数量的年平均增速保持在10%左右。根据我国企业保有量，平均每个企业拥有1.1名设计师。全国已有工业设计相关企业超过7500家，其中工业设计服务公司超过2500家，与20世纪末相比两者增长近百倍。在设计服务质量上，专业设计公司已经逐步嵌入企业的设计创新链中，成为推动企业转型升级的重要支撑。越来越多的工业设计公司与企业形成紧密的战略性合作伙伴关系，成为制造业创新链、价值链的重要组成部分。专业工业设计机构也开始从单纯提供设计服务向开发自主品牌产品发展，服务能力总体提升明显。近年来，我国各地的设计产业园区数量快速攀升，目前全国已建成的文化创意类或制造业服务类产业园区超过1000家，其中半数以上将工业设计纳入主体业务范畴。[①] 近年来，一些有条件的地区

---

① 李昂、刘瀚泽：《推进工业设计产业化发展 加速制造业转型升级》，国务院发展研究中心，2015-11-11，http://www.casaid.cn/dynamic/inland/detail.html?id=6be81c22-5431-42f2-af43-df862f95f274。

陆续建立了设计产业园,深圳田面设计之都、上海国际工业设计中心、上海市8号桥设计创意园、北京DRC工业设计创意产业基地、顺德北窖国家工业设计示范基地、无锡(国家)工业设计园、广东工业设计城等专业性工业设计产业园区也在近年陆续出现;近年来我国设计教育的快速发展,为创新设计提供了重要人才保障。截至2015年底,有228所高等院校设立了工业设计专业,设立产品设计专业的院校有333所,设立机械设计专业的院校有393所。每年培养的工业设计专业毕业生数量为美国同期的10倍以上。行业协会方面,全国共有工业设计协会20家以上,起到了连接政府、市场与产业的重要作用。设计交易服务也得到了快速发展,2012年12月中国设计交易市场正式开业,79家北京产权中介机构、71家上海产权中介机构及深圳联交所旗下的8所交易平台已经开始为市场提供设计交易服务。[①]

(二)发展创新设计面临的主要问题

1. 我国多数制造企业自主设计创新能力弱

目前我国多数企业以OEM和跟踪模仿为主,制造服务附加值低,处于全球价值链中低端水平。以美国苹果公司的全球垂直型"设计生产模式",即"硅谷设计——日本精密机械制造芯片——中国台湾制造主板——中国大陆组合生产成品"为例。中国大陆代工iPhone产品,获得的劳动力价值约为2%,远远低于美国所获设计研发收益60%的价值。以液晶面板为例,尽管中国的彩电、手机和电脑产量位居世界第一,但是其使用的核心部件主要依靠进口。如液晶彩电进口32英寸彩电面板约700元,而此类彩电国内售价2000多元,进口成本占售价的三分之一。不仅如此,高端数控机床、集成电路、民航客机、航空发动机、科学与医疗仪器、高

[①] 王晓红、张立群:《工业设计推动产业升级的机理与对策》,载于夏杰长、姚战琪、李勇坚主编的《中国服务业发展报告2014:以生产性服务业推动产业升级》,社会科学文献出版社,2014。

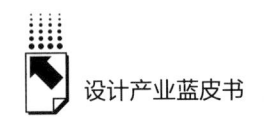

端基础关键零部件等仍严重依赖进口。① 我们自主设计创造并引领世界的重要产品、高端制造装备、经营服务模式还比较少，自主创建的国际著名品牌、国际著名企业还很少。

2. 创新设计服务于产业升级的能力亟待提升

当前我国进行供给侧结构性改革的主要原因是解决产能过剩问题，提高产品和服务供给质量。从供需角度看，我国经济下行存在供给不足和需求不足双重矛盾。一方面是产品过剩呈现明显的结构性特点，即低端产品过剩，高端产品供给严重不足。近两年出现的大量境外海淘现象真实地体现出了这一点。另一方面是生产性服务的严重短缺。这些都迫切需要加强全产业链设计，提升全产业链价值增值空间，这对我国在产业层面全面展开创新设计提出了新的要求。

3. 创新设计发展和能力建设不均衡

麦肯锡2015年底发布的一项研究显示，其在分析了中国和世界其他国家31个行业、占全球GDP 30%的2万家上市公司后发现，得益于市场规模和有利于持续创新的生态系统，中国在聚焦顾客的创新和效率驱动的创新两个方面非常突出，而在基于工程的创新和基于科学的创新方面还有很大的提升空间。② 该研究基于四种创新模型，在聚焦顾客的创新模型里，解决顾客的问题是关键；在效率驱动的工业模型里，创新旨在改善生产或服务配送的流程。基于工程的创新需要深厚的知识积累，得益于政府在技术转移和企业规模化方面的支持。在我国高铁（占全球总收入的41%）、通信器材（占全球总收入的18%）、风力涡轮机（占全球总收入的20%）等行业，我国企业学习和成长十分迅速；③ 而在科技密集型行业（该研究涉及的行业包括化学品、半导体设计和制药等）还存在较大差距。

---

① 麦肯锡：《中国的创新能力——远胜于世界对它的估计》，2015。
② Jonathan Woetzel：《麦肯锡：中国创新能力的真实水平》，刘静雯编译，http://www.wtoutiao.com/p/X19YAX.html。
③ 《报告：人才创造未来 创新引领世界》，《光明日报》2010年6月10日。

4. 企业创新设计能力和意识总体较弱

我国先进制造技术和设计创新的研究与应用水平低。根据汤森路透发布的 2015 年"全球创新百强"名单，美国拥有 GE、NIKE、AMD 等 35 家企业，日本有 40 家、法国有 10 家，我国华为 2014 年首登榜单之后，2015 年还没有上榜企业。从我国企业新产品创新研发投入结构来看，企业侧重技术创新研发投入，对创新设计的投入不持久、缺乏科学规划。企业技术创新没有与用户需求、商业环境对接，没有把设计链置入产业链中，没有发挥创新设计在生产制造、商业服务、金融中的提升作用，其结果必然是科技成果的转化率低、实用性和推广性差，导致技术研发的价值实现困难。大部分中小企业还缺乏系统科学的创新设计理念，满足于从国外引进先进技术和核心技术进行模仿，消化吸收和二次创新能力有限。2015 年我国汽车产销量超过 2450 万辆，连续 7 年位居全球第一，但汽车业对外技术依存度超过 50%，汽车企业收入仅占全球收入的 8%，自主品牌占有率下滑。企业自主创新能力不足还反映在与发达国家制造业在国际分工产业链体系上的纵向差距方面，我国由于不掌握核心技术、缺乏原创设计理念，不得不将每部国产手机售价的 20%、计算机售价的 30%、数控机床售价的 20%～40% 拿出来向国外专利持有者支付专利费。

5. 创新设计生态系统还没有形成

目前大部分设计研发活动仍然封闭在企业内部完成，较少与高校和科研机构、设计企业乃至跨行业企业进行研发合作，还没有形成"产、学、研、媒、用、金"的协同创新优势。近年来，政府虽然逐渐加大了资金支持，努力搭建各类设计服务平台，对接人才和市场、融合技术和商业，但在基础研究、共性和关键设计技术研究等领域缺乏持续的经费投入，影响了健全的创新设计研究体系形成，也难为企业创新提供共性和关键设计技术支撑。相比较而言，技术创新投入的收益周期比设计创新相对较长，风险也较大。因此，有必要从企业竞争力角度，研究优化企业创新设计研发投入的具体路径。在国家重大项目实施过程中，缺乏鼓励和支持首台（套）产品、服务和系统的创新设计研制和示范应用的支持资金，使得企业承担的创新设计研

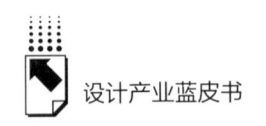

发风险较大,从而导致企业创新动力不足,宁愿走惯性模仿的老路,也不愿走竞争创新的新路。

6. 政府对创新设计缺乏顶层设计和统筹协调

自2011年以来,国务院各部委和地方政府极为重视设计政策对产业发展的积极引导作用,并围绕促进工业设计发展、推进文化创意和设计服务产业融合发展、鼓励设计服务小微企业融资等方面陆续出台了多项政策文件。但是未能打破部门、行业和学科间的壁垒,资源和资金投入分散,不能形成合力解决国家重要行业、重大装备的创新设计能力提升问题。创新人才建设计划也由于政出多门、定位重叠、标准不科学、评选不公平、管理不完善等,引发的负面效应日益凸显。[①] 国家设计系统应搭建链接基础研究、应用研究、成果转化和用户体验的创新设计服务平台,以支持全产业链的整体创新,形成上中下游利益与风险共担的创新服务模式。

7. 高水平复合型创新设计人才短缺

在设计教育层面,设计专业设置在机械、艺术、传媒、计算机等不同类型的二级学院(系),学科组织架构壁垒严重,阻碍设计学科集成和融合多学科知识实现创新。工程教育则偏重制造学科,轻视横跨商业、信息和管理的创新设计理念教育,跨学科的创新设计工程人才培养模式还处于探索阶段。长期以来,由于设计活动涉及内容极为庞杂,对其设计实践及设计理论的研究多集中在具体的二级学科和专业方向上,这些学术研究成果(包括理论、方法和工具等)已经不足以支持当今的创新转型战略与政策的实施。因此,寻求有效途径解决创新设计的学科体系与学术体系之间的矛盾,也将有助于大学更好地培养交叉学科的创新设计人才。

8. 对创新设计实现产业升级存在理解误区

目前国内对产业升级的理解存在一些误区。一是将创新主导的升级过程误解为提高研发费用占GDP的比例,硬性要求建研发中心等情况也比较普遍;二是将产业升级的战略路径误解为搞战略性新兴产业而限制发展传统产

[①] 赵永新:《全国各级各类创新人才计划多达近百个》,《人民日报》2016年3月28日。

业，忽视了中国的产业优势不可能离开传统产业这一特点；三是将产业升级简单化为"腾笼换鸟"，割裂了一地所集聚的完整产业链，要付出巨大搬迁成本。因此，就地升级，即对旧的技术系统进行改造，从产品定位、功能配置和价值网络层级对产品进行升级，从制造工艺提升、供应链优化和产业链再造层次对工业体系进行优化是最好的产业升级办法。从世界范围来看，随着西方国家技术不断进步，其制造过程的生产率不比服务业低，今后它们的发展重点可能就放在中间环节，即微笑曲线趋于直线。加里·皮萨诺（2014）提出的"产业公地理论"认为，西方国家把制造环节发包出去之后，服务经济发展过程中因缺乏制造业产业升级公地，导致研发灵感枯竭，这也是西方国家工业再回流的原因，"产业公地理论"要求产业协调发展。

四 提升创新设计能力的主要思路

必须深刻认识到，随着我国要素成本全面上升，跨国公司加工制造业向其他发展中国家转移的趋势越来越明显，发达国家掀起回归实体经济的浪潮，我国将面临发达国家重振高端制造和发展中国家低成本制造竞争的双重挑战。目前我国创新设计能力总体上比较薄弱，不仅缺少原创关键核心技术，而且缺少自主设计创造引领世界的产品、技术装备和服务模式。因此，"十三五"时期加快发展创新设计的紧迫性和重要性尤其突出。

（一）强化创新设计在经济转型与科技创新中的地位

1. 强化创新设计对于经济增长的支撑作用

发挥创新设计在改善供给、创新需求、促进消费结构升级中的作用。引导大众增强消费能力，改善消费预期，丰富消费内涵，通过创新设计带动消费结构升级，引领和创造信息、绿色、时尚、品质等新型消费需求，推动线上线下融合等消费新模式发展，实施消费品质量提升工程，引导海外消费回流。利用创新设计提高企业开拓国际市场能力，适应国际市场新变化，通过创新设计构建以技术、标准、品牌、质量、服务为核心的贸易竞争新优势，

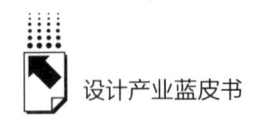

推动中国品牌国际化，推动优秀创新设计成果的出口。

2. 突出设计在科技创新中的引领作用

设计是科技成果转化为现实生产力的关键环节，通过创新设计实施需求导向、创造新的供给，提高供给质量和效率，激活和释放有效需求，是实现基础研究和共性关键技术研究、原始创新和颠覆性技术创新寻求转化为现实生产力的重要路径。一方面，强化企业创新主体地位和主导作用。为企业开展基础性前沿性创新研究的成果转化提供资源支持。促进高等院校和科研院所参与国家创新设计体系建设，鼓励一批高水平大学和科研院所组建跨学科、综合交叉的创新设计团队。通过机制、资源和平台建设推动跨领域、跨行业协同设计创新活动的展开。另一方面，以国家目标和战略需求为导向，建设一批高水平国家创新设计机构，提升设计创新基础能力。拓展创新设计参与国家重大科技基础设施建设的深度和广度，依托现有先进设施组建综合性国家创新设计中心。依托企业、高校、科研院所建设一批国家创新设计中心，支持企业创新设计中心建设。推动高校、科研院所面向社会需求开放创新设计资源。[①] 通过引导创新设计要素聚集流动，形成一批带动力强的创新设计中心，打造区域性创新设计高地。

（二）发挥创新设计在提升全产业链价值中的核心关键作用

新一轮制造业革命，将通过创新驱动全面提升制造业价值，推动传统制造业转型升级，也将重塑全球制造业分工体系。创新设计将在推动全产业链创新、提升价值链增值能力中发挥引领作用。

1. 创新产品设计推动企业产品结构升级和质量、品牌、服务提升

一是加强产前设计研发，支持企业加大创新设计投入，通过创新设计集成新技术、新材料、新工艺，提升关键技术和系统集成创新能力，提升新产品开发能力，形成具有自主知识产权的新产品。二是推广个性化定制设计和

---

① 《中共中央关于制定国民经济和社会发展第十三个五年规划的建议》，《人民日报》2015年11月4日。

智能化设计。通过运用互联网、物联网、大数据、云计算、虚拟仿真、智能控制和嵌入式操作系统等网络信息技术，设计出适应个性化需求的新产品，实现数字化、智能化、网络化制造。三是强化品牌设计。通过提升产品的功能、外观造型设计水平等，提升产品质量，增加有效供给，形成品牌影响力，增强国际市场竞争力。

2. 创新流程设计提高制造效率，推动制造业向绿色低碳、网络智能转型

一是大力开展循环经济设计，优化生产工艺流程设计，形成低碳节能的生产方式。二是加强网络服务设计，推动网络化协同制造，提升制造企业智能化水平。三是优化供应链管理设计，通过信息化、网络化、平台化的供应链管理系统设计，整合集成社会物流、信息流、资金流等要素资源，降低企业流通成本和要素成本。

3. 创新服务模式设计推动业态创新，实现产品链、产业链、供应链高效融合和价值链全面提升

一是推动产品全生命周期设计，实现从产品研发设计、制造到用户的无缝链接、闭环效应，实现从生产到服务的全产业链价值提升。二是加强互联网新兴业态和新的商业模式设计，鼓励依托互联网的直销服务、用户体验等商业模式，为消费者提供个性化、便利化服务，降低制造企业成本，提高销售收入和利润增长空间。三是提升整体方案解决设计能力。

（三）构建国家创新设计战略和创新设计体系

费里曼于 1987 年提出"国家创新体系"理论，提倡在国家层面为创新活动的各个主体做出制度安排，使其可以在一系列共同的社会经济目标下积极发展和互动，从而支撑创新成为社会变革和发展的关键动力。[①] 该理论被

---

① 它的基本含义是，"为了推动国家的创新活动的发展，使一个国家的创新活动取得更好的绩效，在国家的层面上为创新活动的各个主体所做的制度安排和它们之间的相互作用，它是政府、企业、大学、科研机构以及其他中介机构以创新作为社会变革和发展的关键动力，在一系列共同的社会经济目标下的相互作用系统"。见：Freeman C. (1995). The National System of Innovation in historical perspective. Cambridge Journal of Economics, 19 (1), 5 – 24。

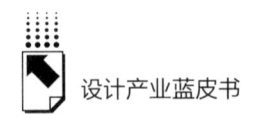

美国、韩国、芬兰等国家广泛采用，其实质是全方位地营造支持创新发展的生态系统。推动中国创新设计发展也需要在国家层面进行统筹部署和谋划，推动区域、产业、教育、公众、媒体、金融的协同创新，确保中国创新设计发展战略的实现。

为此，应紧紧围绕推动自主创新、引领产业转型升级、促进绿色可持续发展、保障国家经济安全、加强公共服务建设等国家重大战略构建我国创新设计战略，从可持续创新的理念出发，统筹协调创新设计环境、生产、消费、交易之间的关系，培育创新设计消费市场，完善创新设计生态系统的建设。主要包括：制定国家创新设计产业规划政策、制定创新设计发展路线图、完善相关基础设施建设、搭建各类创新设计公共服务平台、制定创新设计教育与人才战略、建立创新设计评价体系、营造创新设计的文化与社会环境等。应重点支持建设若干各具特色的国家和区域创新设计研究中心、创新设计工程中心；力争经过5~10年努力，在10~20个不同产业领域形成特色突出、具有国际影响力的"设计之都"。

（四）大力促进创新设计的理论与应用研究

加强创新设计理论与方法、技术、工具、系统、平台、流程及标准、规范、法规、人才、管理等方面的研究，主要包括：①创新设计的共性理论与方法研究，以及交叉/互补的创新设计理论与方法研究。②与创新设计相关的工具研发。③创新设计的技术基础研究，如法律、工程、电子等。④创新设计的人文与社会基础研究，如美学、心理学、社会学、市场学等；开展创新设计对重点发展领域支撑性的研究。⑤创新设计专业人才培养体系的研究，包括人才结构、人才培养、人才引进、人才管理等。⑥创新设计相关标准与规范研究等。

（五）实施创新设计人才发展战略

1. 创新设计教育发展模式

当今企业创新呈现鲜明的整合创新特点，是对技术、市场和设计的高度灵活运用。发达国家企业创新设计的成功发展无一不是依靠具有创新性思维的人才发展起来的。美国、英国等发达国家都非常重视创新人才的培养，通过教育和培训，增强企业整合技术、市场和设计资源的能力，培养全面的创新意识。我国高校科学工程人才培养规模居世界前列。2012年我国授予的近一半大学第一学位在科学与工程领域，美国这一比例为33%。全球科学与工程领域的大学第一学位授予总量约为640万人，其中我国占23.4%、印度占23.0%、欧盟占12%、美国只占9%。2000~2012年，中国获得科学与工程学士学位的人数增长了3倍多，远远快于美国、欧洲及亚洲其他国家。此外，中国科学与工程博士学位授予数量仅次于美国，居世界第二位。但传统设计教育模式下培养的研究型人才明显缺乏基于技术、市场和设计资源的整合开展创新设计的能力，已经不能适应日新月异的科技革命和产业革命提出的知识聚合创新和跨领域资源整合创新的要求，从而导致企业创新设计人才短缺，设计专业毕业生转行率高、淘汰率高等问题。[①]

2010年中国工程院"创新人才"项目组对未来十年的中国创新型工程科技人才的需求态势进行研究，提出对于三类人才，即技术交叉科技集成创新人才、产品设计人才和工程管理经营人才有迫切的需要；从创意创新人才可持续发展角度，提出应在基础教育阶段加强设计教育，将创意创新理念融入基础教育中，从培养创新型人才的目标出发，在法规、制度、培养体系等方面进行改革，加大对中小学生进行科学、工程、设计理念与文化的熏陶，加强对中小学生创新理念、创新方法与创新文化的教育。[②]

2. 优化设计人才结构

把人才作为支撑创新设计发展的第一资源，将创新设计能力培养纳入卓越工程师培养计划，建设世界著名的设计学院重点培育创新设计高精尖人才；鼓励企业和社会组织加强设计人才培训。建立国际重大设计项目合作机制，建立国际智库、科研院所和企业间的设计人才交流机制。加快推进创新

---

① 目前，我国设计企业大多是不超过10人的微型企业，准入门槛低，人员平均流动率为40%以上。
② 中国工程院"创新人才"项目组：《走向创新——创新型工程科技人才培养研究》，《高等工程教育研究》2010年第1期。

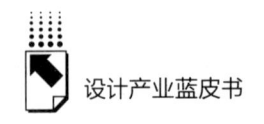

设计人才体制和政策创新,实施创新设计人才工程,构建有国际竞争力的人才制度优势,提高人才质量,健全人才流动机制,完善人才评价激励机制和服务保障体系,营造有利于人人皆可成才和青年人才脱颖而出的社会环境。发挥政府引导作用,鼓励人才资源开发和人才引进。完善业绩和贡献导向的人才评价标准。保障人才以知识、技能、管理等创新要素参与利益分配。鼓励设计师不断提高服务大型客户、承接大型项目的能力。

(六)加强创新设计共性技术和公共服务平台建设

1. 建立创新设计通用研发平台

一是大力支持面向市场和企业的创新设计基础工具、软件研发。二是加强设计大数据建设。重点围绕设计案例大数据、传感器大数据、材料大数据、商业大数据、专利大数据等开展数字化、网络化、智能化设计技术体系建设。推动产品数据的全数字模型化试点,推动工业技术模型数据库应用与交易平台建设,建立开源工业模型数据库,鼓励设计相关协会和网络采集会员的年度数据形成数据库。

2. 建设服务中小微企业的低成本、便利化、开放式创新设计公共服务平台

打通市场资源、市场需求与创业创新对接渠道,实现创新资源共享,支持中小企业提升开发新技术、新产品、新业态、新模式的能力。

3. 鼓励大型企业建立技术转移和服务平台,向创业者提供创新设计支撑服务

完善创业培育服务,打造创业服务与创业投资结合、线上与线下结合的开放式服务载体,规范发展创新设计领域的实物众筹、股权众筹和网络借贷等互联网金融平台。

4. 积极推动创新设计资源协作与管理系统平台建设

建立面向跨领域、跨行业的创新设计服务平台,为产业应用与发展提供支撑,促进社会、企业、教育等资源共享,建立服务于创新设计的分布式资源网络服务平台,促进科研、教育、知识产权与成果的产业化融合。建设创新设计网络社区,通过线上线下互动,鼓励创新设计资源的流动与合作。

5. 搭建创新设计推广宣传平台

以"中国好设计"大奖为平台，树立推广设计引领型的企业、产品、装备、工艺流程、服务模式等标杆，引导企业提高技术创新和品牌创建能力。加强现代设计博物馆、艺术与科学展示馆、新材料新技术展示馆等与设计相关的展馆建设，提升社会认知水平；召开创新设计国际国内论坛、研讨会和工作坊，促进业内交流互鉴，推动设计与商业、科技、人文、社会的互动交融。

参考文献

[1] 路甬祥：《设计进化与面向未来的中国创新设计》，《全球化》2014年第6期。

[2] 萧灼基：《建设创新型国家十大关键点》，《中国经济信息》2006年第2期。

[3] 刘力源：《中国智造：围绕产业链打造创新链》，《文汇报》2015年11月13日。

[4] 杜芳：《设计创新引领中国制造》，《经济日报》2015年11月30日。

[5] 李昂、刘瀚泽：《推进工业设计产业化发展 加速制造业转型升级》，国务院发展研究中心，2015-11-11，http：//www.casaid.cn/dynamic/inland/detail.html？id＝6be81c22-5431-42f2-af43-df862f95f274。

[6] 王晓红、张立群：《工业设计推动产业升级的机理与对策》，载于夏杰长、姚战琪、李勇坚主编的《中国服务业发展报告2014：以生产性服务业推动产业升级》，社会科学文献出版社，2014。

[7] 麦肯锡：《中国的创新能力——远胜于世界对它的估计》，2015。

[8] Jonathan Woetzel：《麦肯锡：中国创新能力的真实水平》，刘静雯编译，http：//www.wtoutiao.com/p/X19YAX.html。

[9] 《报告：人才创造未来 创新引领世界》，《光明日报》2010年6月10日。

[10] 赵永新：《全国各级各类创新人才计划多达近百个》，《人民日报》2016年3月28日。

[11] 中国工程院"创新人才"项目组：《走向创新——创新型工程科技人才培养研究》，《高等工程教育研究》2010年第1期。

专题研究报告

Monographic Research Report

B.2
大数据、工业4.0与创新设计范式变革研究

王祖耀　黄少华　孙守迁*

摘　要： 当前，大数据的价值逐渐浮出水面，我国工业4.0发展呈现点状萌芽态势，创新设计的发展走到十字路口。大数据、工业4.0为创新设计提供了全新的信息网络、物理环境和创新动力。随着知识与服务逐步取代产品与技术成为价值创造的核心，创新设计的对象、构成、方法、商业模式以及设计人才等发生重大变革，在众筹、众包、众创、众享等互联网技术的影响下，创新设计与生产制造加速融合，设计师创业逐渐兴起。

---

* 王祖耀，浙江大学宁波理工学院讲师，研究方向为工业设计。黄少华，浙江大学宁波理工学院教授、博士生导师，研究方向为网络与新媒体。孙守迁，浙江大学现代工业设计研究所教授、博士生导师，研究方向为创新设计。

关键词： 大数据　工业4.0　创新设计　设计创业

近年来，为适应我国经济转型升级的迫切需求，国务院先后发布了多项通知、意见及行动纲要。比如2015年5月发布的《中国制造2025》、2015年7月发布的《关于积极推进"互联网+"行动的指导意见》以及2015年9月发布的《促进大数据发展行动纲要》，分别从创新设计、"互联网+制造业"以及大数据等角度，对我国从制造大国向制造强国转变提出了新的要求。"互联网+制造业"的核心是信息物理系统（CPS）基础上的万物互联与智能制造，与德国"工业4.0"的概念不谋而合。本研究报告将在梳理大数据、工业4.0与创新设计现状的基础上，理顺三者之间的关系与未来发展趋势，并提出相应的对策建议。

一　大数据、工业4.0与创新设计发展现状

（一）我国大数据发展现状

大数据又称为巨量数据、海量资料，即所涉及的数据量规模巨大，以至于无法在合理时间内通过人工截取、管理、处理整理成人类所能解读的信息[①]。这些数据来自方方面面，包括各级政府部门的政务信息资源、互联网上的数字内容、企业数据库以及各种传感器采集的信息等。政府部门及其下属的事业单位和产业界是大数据的两个主要来源。2015年4月，国务院办公厅发布《2015年政府信息公开工作要点》，要求推进行政重点领域信息公开，并全面加强主动公开工作。2015年9月，国务院发布《促进大数据发展行动纲要》，明确提出大力推动政府部门数据共享、开放以及具体应用方面的重点工作。2015年1月，宁波市政府与中国工程院联合启动"宁波城

---

① 童明荣：《大数据：宁波智慧城市建设的新引擎》，《宁波日报》2014年10月14日。

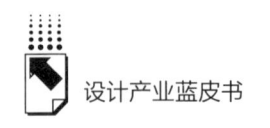

市大数据研究"项目；2015年4月，全国首个大数据交易所"贵阳大数据交易所"挂牌运营。政府部门也逐渐意识到开放数据是大数据应用的基础，对于推动开放创新、激发市场活力与社会活力至关重要。在产业大数据方面，越来越多的企业开始大数据应用方面的研究。百度、阿里巴巴、滴滴出行等互联网公司已开发出自己的大数据处理与存储系统，并依靠大数据技术实现了用户需求获取、广告精准投放、大数据精准推送、O2O线上线下服务等功能；越来越多的制造企业主动利用大数据探索全新的商业机会、辅助企业决策或进行知识管理，比如华为的FusionInsight大数据平台以及海尔的U+智慧生活平台及虚拟机器人微软小冰等。在政府大数据与产业大数据的合作方面也产生了一些典型案例，比如高德公司与北京、广州、深圳、天津、沈阳、大连、无锡、青岛等八个城市的政府交通部门合作。"大数据"所蕴含的巨大价值逐步浮出水面，但总体而言尚处于起步阶段，对大多数企业而言，数据的价值还有待于深层挖掘，数据能为企业决策提供支持的道路还很漫长。

（二）我国工业4.0发展现状

工业4.0的概念是德国在2011年汉诺威工业博览会上首次提出的。工业4.0是在新一代信息技术与制造业加速融合的背景下产生的，主要利用物联网、大数据、云计算、三维立体（3D）打印、机器人、人工智能等技术，实现人－机－物的高度互联、信息交换与价值流动。工业4.0的本质是产业互联网，即互联网与制造业在价值网络中的深度融合，其核心是万物互联与智能制造，我国提出的"两化融合"、智能制造也是其重要组成部分；我国于2015年5月发布的《中国制造2025》则被大多数人称为中国版的"工业4.0"。佛山、惠州、东莞、苏州、泉州、青岛等工业重镇纷纷开始制定各自的"工业4.0"计划，推出与智能装备、智能家居、机器人、物联网、可穿戴设备、三维立体（3D）打印、新能源汽车等有关的产业政策。改革开放30多年来，我国制造业飞速发展，智能制造领域也涌现了像沈阳机床、三一重工、重庆川仪、新松机器人等一批进入全球榜单的企业，总体上大而不强，我国的高端数控机床、民航客机、科学与医疗仪器等仍然严重依赖进口。当然，我国也出现了一些通过资本并购、战略合作或业务延伸等途径切入工业4.0领域的企业，比如均胜电子通过德国子公司普瑞（Preh）收购IMA Automation Amberg GmbH及相关知识产权，布局工业机器人产业。互联网是我国的一大优势，如何利用这一优势实现互联网与中国制造的化学反应，是学术界、产业界和政府都在考虑的问题。当前，我国已经逐步步入互联网3.0时代：1.0是桌面互联网；2.0是移动互联网；3.0就是互联网+，互联网已经渗透到传统产业的方方面面[①]。"互联网+制造业"是工业4.0的另一种表述方式，越来越多的企业已经以实际行动展开了尝试。比如，传统制造业代表美的公司与新经济代表小米公司联姻，探索智能家居及其生态链在移动互联网时期新的可能性，海伦钢琴通过智能钢琴布局钢琴募课市场等，这些都是传统制造业实施"工业4.0"的积极探索。百度、阿里巴巴、腾讯和360等互联网公司也纷纷进军智能硬件行业，这是互联网公司主动拥抱制造业的积极探索。总的来说，我国工业4.0发展呈现点状萌芽态势，对大多数企业来说，发展工业4.0需要补齐工业3.0甚至工业2.0的短板[②]。

（三）我国创新设计发展现状

2013年4月启动的中国工程院重大咨询项目"创新设计发展战略研究"指出，设计经历了传统设计（设计1.0）和现代设计（设计2.0）两个阶段，其分别代表着传统农耕社会以及工业社会的设计特征，目前正在逐步走向创新设计（设计3.0）阶段[③]。现代设计的核心是工业设计，而创新设计则为工业设计在知识网络社会的升级版。创新设计是面向知识网

[①] 王博：《专家纵论"互联网+"：挖掘信息能源大数据再造产业链》，《河北日报》2015年6月16日。

[②] 李毅中：《中国"工业4.0"需从"工业2.0"补起》，http://www.lwinst.com/index.php?m=content&c=index&a=show&catid=17&id=3571。

[③] 路甬祥：《设计的进化与面向未来的中国创新设计》，《装备制造》2015年第1期。

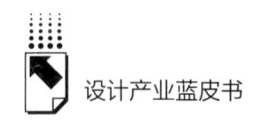

络时代的，集成科学技术、文化艺术与服务模式的方式，是以绿色、智能、协同与和谐等为特征的系统设计，是国家创新驱动发展战略的重要组成内容。2014年10月，依托"创新设计发展战略研究"的研究成果，中国创新设计产业战略联盟正式成立。随后，海上丝绸之路创新设计产业联盟、京津冀经济区创新设计产业联盟、长江经济带创新设计产业联盟等区域联盟相继成立，创新设计思想在全国落地生根，成为推动经济转型升级的重要力量。

我国创新设计正处于快速发展的繁荣时期，国家和各级政府已经注意到创新设计的价值，北京、上海、深圳等城市先后被认定为"世界设计之都"。随着制造业的快速发展，我国的工业设计从无到有，发展迅速，甚至形成了像广东工业设计城、和丰创意广场那样的设计产业集聚区；互联网经济的崛起，带动我国信息与交互设计水平同步于世界，智能硬件的兴起让信息与交互设计走向更广阔的设计领域；伴随着生产型制造向服务型制造的转变，我国的服务设计也开始萌芽，但优秀案例偏少。总体而言，我国大多数企业或设计公司正处于由"设计2.0"向"设计3.0"变革的过程之中。设计教育方面，我国每年招收的工业设计或产品设计的学生人数在全世界名列前茅，各种设计理念和思潮不断涌现，越来越多的设计院校形成了独特的办学特色，为我国设计产业输送了源源不断的复合型设计人才。设计组织方面，目前我国共有国家级、区域级、省市级设计行业规模组织约22个。中国创新设计产业战略联盟举办的中国创新设计大会、中国好设计、中国设计竞争力评估等活动，掀起了我国由"设计2.0"向"设计3.0"转变的热潮；中国工业设计协会在加强工业设计领军人才知识体系的横向交叉方面做出了贡献；UXPA中国自2005年起每年举办的User Friendly大会，已经成为具有全球影响力的设计盛会。当前，中车集团、北斗导航、小米、大疆无人机等一批创新引领、世界瞩目的优秀企业崛起，为我国创新设计的发展带来了希望。但是，我国大多数企业的创新设计能力还不强，很多企业还在从事低附加值的来料加工工作；在创新设计方面的投入亦相当有限，统计数据表明，我国用于研发的投入资金刚刚突破GDP总量的2%，而投入前端创新设计基础研究的经费就更加匮乏。在从"设计2.0"向"设计3.0"转变的过程中，也需要在设计政策和设计教育方面，形成有利于创新设计发展的良好环境。

二 大数据、工业4.0与创新设计之间的关系

大数据是随着互联网的产生而逐渐兴起的概念，其来源主要包括政府、企业、互联网、科研机构等，其核心是分析、挖掘和预测。数据最大的价值，在于形成信息，变成知识，乃至升华为智慧或智能[①]，无论是智能制造还是智能服务，都是大数据价值升华的具体体现。工业4.0是伴随着工业技术与信息技术的融合而产生的，其核心是万物互联和智能制造。"大云物移"共同构成了工业4.0的基础设施，即大数据、云计算、物联网和移动通信。如果把工业4.0比作生物的话，那么大数据则是血液和神经，云计算是大脑，物联网是感觉器官，移动通信是血管，生产制造是其运动系统。因此，大数据是工业4.0的基础，万物互联与智能制造过程中也必然生成大数据，大数据与工业4.0是你中有我、我中有你的关系。大数据是工业4.0区别于传统工业生产体系的本质特征，所有的生产设备、感知设备、联网终端，甚至包括生产者本人都在源源不断地产生数据，这些数据会渗透到企业运营、价值网络乃至产品的整个生命周期[②]，比如从早期的产品设计，到后来的制造、营销、供应链管理等，大数据像血液和神经一样，渗透到企业内外的每一个角落。大数据来源于现实世界，同时对现实世界产生影响，大数据与工业4.0像网状结构一样相互交织在一起。

大数据的本质是要解决预测问题，而设计的本质就是将设想通过计划、策略与方法在现实中实现的过程。发现问题、提出设想、实现设想，

---

① 张玉宏：《从大数据到小数据，数据之坑与美》，http://www.ciotimes.com/bi/sjck/102899.html，2015-8-12。
② 赵刚：《大数据驱动工业4.0之路》，http://www.cbdio.com/BigData/2015-03/30/content_2738697.htm。

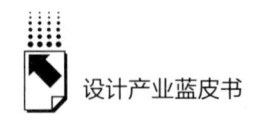

环环相扣,这是创新设计的一般过程,而大数据分析能够从纷繁复杂的数据中发现规律、形成洞察,帮助创新设计在多变、不确定、动荡的情境中做出正确决策。通过案例研究,总结归纳大数据在创新设计中的应用主要有三个方向,其一,利用大数据进行用户研究、产品定义、设计验证以及大规模定制,随着众筹、众包、众创、众享等互联网模式的兴起,大数据与创新设计之间将以用户和社群为媒介形成价值漩涡。小米手机中1/3的改进意见来自用户,其操作系统米柚(MIUI)获得了大量的用户反馈意见,依托大数据获取用户需求,依托用户需求调整设计方向,以此设计的米柚(MIUI)系统体现了参与式设计的理念。其二,依托大数据开展服务设计、创新商业模式实现制造业服务化转型,金丰机械在企业经营管理中引入大数据,企业中的人、事、物全部集成到信息化云端平台,传感器、物联网、机械设备、服务体系等构成了金丰机械智能制造的关键词,其商业模式也成功实现从"卖产品"向"卖服务"的可持续经营方式转变;其三,依托知识大数据辅助产品设计,如果将企业员工、合作伙伴的发现、经验和知识都发布在大数据平台上,如果对设计师使用CAX系统过程中的知识进行捕捉,那么知识的数量将急剧增加,知识大数据将使创新设计超越个人技能进入知识驱动时代。当然,大数据并不是包治百病的灵丹妙药,多样的数据和智能的数据工具毕竟只是为设计活动提供了环境和工具,而人的创造性行为才是创新设计的关键[1]。正如Google首席经济学家Hal Varian所说,人们的生产生活中无时无刻不在生产数据,但如何从数据中提取可用的知识却是很困难的。因此,大数据驱动的创新设计需要更高级的设计研究、数据分析与洞察能力,人才依然是创新设计的关键。

随着人类互联网、物联网和服务互联网渗透到工业的各个环节,工业4.0将实现人员、设备与产品的实时沟通,人员聚集所形成的社交网络、物品自身携带的界面属性、信息聚集所形成的大数据,这些都将为创新设计提

---

[1] 王巍:《数据驱动的设计模式之变》,《装饰》2014年第6期。

供全新的信息网络、物理环境与创新动力。首先,网络智能制造正在引领制造方式的变革,三维立体(3D)打印、激光技术、机器人与人工智能、虚拟设计、开源硬件与软件、生物与仿生等智能制造技术为创新设计提供了全新的工具和手段。制造方式的变革让创新设计变得更加自由,人们脑海中的大多数产品构想几乎都能在网络智能制造的帮助下快速生产出来,创新设计与生产制造在经历规模化生产时代的分离之后重新走向融合。其次,网络与电子商务等正在重塑产业价值链体系,突破地域的全球协同设计成为可能,创新设计的利益相关者,比如制造者、营销人员、供应商,甚至终端用户都可以整合到协同设计平台,越来越多的创客走向创新创业的中心,从前的大规模生产正逐步被个性化定制所替代,这种转变也将促使设计风格更加多元;最后,可穿戴智能产品等智能化终端产品不断开拓制造业的新领域,智能化终端产品的价值不仅仅在硬件方面,更在软件和服务方面,为生产型制造向服务型制造转变创造更多可以释放价值的空间。因此,工业4.0将促使创新设计范式变革,而创新设计与智能制造的融合也将催生新的工业革命。

三 未来趋势

(一)价值创造方式的变革

当创新设计遇上大数据与工业4.0,除了传统的硬件产品,软件、服务、大数据、用户体验等软性因素也逐步进入价值创造的中枢。老子在《道德经》中有言,"有之以为利,无之以为用",说的是一切事物的实体为我们提供了可以凭借的、可见的基础条件,而其中所隐藏的空间和可变化的无限可能才是被我们真正利用并创造价值的所在[①]。信息物理系统(CPS)也是如此,真正创造价值的是依托物质实体而产生的无形服务,工业社会

---

① 李杰(Jay Lee):《工业大数据》,机械工业出版社,2015。

的产品思维，需要向知识网络社会的服务思维转型，知识与服务逐步取代产品与技术成为价值创造的核心。当乐视电视推向市场，其主要依靠内容付费的模式让传统电视机厂商坐立不安，360公司甚至利用智能摄像头探索硬件免费、服务收费模式。在工业社会向知识网络社会过渡的进程中，创新设计的价值创造模式会经历从价值点、价值链到价值网络的转变。价值点着眼于产品本身，关注产品的形态、结构、功能、材料、使用方式等方面的诉求；价值链则从产品生命周期出发关注研发设计、生产制造、品牌营销、仓储物流等价值环节；而在知识网络社会，企业提供的是一个能够激发大众参与或是鼓励个人成为企业家的创新平台，在平台上的每一个人就是一个价值创造的激发点，他们之间的关系是互动、互惠互利的，实现从产品向服务转型，由此形成价值网络。海尔启动内部孵化小微公司的模式开启了平台化改革，依托分布式组织构建生态系统，为海尔带来全新的价值创造方式。

（二）创新设计范式变革

产业环境的变迁、价值创造方式的变革决定着创新设计范式的变革，传统的工业设计，大多是解决局部的问题，而局部与局部之间的关系很少考虑。服务机器人、可穿戴产品、智能家居、智能装备等信息物理系统（CPS）成为当前最富创新活力以及最具有创新设计空间的领域，其典型的特点即为产品设计、信息设计以及服务设计三位一体，集成创新、系统设计成为创新设计的新范式。第一，创新设计的对象也从专注于符号或物质实体的设计转向面向行为、服务、流程以及生态系统的设计，需要重新考虑产品与服务的关系、使用者与服务者的关系，共创分享成为创新设计的重要因素。第二，创新设计的构成从包豪斯工业设计时期的平面、色彩、立体等艺术层面的三大构成，转变为知识网络时代的科技、文化、艺术、人本、商业等五大构成，创新设计的知识体系变得更加丰富。第三，创新设计方法多样，基于大数据的个性化、全球定制和协同设计等工具、方法逐步出现，智能化的用户数据挖掘、智能化的用户参与式设计、智能化的信息集成与知识共享、智能化的生产过程等智能化技术成为辅助创新设计的重要手段。第四，商业模式变革，在互联网、电商、O2O等条件下，在技术和制造日益扁平化的条件下，设计和销售可以直接连通，设计从从属地位可以逐步走向引领地位，国内外也诞生了众多以人设计为导向的创业公司。第五，创新设计需要跨领域、跨学科的知识交叉，基于社交网络、智能制造等营造的开放共享环境，知识网络社会使得人人可以参与设计、可以成为设计的共同创造者，设计师的角色定位从过去的产品问题解决者转变为氛围的营造者、过程的引导者、资源的整合者。设计对象、设计构成、设计方法、商业模式、设计人才的变迁共同构成了创新设计范式的变革。当然，以"集成创新、系统设计"为内核的创新设计，并不是对传统工业设计的否定，传统工业设计将转变为创新设计的"器件"，以服务触点的形式长期存在[1]。

（三）设计师创业逐步兴起

电子商务缩短了创新设计与终端用户之间的距离，开源硬件和三维立体（3D）打印降低了设计师创业的技术门槛，众筹则在一定程度上解决了初创公司的资金问题，共创分享等创新设计的重要特征逐渐显露出来，以"开源设计+定制化"为特征的创新创业案例逐步增多。2015年初，由洛可可工业设计推出的"55度杯"冲破藩篱，成为市场追捧的热点，设计师创业的热情被激活。小牛电动车、婴萌科技、喵星科技、匙悟科技、本来设计、云马智行车等设计师创业品牌不断吸引着大众媒体的眼球；大业设计旗下的造梦者空气净化器以及空气贝贝智能空气系统，利用大数据播报社区周边的PM2.5数据；太火鸟则携DDF设计创始人基金到处寻找优质的设计创意和设计师创业团队；淘宝众筹、京东众筹等众筹平台为设计师创业带来了资金、用户、传播渠道和设计验证等。在这场创新设计文化与互联网科技驱动的硬件复兴中，数据成为串起创新设计与目标市场的关键，创新设计正在从

---

[1] 王国胜：《服务设计与创新》，中国建筑工业出版社，2015。

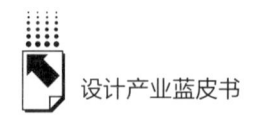

个体的技能驱动转向群体的数据驱动。越来越多的产业资本也逐渐注意到创新设计的价值，开始并购独立设计服务公司，比如 Rigo Design 被小米公司全资收购，在美国很火的智能硬件设计公司 FuseProject 也被蓝色光标纳入麾下。这不是结束，而是刚刚开始，未来将会有大量的独立设计服务公司被并入成长型的科技巨头。互联网公司与设计服务公司的联姻，将在一定程度上代表着传统以设计服务为主的工业设计公司向自主开发、资源整合转型的方向。

四 对策建议

（一）建立创新设计知识体系

相比于传统相对稳定的工业设计知识，创新设计的知识体系尚处于动态变动之中。产业界不断涌现出优秀的创新设计案例，学术界也不断扩充创新设计内涵和外延，跨界融合不断颠覆着传统产业的价值形态。模糊的边界不利于提升整个社会对创新设计的认知，在工业社会向知识网络社会进化的路口，建立相对完善的创新设计知识体系成为发展的必然。依托大数据技术，在科技大数据、商业大数据、文化大数据、艺术大数据、人本大数据的基础上建立创新设计知识大数据，选择合适的定量和定性指标建立适合国家、地区、企业、个人四个方面的创新设计评价体系，在重点领域建构创新设计案例集并开展创新设计示范，为创新设计理念传播、人才培养、企业应用、项目投融资以及政策制定创造基础条件。

（二）完善创新设计生态系统

近年来，"创客"作为"大众创业、万众创新"的代名词逐渐进入大众视野，越来越多的"创客"在软硬件一体化方面的创新创业让数字世界逐步渗透到实体世界，并逐步转变着实体世界的商业模式，这种变革需要不断完善创新设计生态系统，鼓励"产学研媒用金"积极支持创新设计事业发展。创新设计生态系统是一项系统工程,在经济增长方式从要素驱动、效率驱动转变为创新驱动的工业4.0时期,培育全社会的创客文化至关重要。建设一批面向移动互联网、学校以及基层社区的创新设计众创空间,运用三维立体(3D)打印机、三维立体(3D)扫描仪、激光切割仪、数控机器、开源硬件与软件、机器人等"桌面"创新设计工具,开启"人人皆可创新、事事皆需创造"的新模式。鼓励通过众筹、众包、众创等模式加速创新设计项目孵化,鼓励探索基于互联网或移动互联网的创新设计商业模式变革,鼓励设计师利用知识资产创新、创业、创投,在全社会形成尊重设计、热爱设计的软环境;支持各地结合产业特色举办创新设计大赛或论坛,形成一批创新设计主导的示范型企业,奖励一批做出重大贡献的创新设计专业人才,加大原创设计的知识产权保护力度等,这些创新设计生态系统的组件和要素对于提升大众对于创新创业的积极性和主动性具有重要作用。

创新设计需要技术、艺术、文化、人本和商业的融合,建立创新设计大数据、完善创新设计生态系统,将为创新设计和工业4.0的大发展奠定基础。创新设计与大数据、工业4.0的相遇,是知识网络社会发展的必然,将为人们创造更美好的生活,不仅在物质方面,更会在精神文化方面提升人们的生存质量。

参考文献

[1] 童明荣:《大数据:宁波智慧城市建设的新引擎》,《宁波日报》2014年10月14日。
[2] 王博:《专家纵论"互联网+":挖掘信息能源大数据再造产业链》,《河北日报》2015年6月16日。
[3] 李毅中:《中国"工业4.0"需从"工业2.0"补起》,http://www.lwinst.com/index.php?m=content&c=index&a=show&catid=17&id=3571。
[4] 路甬祥:《设计的进化与面向未来的中国创新设计》,《装备制造》2015年第1期。
[5] 张玉宏:《从大数据到小数据,数据之坑与美》,http://www.ciotimes.com/bi/sjck/102899.html,2015-8-12。
[6] 赵刚:《大数据驱动工业4.0之路》,http://www.cbdio.com/BigData/2015-03/30/content_2738697.htm。

B.3
设计创新与知识产权发展现状和趋势

林笑跃 吴 溯*

摘 要: 本文基于专利统计数据,阐述了国际、国内的设计创新和知识产权的发展现状与趋势,并以知识产权为视角分析了中国设计创新的发展趋势和特点。通过数据整理、案例分析,总结了中国企业在设计创新和知识产权方面取得的成绩和存在的不足,并从国家政策和企业管理两个层面提出建议,以期为国内企业发展设计创新、实施知识产权战略营造良好的环境提供参考。

关键词: 设计创新 知识产权 外观设计专利

引 言

技术创新推动产业整体升级,设计创新增加产品的附加值[①]。对于某些技术成熟的产品类型而言,如手机、服饰等,设计创新则是消费者决定是否购买的直接依据,在某种程度上已经构成了企业的竞争优势。创新领先的企业要维系这种优势,就必须有知识产权保驾护航。事实上,许多有影响力的大公司,早已在全球范围内以知识产权为武器,打响了设计之战。例如,苹果公司和三

---

* 林笑跃,现任国家知识产权局专利局外观设计审查部部长,毕业于哈尔滨船舶工程学院导弹控制专业,曾先后在航天工业部第三研究院、中国专利局实用新型审查部工作,为中国知识产权研究会理事,曾担任中国工业设计协会常务理事、中国机械工程学会工业设计分会副理事长等。吴溯,国家知识产权局专利局外观设计审查部。
① 范沁红:《设计创新与知识产权的关系》,《艺术与设计(理论)》2008年第4期。

星公司早已在美国、韩国、荷兰、澳大利亚等国家展开了50余场专利诉讼。其中，美国加州圣何赛地区法院曾判决三星公司侵犯苹果公司6项专利，3件是外观设计专利，3件是人机交互设计的发明专利。该判决让三星公司需要支付10.5亿美元赔偿金，并可能被禁售。这些企业为什么如此重视知识产权？是因为创新与知识产权彼此影响，互相促进。好的设计创新是知识产权创造的基础，而知识产权战略的有效实施则能保护企业的设计成果不被抄袭，从而在市场上获得相对稳固的市场地位，并激励企业持续的设计创新。设计创新的发展现状和趋势，往往也体现在知识产权数据中。因此，本文基于专利统计数据，对国际、国内设计创新和知识产权的发展现状和趋势进行分析，并以知识产权为视角来分析中国设计创新的阶段性特点，同时也总结中国企业在设计创新和知识产权上的成绩与不足，从国家政策和企业管理两个层面提出建议，以期为国内企业发展设计创新、实施知识产权战略营造良好的环境提供参考。

一　国际设计创新发展状况

（一）设计创新向新兴市场国家转移

欧盟、美国、日本等传统发达国家和地区的设计创新发展较早，无论是设计创新，还是创意设计，均处于领先地位。欧盟的英国、德国等由于率先进入工业革命，在设计创新方面具有先发优势。美国早在20世纪二三十年代，就已经基于激烈的商业竞争，开启了为企业服务的设计创新运动[①]，推动了设计创新与产业的有机融合，其影响一直延续到现在。例如，苹果公司系列产品的成功某种程度上正是依赖于其设计创新为其带来的区别于其他产品的竞争优势。而日本本身有良好的艺术传统，在明治维新后又潜心学习西方现代化的先进事物，日本在20世纪初积极向包豪斯的设计师、美国罗维等著名设计师学习设计，并推动了日本设计融合国际性和民族性的设计风格

---

① 杨浩：《浅谈上世纪二三十年代的美国设计创新运动》，《福州大学厦门工艺美术学院学报》2012年第4期。

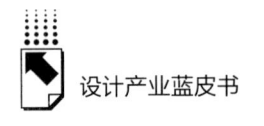

的形成[1]，在国际上也具有较大影响力。

近年来，随着传统发达国家和地区经济增长的放缓和新兴市场的崛起，设计创新也逐步向中国等新兴市场国家转移。老牌发达国家保护设计创新的知识产权也经历了较长的发展阶段并进入平稳期。这种设计创新的国际转移也体现在外观设计专利的数量上。从中国与主要国家和地区外观设计专利授权量的比较中可以看到（见图1），中国的申请量明显高于其他国家。

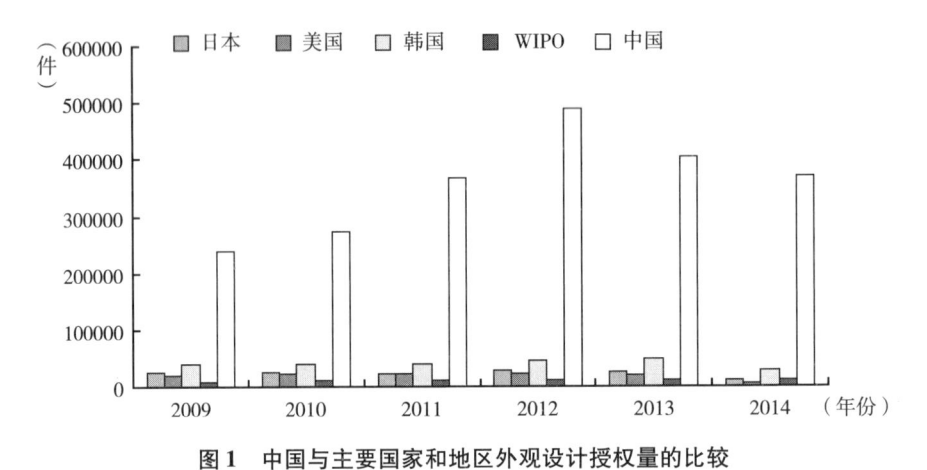

图1 中国与主要国家和地区外观设计授权量的比较
（申请日处于2009～2014年）

资料来源：主要国家和地区外观设计公报。

从中国以外的主要国家和地区外观设计专利授权量看（见图2），申请量增长率普遍较低，申请量进入平稳期。韩国作为后来崛起的国家，在资源、技术方面相对于美国、日本等老牌发达国家仍然落后，其在1997年遭受亚洲金融危机后，开始了由政府主导的经济转型，明确了发展艺术文化创意产业的目标，经过十余年的发展，文化创意产业已经日趋成为韩国的支柱产业[2]，因此外观设计专利申请量仍有相对明显的增长趋势。

---

[1] 赵娟、郑铭磊：《学习交融再创新——日本现代设计发展的启示》，《美术大观》2014年第4期。
[2] 李菲菲、华大敏、王斌：《韩国艺术文化创意产业发展概况与启示》，《大众文艺》2013年第23期。

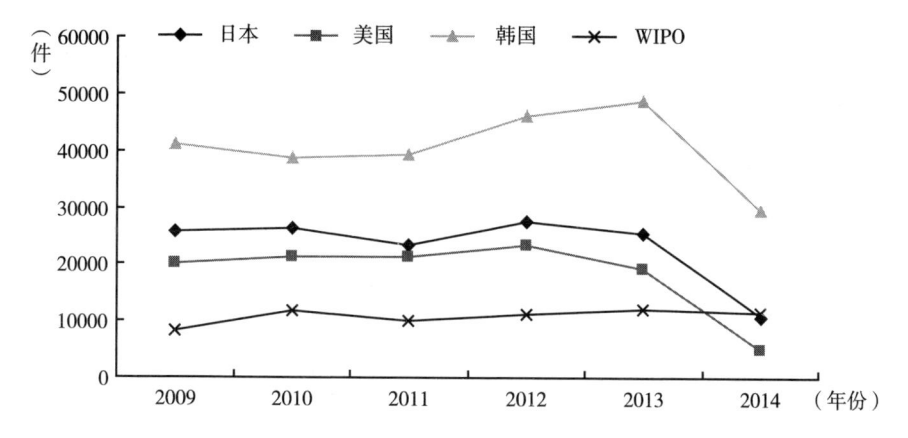

图 2　中国以外主要国家和地区外观设计授权量（申请日处于 2009~2014 年）

注：2014 年以前，WIPO 的海牙协定成员国主要来自欧洲地区，因此相关数据主要反映欧洲地区情况。此外，由于日本、美国、韩国均有实质审查制度，因此申请日处于 2014 年的一部分外观设计申请尚未公告，导致 2014 年呈现的数据为不完整数据。

资料来源：主要国家和地区外观设计公报。

（二）传统产业设计创新稳步发展，新兴产业设计创新迅速崛起

对主要国家和地区的外观设计专利申请进行进一步的分析可以看到，外观设计专利申请结构出现逐步调整趋势（见图 3）。例如纺织类产品仍平缓上升，而家具类产品和包装类产品的申请量均有一定幅度的下降，电子终端类产品的申请量则有相对明显的上升。这在一定程度上反映了在全球范围内传统产业设计创新稳步发展，新兴产业设计创新迅速崛起的趋势。

（三）知识产权制度顺应设计创新发展的趋势

随着传统产业设计创新稳步发展，新兴产业设计创新迅速崛起，国际上知识产权制度也顺应设计创新发展的趋势有了新的发展。局部外观设计（Partial Design）制度和图形用户界面（Graphical User Interface，GUI）保护制度是这方面的代表。局部外观设计制度，是保护产品局部设计创新的制度。在设计创新实践中，设计师有时候会做出颠覆性的产品整体设计创

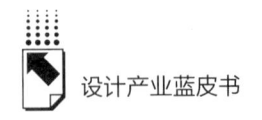

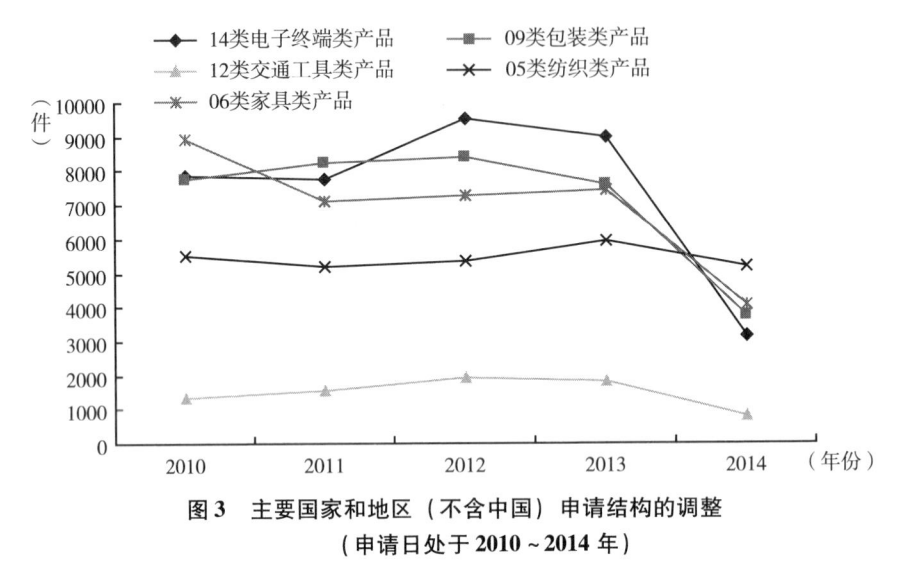

图3 主要国家和地区（不含中国）申请结构的调整
（申请日处于2010~2014年）

注：2014年呈现的数据因未完全公告，为不完整数据。
资料来源：主要国家和地区外观设计公报。

新，但更多时候是对产品的某些局部进行改良性的局部设计创新。因此，通常认为局部外观设计制度更能和设计的本质保持一致，在当前设计创新日趋精细化的时代更是如此。局部外观设计制度也因此先后被包括美、欧、日、韩在内的大部分国家和地区所采用，并成为新的制度发展趋势。例如，美国在20世纪80年代通过判例确立了局部外观设计制度；欧盟在2002年制定共同体外观设计保护条例时，即将局部外观设计制度纳入保护体系之中；日本于1999年通过修改专利法引入局部外观设计制度；韩国在2001年引入局部外观设计制度。如苹果公司在美国申请的局部外观设计专利29339382，要求保护的是实线绘制的椭圆形槽的局部设计（见图4）。

日本特许厅统计了日本在引入局部外观设计制度之后，申请人对局部外观设计制度的利用情况，从图5可以看到，其整体利用率逐步上升并趋于稳定。

图形用户界面保护制度，通常是指保护产品显示装置上显示的图形交互界面的制度。随着技术和设计的发展，图形用户界面设计在计算机、电子终

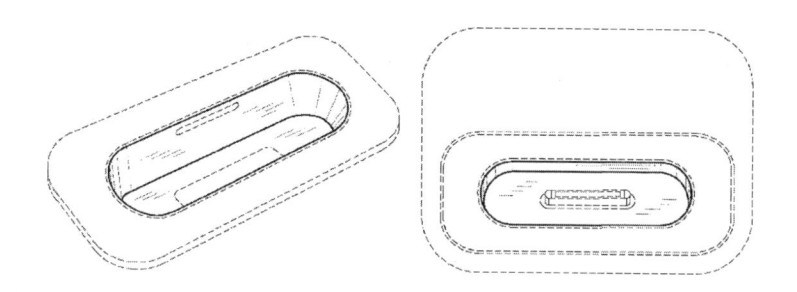

图 4　苹果公司在美国申请的局部外观设计专利 29339382，Dock insert

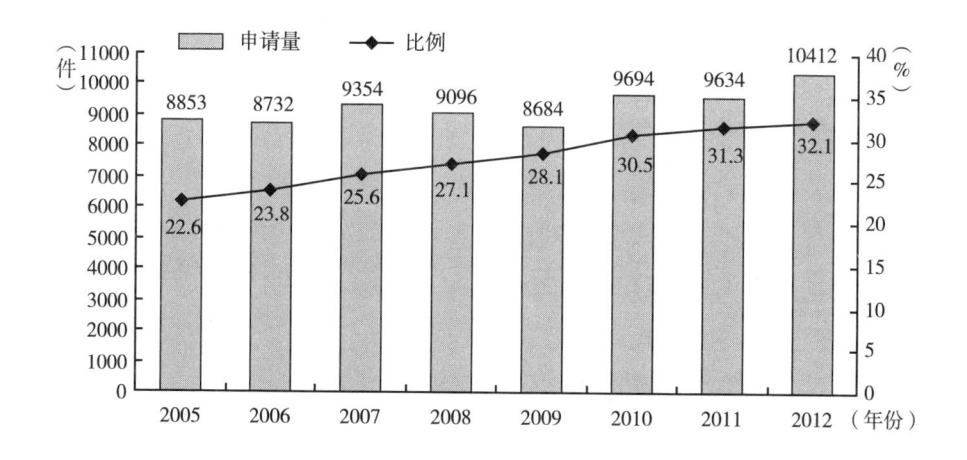

图 5　日本局部外观设计申请情况

资料来源：日本特许厅。

端设备、家电、互联网等领域的重要性已经超过了传统的物理实体产品设计，所以大部分国家和地区也在 2000 年前后陆续以不同方式建立了图形用户界面保护制度①。从美国的申请情况看，图形用户界面保护申请在 2012 年之前呈快速上升趋势，之后有所放缓（见图 6）。

---

① 吴溯、孟雨、谢怡雯、陈晓：《设计之战——移动终端工业设计的知识产权博弈》，知识产权出版社，2014。

设计产业蓝皮书

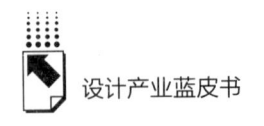

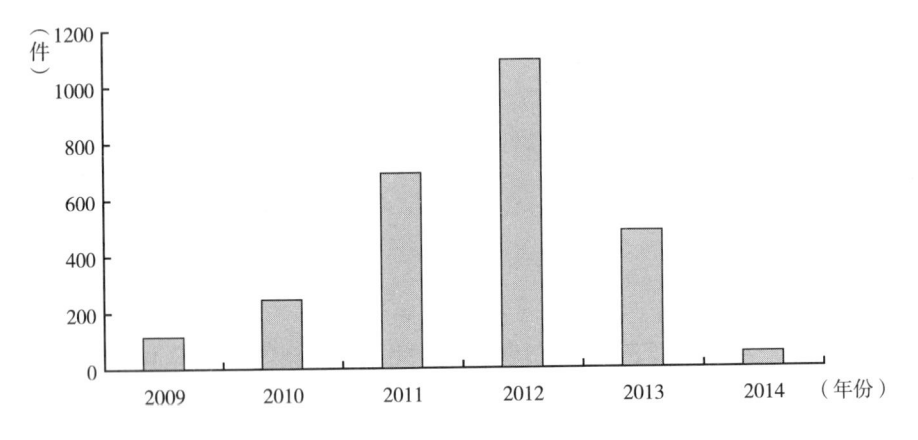

图6 美国图形用户界面申请情况（2009～2014年）

注：2014年呈现的数据因未完全公告，为不完整数据。
资料来源：美国外观设计公报。

二 中国设计创新与知识产权发展现状和趋势

（一）外观设计专利申请量趋稳但结构优化

从中国2008～2014年外观设计专利申请受理量的情况看（见图7），2008～2012年增长率较高，增速明显。但2012～2013年申请量趋于稳定，2014年申请量略微下降，增长率有较明显的下降，这与中国经济经历高速增长后进入"新常态"以及设计创新的结构调整有一定关系。

具体从统计数据上看，中国设计创新和外观设计专利申请的结构在不断优化。在2012年之前，纺织类产品和包装类产品申请量较大且增长速度较快，但在2012年以后，上述两类产品申请量有较明显的下降，尤其是纺织类产品下降幅度最大。而家具类、交通工具类和电子终端类产品仍然保持稳步上升的态势（见图8）。

（二）中国企业开始走出国门布局海外

在中国设计创新和外观设计专利申请结构不断优化的同时，中国企业也

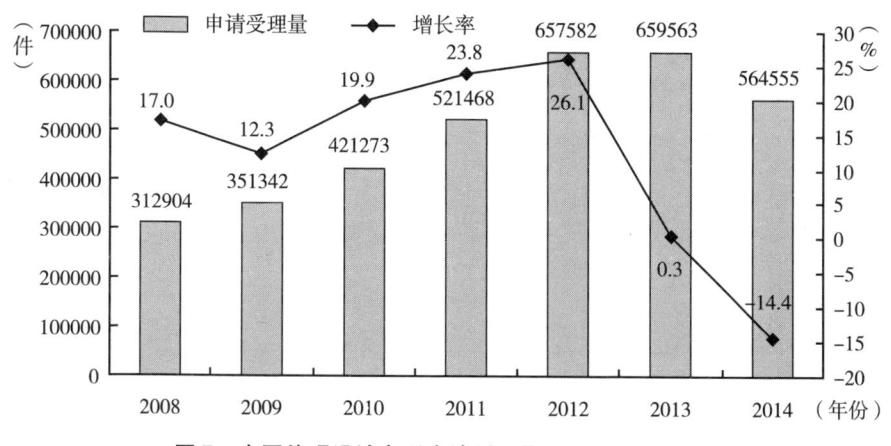

图 7 中国外观设计专利申请受理量（2008～2014 年）

资料来源：国家知识产权局。

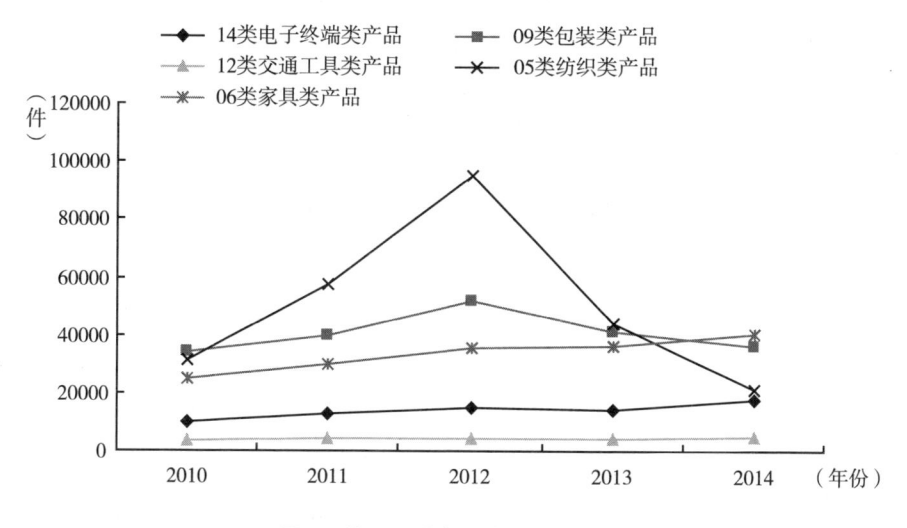

图 8 外观设计专利申请结构优化

资料来源：国家知识产权局。

开始走出国门，布局海外。在家具、玩具、小家电等中国设计创新较为成熟的产品类型上均有外观设计专利的海外布局。

广东企业在美国申请家具类外观设计专利情况见图 9。

041

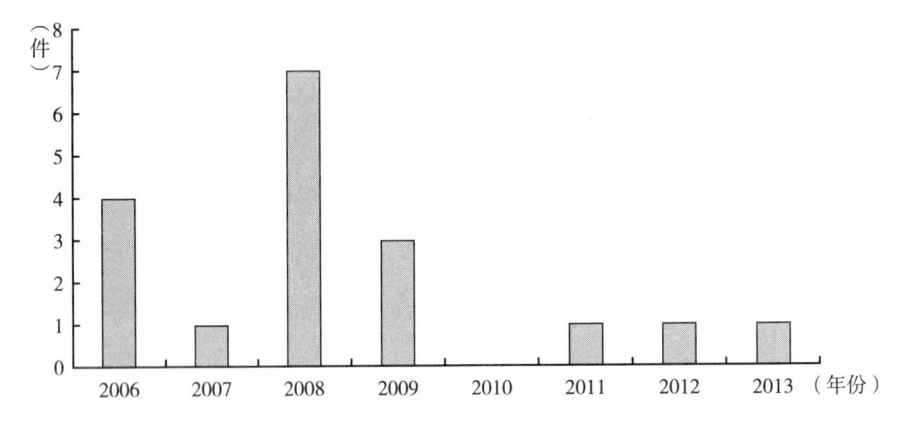

图9 广东企业在美国申请家具类外观设计专利情况
（申请日累计至2013年）

资料来源：美国外观设计公报。

而在海外申请量最大的是计算机和互联网企业的外观设计。从深圳企业在美国的外观设计专利申请情况来看，计算机和互联网企业就产品和图形用户界面在美国的外观设计专利申请数量呈明显上升的趋势。尤其是在2012年以后，腾讯、中兴等企业在美国开始提交一定数量的图形用户界面设计，这意味着中国企业在互联网时代的设计创新已经开始走向全球市场（见图10）。

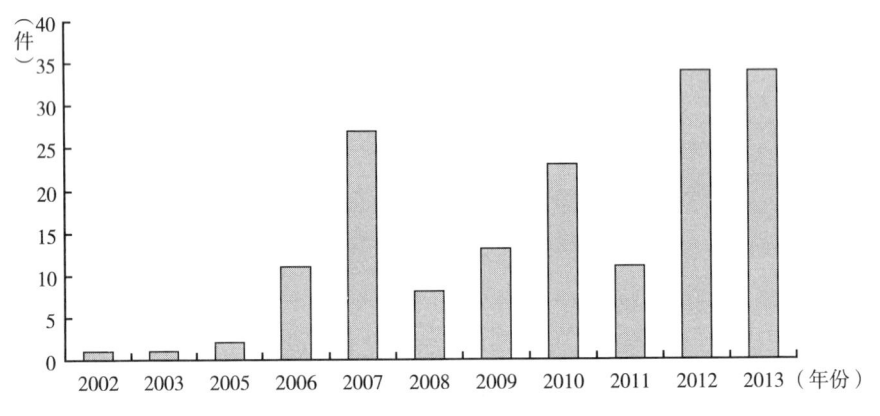

图10 深圳计算机和互联网企业在美国的外观设计专利申请
（1402、1403、1404类）

资料来源：美国外观设计公报。

（三）外观设计专利运用和维权数量提高

我国专利法规定，专利侵权纠纷涉及外观设计专利的，人民法院或者管理专利工作的部门可以要求专利权人或者利害关系人出具由国务院专利行政主管部门对相关实用新型或者外观设计进行检索、分析和评价后做出的专利权评价报告，作为审理、处理专利侵权纠纷的证据。在实践中，阿里巴巴及旗下的天猫、淘宝等网络平台在处理外观设计专利侵权投诉时，同样要求专利权人或者利害关系人出具评价报告。因此，外观设计专利评价报告的数量在一定程度上反映了外观设计专利的运用和维权的情况。从2010年至2014年，外观设计专利评价报告的申请量和完成量分别从33件和18件增加至4052件和3606件，以每年近200%的速度持续增加，意味着外观设计专利运用和维权数量显著增加（见图11）。

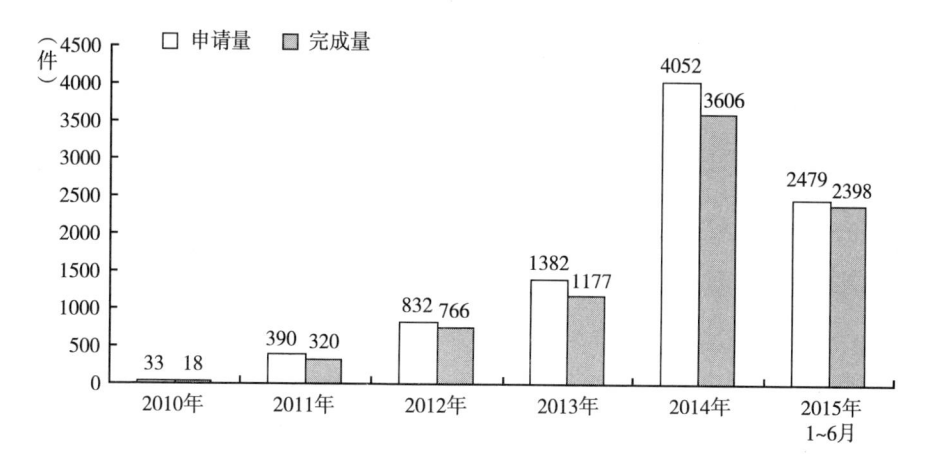

图11　2010～2015年1～6月外观设计专利评价报告申请量和完成量

资料来源：国家知识产权局。

（四）中国外观设计制度不断健全

近年来，中国外观设计制度也随着设计创新发展新趋势不断健全。2014年，国家知识产权局发布了第68号局令，通过修改《专利审查指南》，将

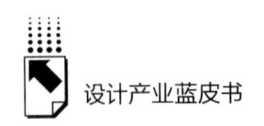

符合条件的带图形用户界面的产品纳入外观设计专利的保护客体，并从5月1日起实施。根据修改后的《专利审查指南》，在9种常见的带图形用户界面的产品中，可以获得保护的带图形用户界面的产品类型有5类，包括带设备专用界面的产品、带通用操作系统界面的产品、带应用软件界面的产品、带网页应用的产品、带图标界面的产品。

根据修改后的《专利审查指南》，不能获得保护的带图形用户界面的产品类型有4类，包括带网站网页的图文排版的产品、带电子屏幕壁纸及屏保动画的产品、带开关机画面的产品、带游戏界面的产品。

同时，国家知识产权局还启动了专利法第四次修改，在2015年4月发布了《中华人民共和国专利法修改草案（征求意见稿）》，拟通过修改《专利法》第二条第四款在中国引入局部外观设计保护制度①。

三 从知识产权看设计创新

（一）电子终端领域国内企业加快追赶步伐

电子终端领域在国内外外观设计专利中均为活跃领域，在外观设计专利申请结构中处于稳步上升的产品类型。总体上看，目前国外企业仍处于领先地位，而国内企业追赶的速度正在加快。截至2014年，在中国电子终端领域申请量排名前十的专利权人中，三星、LG和松下等日本和韩国企业仍然排名靠前，但中国华为旗下两家企业华为终端和华为技术，合并后的申请量已经接近三星的申请量。青岛海信、中兴通讯、四川长虹等中国企业的申请量也已经超过日本松下的申请量（见图12）。

---

① 第二条第四款修改为"外观设计，是指对产品的整体或者局部的形状、图案或者其结合以及色彩与形状、图案的结合所作出的富有美感并适于工业应用的新设计"。详见国家知识产权局：《关于就〈中华人民共和国专利法修改草案（征求意见稿）〉公开征求意见的通知》，载国家知识产权局网站，http://www.sipo.gov.cn/tz/gz/201504/t20150401_1095939.html，2015年4月1日发布，2015年5月1日访问。

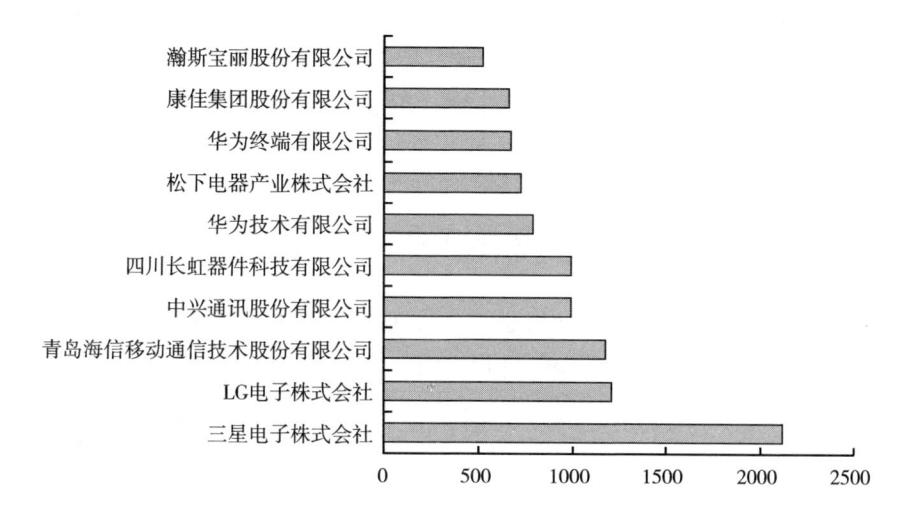

设计创新与知识产权发展现状和趋势

图12 电子终端类（1403类）外观设计专利权人排名

资料来源：国家知识产权局。

选取申请量最大的四家企业（华为终端和华为技术申请量合并）具体分析，从2009年至2014年，可以看到近六年来华为的申请量已经超过三星，中兴通讯和青岛海信与三星的差距也进一步缩小（见图13）。

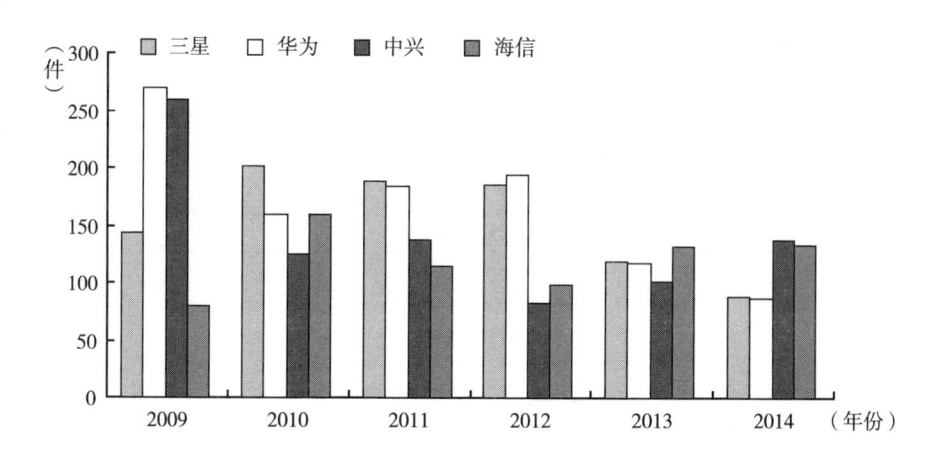

图13 四家企业外观设计专利申请情况

资料来源：国家知识产权局。

从具体企业来看，国内公司在设计创新方面不断有新突破，例如联想公司的平板电脑产品 Lenovo Yoga Tablet 外观设计专利（专利号：ZL201330104790.4），因具有极佳美学感受和使用体验而在 2014 年获得第十六届世界知识产权组织和中国国家知识产权局颁发的外观设计专利金奖。

（二）"互联网+"促进软件和互联网企业迅猛发展

在李克强总理提出的大众创业、万众创新的鼓舞下，"互联网+"企业不断发展，与"互联网+"密切相关的软件和互联网企业也发展迅猛，由此带来的相关设计创新层出不穷。正如前文提到的，中国自 2014 年 5 月 1 日起将带图形用户界面的产品纳入外观设计专利的保护客体。2014 年 5 月份，由于图形用户界面保护制度刚刚实施，积累多时的 2500 多件图形用户界面外观设计专利出现了密集申请的现象。此后，图形用户界面的外观设计专利申请回归到正常水平，并且稳中有升（见图 14）。

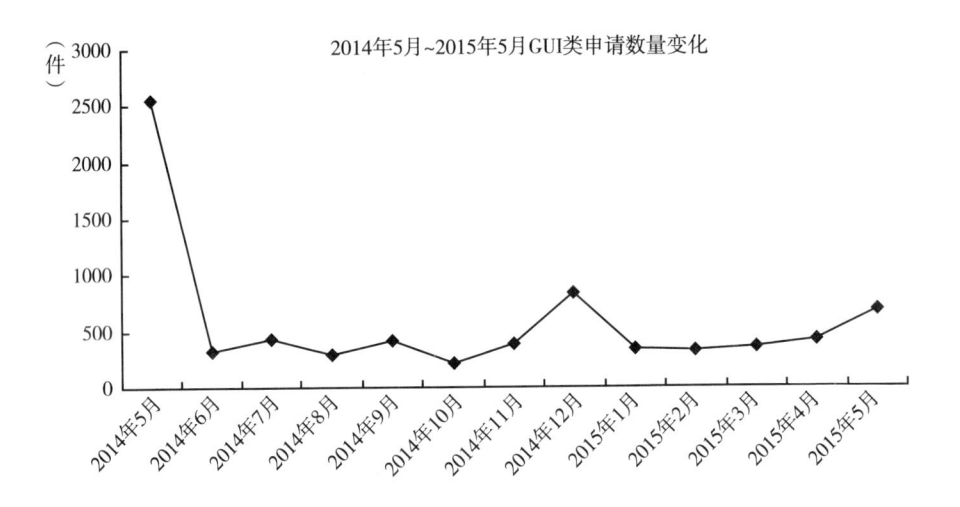

图 14　图形用户界面申请情况

从图形用户界面申请的结构看，手机、电脑/显示器等终端产品的图形用户界面申请量占绝大多数，分别为 42% 和 23%，这主要与应用软件、手机 APP 等设计创新相关（见图 15）。

其他（打印机、微波炉等）
1421件
19%

手机
3228件
42%

终端/装置
（产品名称不明确）
883件
12%

电视
285件
4%

电脑/显示器
1764件
23%

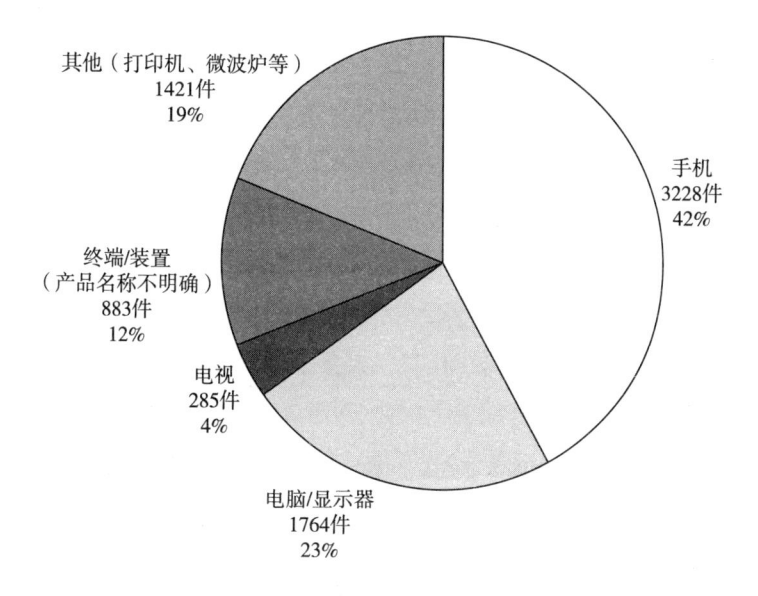

图15 图形用户界面申请结构

（三）汽车领域从引进吸收走向自主创新

汽车领域设计创新专利申请量在国际国内的外观设计专利申请结构中均呈现稳步增长趋势。尤其是中国汽车领域的设计创新，正逐步从引进吸收走向自主创新。在中国汽车产业刚刚起步时，国内的大部分汽车企业主要以引进国外成熟车型为主，部分国内研发的车型也在一定程度上参考了国外的汽车设计，奇瑞汽车的QQ汽车还曾因为外观设计与国外某款车型的外观设计专利较为接近而被起诉。但近几年，国内汽车企业不断加大设计创新的投入，在新车型设计和外观设计专利申请方面有明显的提升。以第一汽车股份有限公司（以下简称一汽），广州汽车集团股份有限公司（以下简称广汽）、上海汽车集团股份有限公司（以下简称上汽）的申请情况为例，在2009年以后三家汽车企业的专利申请量大部分年份都是上升的（见图16）。如一汽设计的奔腾X80汽车（专利号：ZL201230520810.1），就获得第十六届中国外观设计金奖。

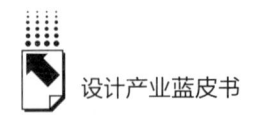

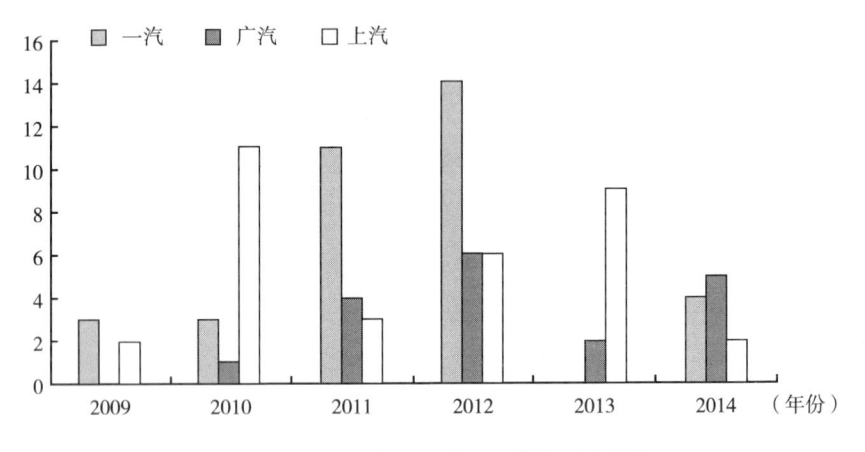

图16 中国主要汽车企业外观设计专利申请情况

四 中国设计创新和知识产权发展的不足

(一)设计创新水平与知识产权创造能力参差不齐

总体而言,中国的设计创新水平以及与之直接相关的知识产权创造能力整体呈现日益提高的发展趋势,但与发达国家相比,区域、产业、企业发展不平衡等问题仍然存在。从区域上看,北京、上海、广东、江苏、浙江等制造业和高新科技企业较为发达的地区,知识产权创造能力明显优于其他地区。家具类、交通工具类和电子终端类产品的外观设计专利申请量也主要集中在这些地区。但近年来值得高兴的是、湖南、湖北、四川、重庆等地的家具类、童车类外观设计专利申请量也呈不断上升趋势,这在一定程度上反映了设计创新能力正在从沿海发达地区向内陆地区转移。从产业上看,在电子终端领域,中国的知识产权创造能力稳步提升,例如华为、联想的外观设计专利质量不断提升,与国际一线企业的差距正在逐步缩小,而值得注意的是,以百度、腾讯等为代表的互联网企业在GUI设计上的水平已经不亚于跨国企业。在汽车领域,目前虽然有部分重视自主创新的企业设计水平稳步提高,但从行业整体看与国外企业相比还有明显差距。

（二）企业知识产权海外布局意识有待提高

中国企业在家具、玩具、小家电、计算机和互联网等领域的设计创新上具有一定的优势，但从其在主要国家和地区申请专利的情况看，中国企业知识产权海外布局意识仍有待提高。以家具企业为例，广东的家具产业较为发达，但其在美国等国的专利申请量却并不高，远远落后于其他国家。虽然计算机和互联网企业在海外布局的意识已经逐步增强，但就申请量看仍低于国外的同类型企业。随着越来越多的中国企业走出国门走向海外，通过知识产权海外布局为企业出海保驾护航将是未来中国企业的必修课。

（三）企业的知识产权运用、管理能力有待提高

从数量上看，中国企业的外观设计专利持续增长，但企业运用、管理能力仍有待提高。一方面体现在外观设计专利的维持率、转化率不高，许多专利申请后维持时间并不长；另一方面体现在许多企业没有和企业规模相匹配的知识产权管理力量，在外观设计专利的分析、预警、维权、许可等方面更加不足。可以说，目前国内相当一部分企业对知识产权管理的认识还停留在专利挖掘、专利申请的层面上，在企业中由研发部门人员兼职专利挖掘工作，并主要依赖专利代理机构进行专利申请，体系化的知识产权运用和管理机制尚未形成。但可喜的是，随着大众知识产权意识的提高和大众创业、万众创新的蓬勃发展，目前许多新创企业和设计创新驱动型企业，已经越来越重视知识产权保护。

五　建议

综上所述，中国的设计创新和知识产权近年来不断呈现可喜的变化，展现出充满生机活力的发展势头。但客观上看，其在许多方面仍存在可以提高的空间。因此，无论是国家层面、产业层面还是企业层面，都需要共同努力，推动知识产权战略的有效实施，实现创新驱动发展。

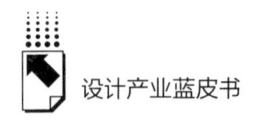

（一）国家层面

1. 简政放权助力企业保护设计创新

与知识产权有关的部门和机构应当强化服务意识，通过简政放权，让企业能更便利地申请专利和维权。例如继续推广普及电子申请为企业提供更方便的专利申请服务；在产业聚集区协助建立有一定实力的知识产权服务机构等。其中专利电子申请自推广以来受到广大创新主体的欢迎，截至2014年，专利电子申请量占总申请量的比例已经从2008年的1.1%提升至88.4%，极大地方便了设计创新主体通过外观设计专利来保护自己的权利（见表1）。

表1 专利电子申请数量及其占总申请量的比例

年度	申请量（件）	占总申请量的比例（%）
2008	3545	1.1
2009	32397	9.2
2010	120888	28.7
2011	359520	68.9
2012	545773	86
2013	570843	86.5
2014	499102	88.4

此外，根据设计创新产品市场机会转瞬即逝，企业对快申请、快维权诉求强烈的特点，国家知识产权局近年来还批准设立了若干家位于全国各地的集专利申请、维权援助、调解执法、司法审判于一体的多家知识产权快速维权中心，简化了办事流程，提高了维权效率，在知识产权战略的实施方面给予了必要的行政和技术支持，成为政府简政放权的典范之一（见图17）。

2. 完善法律法规，优化发展环境

在国际上，中国应积极研究海牙协定、SCT等国际外观设计制度的合作协定，并基于中国企业海外布局的需求，积极谋求加入并推动国际协定的发展，使国内企业能在知识产权的保驾护航下走向海外。在国内，专利法自出台以来，历经三次修改，对专利权的保护不断加强。目前中国正启动第四次

设计创新与知识产权发展现状和趋势

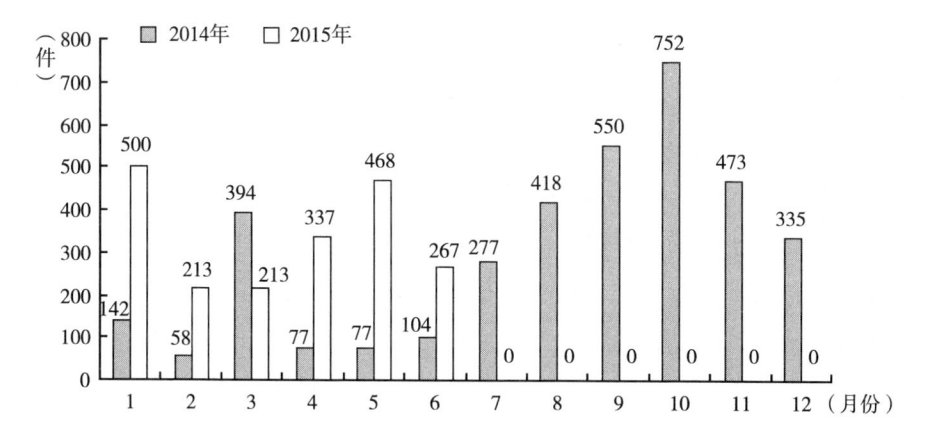

图17 快速维权中心2014~2015年6月申请数量变化

专利法修改，有多个拟修改条款涉及设计创新。社会日新月异，相关立法机构、司法机关和国家行政部门仍需继续走向一线，了解产业和企业的真实诉求，通过制定完善知识产权法律法规，加大司法保护和执法力度，维护市场秩序，来保障和激励中国的自主设计创新。

（二）产业界层面

产业界是自主创新的主体，也是实施知识产权战略的主体，更需要努力提升自己的知识产权创造、运用、保护和管理能力，从而获得竞争优势，以设计创新赢得市场。

1. 从企业战略层面重视设计创新

知识产权无法凭空产生，必须以有价值的设计创新为基础。事实上，在发达经济体，许多企业的核心竞争优势早已是设计而非制造。然而，在中国，除了个别领先企业外，大多数企业仍然不够重视设计创新，缺乏设计创新意识。企业应当从战略层面看到设计创新的重要性，建立有利于激励设计创新的管理体系。

2. 建立相对完善的企业知识产权管理体系

当前许多企业的知识产权管理还处于"碎片化"的原始阶段，而要从知识产权创造、运用、保护和管理方面为企业带来真正的价值，需要建立相

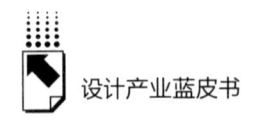

对完善的企业知识产权管理体系，这需要设立专门的知识产权管理部门，从企业战略层面考虑知识产权，并在企业管理的多个环节上都设置相应的知识产权管理职能，将知识产权管理融入企业的管理脉络中。

3. 提高维权意识，以评价报告为依据保护创新

企业应进一步提高知识产权维权意识，遇到外观设计专利侵权时，应积极诉诸司法或通过行政途径或网络电商平台投诉机制寻求保护。维权的前提是确认外观设计专利权的稳定性，而外观设计专利权评价报告是用于判断外观设计专利权稳定性的重要证据，因此企业应认识到外观设计专利权评价报告的价值和重要性，在维权过程中合理运用评价报告。

4. 积极探索知识产权海外布局，为出海发展护航

中国企业融入全球市场是必然趋势，而设计创新是中国企业在国际市场上获得竞争优势的重要途径。目前中国企业随着实力的增强纷纷进军海外市场，但知识产权方面步伐却仍显迟缓。因此，国内企业一方面应提高海外布局意识，积极谋求海外布局；另一方面需要积极了解国际知识产权制度的特点，通过目标市场本土的知识产权服务机构的协助，更好地完成海外布局。

参考文献

[1] 杨浩：《浅谈上世纪二三十年代的美国设计创新运动》，《福州大学厦门工艺美术学院学报》2012年第4期。

[2] 赵娟、郑铭磊：《学习交融再创新——日本现代设计发展的启示》，《美术大观》2014年第4期。

[3] 李菲菲、华大敏、王斌：《韩国艺术文化创意产业发展概况与启示》，《大众文艺》2013年第23期。

[4] 吴溯、孟雨、谢怡雯、陈晓：《设计之战——移动终端工业设计的知识产权博弈》，知识产权出版社，2014。

B.4
创新设计教育模式研究

姜 楠[*]

摘 要： 本研究论述了创新设计教育的战略意义，分析了中国创新设计教育的现状与存在的问题，研究了国外值得借鉴的创新设计教育模式，提出了中国创新设计教育模式改革建议：重构创新设计的教育体制与教育理念；建立多元化与国际化的优秀师资队伍；实施创新设计教育的跨学科发展策略，通过创意、科技和商业的跨学科整合，塑造具有"创新设计思维"的全新复合型设计人才。

关键词： 创新设计　教育模式　跨学科发展　复合型设计人才

我国历经三十多年的改革开放，造就了一个教育大国，但离教育强国还很遥远，大而不强的教育阻碍了我国成为世界强国的进程。国运兴衰，人才为本。21世纪是知识经济时代，未来国际经济的竞争将成为创新设计的竞争，从这个意义上说，谁掌握了面向21世纪的创新设计教育主动权，谁就能在未来的综合国力竞争中处于战略制高点。

全方位更新中国设计教育体制与教育理念，竭力培养学生的创新精神与创新能力是中国设计教育肩负的重大历史使命。中国的设计教育要改革发

---

[*] 姜楠，扬州大学机械工程学院副教授，硕士生导师，中国虚拟现实艺术研究中心高级专家，中国创新设计产业战略联盟设计竞争力专家，主要研究方向为创新设计战略、品牌与文化、哲学空间。

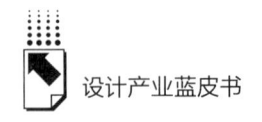

展，是目前国内外形势发展的要求；是推动中国经济快速发展的动力要求；也是创新设计自身发展的内在新需求。从根本上讲，中国创新设计教育就是要培养学生的综合创新能力以应对21世纪可持续发展的挑战。社会、经济与技术发展速度不断加快，为将学生更好地培养成为适应发展的人才，创新设计教育必须充分考虑人才市场需求，紧跟人才市场变化，教育与市场应紧密连接。中国创新设计教育要面向现代企业对设计人才的真正需求进行培养，更多地培养复合型创新设计人才、跨学科整合设计人才与设计高层管理人才。

一 中国设计教育的现状与存在的问题

我国设计教育出现于20世纪五六十年代，真正兴起是在20世纪80年代，设计教育历史虽短但扩增较快，现已经成为设计教育的大国，培养了大批各类设计人才，他们在服务企业设计制造发展与推动国家经济建设的发展等方面取得了很多成绩。但由于社会发展环境、教育体制、教育理念与培养人才的模式等问题，我国高校培养的设计人才总体上量比较大但质优率不够高，与社会实际需求还有一定距离，缺乏以创新能力为培养目标的人才培养模式、教育体制与教育理念。创新设计人才培养体系目前尚未形成，高质量复合型创新设计人才严重缺乏已成为制约我国创新设计发展的瓶颈。

目前我国各层次的设计教育，总体上均反映出创新设计实践能力培养的不足。创新设计思维训练不够或缺乏有效的训练方法；教学方式理论讲授过多而具体实践偏少，教师喜欢纸上谈兵；基础课与专业课的关联度不够，影响了学以致用的能力提升；实践性环节之间缺少有机的联系，缺乏综合性创新设计训练环节；工程技术方面的知识与实践应用能力比较弱；设计能力比较差，学生综合创新设计能力严重缺乏。人才培养与社会需求之间存在差异，学生在校学习的课程设置与市场需求脱轨，专业划分过细，课程体系不够合理，缺乏营销与经营管理整合类的训练，入职以后无法有效协助设计服务业拓展国际市场。设计人才的综合素质不够高，人格教育与设计道德培养不够，片面强调技能培养忽视了学习者身心的全面发展，学习者的个性差异没有得到充分的尊重与培养，影响了独创性创新设计的诞生。设计教师队伍多元化与国际化程度不够，难以有效引导学生培养创新设计的综合竞争力与国际竞争力。设计教育的跨学科发展没有引起重视，影响了跨学科整合设计人才的培养。缺乏以研究课题体验式教学的创新培养环境，校企合作深度融合不够，影响了教师与学生的创新实践能力的提升。人才培养教育经费与科研经费总体投入不足，影响了学科的品牌建设，人才培养趋于同质化。在高校内部，学校的年度评估与教师评职称等导向性要求，导致教师过于重视学术性论文发表数量，轻视横向课题研究与工程创新实践的积累；学校补充教师来源重视教师的博士学位，忽略教师的工程实践背景。校内的教师创新实战经验普遍不足，难以有效引导学生进行创新实战训练。校园创新设计文化氛围不够浓厚，不能很好地滋养与激励大学生的创新激情。

二 国外值得借鉴的创新设计教育模式

以美国和欧洲为代表的新型设计类大学，通过构造新的教育模式，以创新设计教育为培养目标，以有效的多维度合作实现设计教育的跨学科发展。弗兰克欧林理工学院（Franklin W. Olin College of Engineering）是美国一所新兴的工程院校，它颠覆了传统的教学模式，将基于项目的体验式教学融入学生的大学四年教育中，体现了以跨学科重设计为特色的，将工程知识、技能与人品素质相结合的教育思想。欧林理工学院成立仅15年已声名显赫，成为全球工程创新教育的一个新典范。2005年启动的美国斯坦福大学Design School项目由多个跨学科的优秀团队组成，将设计师融入混合的群体中，通过不同观点的交叉与碰撞开启创新思维，并探索科技、经济与社会领域复杂综合创新的解决方法。俄罗斯的斯科尔科沃理工学院是在美国MIT的鼎力支持下创办的一所理工科研究生大学，形成了以研究、教育、创业创新三重螺旋集成的协同创新特色，培养了大批高素质创新人才。2010年成立的芬兰阿尔托大学是一所创新型大学，通过鼓励设计、技术和产业的跨学科交叉与合作培养适应创意知识经济、符合全球一体化及创新社会发展要求

的新型人才。阿尔托大学通过营造创新设计的良好环境，将设计教学和产业界高度结合，促进学科之间、学校和企业之间的互动与跨学科团队的智慧协作，全面地提升了创新人才培养的效率与质量。

从世界一流设计院校的人才培养实践来看，国外创新设计教育的重点在于培养具备复合知识结构与创新综合能力强的人才。创新设计教育跨学科融合发展已成为设计教育的主流发展方向。塑造具有创新设计思维并具备国际设计竞争力的复合型创新设计人才，已成为国际创新设计教育的发展趋势。

三 中国创新设计教育模式研究

创新有三层含义：更新、创造新的东西、改变。价值链中的一切活动都可以创新诞生，包括观念、构想、计划、机制、管理、政策、知识、技术、经济、商业、文化、生存方式与可持续等方面。创新设计发展的趋势对创新设计人才的知识深度、广度和综合性、学科交叉性以及人才的品质提出了更高要求。创新设计人才在推进社会可持续发展进程中做出更大的贡献是时代赋予的使命。

（一）重构创新设计的教育体制与教育理念

培养高素质的创新设计人才，需要推动设计教育体系的整体变革。要对我国目前的综合实力与本土文化进行客观分析，寻找设计教育创新发展的可行性路径，进行教育体制与教育理念的再设计。

1. 重构创新设计的教育体制

创新设计教育的发展需要重构创新设计的教育体制与教育理念。推动从学前教育到基础教育到高等教育的创新设计教育体制改革。设计始于发现，细微的观察力需要从小开始培养，应在幼教与小学阶段就开始培养观察能力，给予儿童大量的野外活动时间来培养他们对世界的发现和探索，让儿童在玩耍中学会细微的观察。在启蒙阶段开始培养儿童初步的美感与初步创新设计思维，让有潜力的儿童尽早进入创新设计的大门。在义务教育阶段增设劳技课与发明课，增加创新设计教育初步训练内容，培养对自然科学和技术的广泛兴趣，小学与中学教育要注重训练思维的发散能力。大学创新设计教育要从选才入手，将适合学习设计的学生选进各类设计专业精心培养，培训设计类各专业学生发展创新素质，深度学习创新设计所需的知识、方法与技能。大学创新设计教育要侧重训练思维的严谨性，使受教育者掌握艺术、工程应用、商业等交叉知识背景与知识结构，训练将创意付诸实现的能力。

创新的出现需要培养探索未知世界的渴望能力与原始动力。自由思考、不受约束、敢想、幻想、允许多次失败、良好的容错制度是创新诞生的基本环境，要提升整个社会对创新设计的认知，理解创新设计的价值，改良创新设计诞生的环境。创新设计教育要更加注重培养人的自我深度思考能力、直面失败的勇气、发现问题与针对问题的分析能力、解决问题的实践与应用能力，强化培养学生的社会责任（环境保护、安全标准等）与使命感，培养可满足社会发展需求的优质创新设计人才。

2. 培养新 T 型结构高素质创新设计人才

在新的形势下，设计学科正面临新的使命、新的机遇、新的领域与新的方法，为工程设计、工业设计、服务设计等各类设计提供了新的目标，面对创新设计多学科、交叉学科、跨学科发展的新要求，创新设计人才培养面临更大的挑战，必须探索更加综合的设计教育之路。创新设计人才需拥有优秀的智慧与品德，创新将遇到各种障碍与面临多次失败，需要培养坚韧的创新意志、果断性、抗挫折性、责任感等创新品质。创新设计教育要培养具备新 T 型结构的优秀创新设计人才：训练强大的垂直能力（设计专业知识足够深度＋完美的人格）与柔性的水平能力（丰富的交叉知识＋强大的联想应用能力）。

要训练学生根据问题来自我获取新的知识，唤醒学生的内在力量，培养他们学习的主动性，获取丰富的知识，并善于分析与联想解决实际问题。培养学生逐渐形成以创造性的思维发现问题、分析问题、解决问题的能力，最终使创造性成为其自身的一种习惯、一种品格、一种素养，成为其灵魂中不

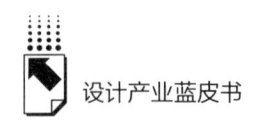

可分割的一部分。通过向内的培养与向外的培养的结合，使创新设计思维与实践动手能力、管理沟通能力、团队协作能力等同步增长，着力培养新T型结构的高素质创新设计人才。

3. 强化创新设计思维综合训练

创新设计思维是一种基于设计师如何解决问题的思考方式，在新的发展面前创新设计思维正在成为一种战略能力，成为创新设计人才必须具备的内涵要素。思维方式的培养是创新设计教育应该解决的最大问题，创新设计思维是形成学生创新设计能力的前提与基础。创新设计教育应开启多维度全方位的创新设计思维训练，训练学生学习将问题和解决方案可视化，使复杂的信息容易理解；训练学生在尽量短的时间内发现真正的问题并能以整体的方式解决问题。由于创新往往出现在交叉学科点上，所以要对学生将感性思维方式和创新思维方式的培养与训练体现在整个教学的始终，训练学生在敏锐的观察中发现问题、分析问题，用创新思维提出问题解决的路径。要通过开设培养创新思维、创意思维方式的综合课程，通过案例（虚拟或实际）分析与训练，逐步扩展学生的思维空间与联想能力。通过各种到位的训练，培养学生学会触类旁通、由此及彼、融会贯通、举一反三的思维模式。培养学生养成独立深度思考的习惯，发展他们的想象力，拓展他们的思维视角，使他们学会多角度考虑问题、用辩证思维审核问题、乐于实践动手验证思想，在更多的系统设计实践中思考、锤炼。创新思维除了培养形象思维和逻辑思维外，更重要的是培养抽象思维，抽象思维是人类超越物质看到本质的思维方式，要培养学生学会在形而下的实践中，运用形而上的抽象思维能力，把握事与物的逻辑结构体系，培养能用创新设计思维去解决复合型问题的高素质设计人才。

4. 提升人格教育与设计道德

世界先进大学在培养创新人才方面都提出了要关注人格、智能与身心三个层面的问题。创新能力是由先天素质、后天培养、环境和心理素质决定的一种复合能力，一般是感悟预见能力、深刻的分析能力、准确的判断能力、果敢的执行能力、综合协调能力、全面驾驭能力的深度结合以及充分发挥。

领悟力、思考力、创新意识、人格品质、学习态度——决定了学生未来的创新发展潜力。创新人才的能力构成需要几种能力的综合，往往具有鲜明的个性特征，良好的个性容易促成创新实现，是成功的关键。创新设计教育要提倡个性化教育，扶持学生的个性化发展，强调以人为本，着重学生的人格塑造和综合素质的提高，期待独创性设计的诞生。

创新人才需要培养好奇心与创新的激情；做事专注不怕多次失败；能把握好时间与自我情绪；抓住转瞬即逝的灵感与机遇。大学应是培养学生具有独立精神和创新思维，具有高尚的人格和素质的地方。创新设计教育要以人格教育为育人基础，结合设计之爱的教育，形成人性化的内涵，培养学生具有独立的思想、怀疑的勇气、发现的智慧、灵活运用的能力。要提高学生人生境界与格局、增益气度与才华、增加智慧。训练并养成良好的心理素质、良好的品格、健康的身体。培养学生的气质神采、敏捷思维、才学胆识、使命感、责任感、钢铁意志、通达事理、多谋善断等内在创新素质。树立正确的人生观与荣辱观，培养优秀设计师气质。

创新设计教育要以培养德才兼备的设计人才为目标，强化设计道德培养。创新素质是一种综合性的素质，不是靠一二门课就能实现的，是一个系统工程。设计是运用智慧和良知服务人类的产业，是运用科技的成果和优秀的文化创造未来并造福人类，提升设计道德是完成高品质设计的内涵需求。创新设计教育应重在"育"而非"教"，应开设通识教育课程体系，实现学科交叉渗透、人文与科学融通、基础性与广博性相统一。创新设计人才培养在文化角度，既要充分吸收外国文化的优秀成果，更要强化中华文化的传承，只有这样才能为培养具有国际竞争力的创新人才奠定基础。通过开设计道德课程，学习国学精髓，学会以儒做人，以易启智，以兵增略，以道明德，以禅见性、以圣贤为师友，以修德正心提升做人的品质。通过学习国学锤炼大学生的思维，锻造悟性，提升洞察力，体悟中国古典哲学智慧，透视现代商业真理，培养创新设计不可缺的精神力量。创新设计人才需具备智力加优秀的品德，不怕失败、从失败中反思走向成功的心理素质，要训练追求创新与卓越的设计态度。正确的德诚信观念与创新设计文化，是提高国家设

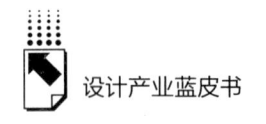

计竞争力的主要因素之一。提高设计道德能够为今后完成高难度创新设计奠定内涵基础。

（二）建立多元化与国际化的优秀师资队伍

培养创新型人才，一定先要有优秀的勇于创新的师资队伍。创新型学者是学校的最宝贵财产和无形资产，是学校最丰富、最有潜力、最有生命力的资源。教育国际化是世界经济全球化发展的必然产物，是时代发展的需要。培养具备全球化视野、跨文化沟通能力和竞争力的国际化创新人才需实行高校培养模式国际化、师资队伍多元化与国际化、授课内容国际化等一系列改革。

1. 提升设计专业教师科学研究水平

有较高科研能力的高素质设计专业师资队伍是培养创新设计人才的前提条件。提升设计专业教师的科研能力需通过内外兼修来实现，内修包括教师的创新意识、前沿意识和超前意识、内在的科研能力与动力、适合自身发展的研究方向定位、科研方向与学科专业建设的一致性、愿意加入优秀科研团队承担研究任务、用科研促进教学质量提高的意识。外修包括学院优良的科研环境与氛围、有院士与具有较大影响力的领军人物、有国内学科专家与优秀学科带头人、众多优秀具有科研潜质的青年教师、数量较多的不同研究方向的优秀团队、健全的科研激励机制包括合理的教师考核制度及科研奖励制度。

坚定用科研引领教学，提升青年教师的创新能力，减少刚进校青年教师的教学工作量，让他们有更多时间和精力开展科研并快速成长为教学骨干。借助学科竞赛锻炼青年教师队伍，加强青年教师业务培训，提高他们的设计创新与技术创新能力。学校应支持和鼓励设计学科青年教师到大型企业和跨国企业等单位进行多种形式的挂职锻炼，接受包括设计研发、知识管理、工程知识和服务意识等多方面培训，使他们更加了解社会需求并提升自身创新能力，更好地为学校的创新教育需求服务。学校也应支持鼓励中青年教师到国内外高水平的大学与研究机构进行研修和攻读学位等，在职称、职务晋升时需优先考虑并免除其在外学习进修期间的教学工作量。学校要保护有影响力的学科带头人并注意培养好接班人，以保证学科梯队结构体系正常化与延续性。

2. 改革设计类教师职称评定体系

教师职称是对教师工作水平和能力的肯定，同时也伴随工资增长、福利增多等奖励。教师职称关乎教师的职业荣誉与利益。教师职称的评定对教师教学、科研有一定的激励作用，关系到教师队伍的结构优化和教师资源的科学合理配置。建立优秀设计教师队伍，拥有合理的师资队伍结构，是培养创新设计人才的重要保障。要改革设计类教师职称评定体系，改变目前职称评聘的不合理现象，出台面向设计类教师的新评定标准，将设计类教师工程实践经历设置为职称晋升的基本条件之一，引导中青年教师主动联系企业，服务企业、挂职企业锻炼。加大横向研究课题在设计类教师科研评价与职称评定中的权重，提高横向研究课题的地位，推动设计类教师更好地落地服务社会。在职称评定中增加对教师的职业道德操行的审查，对于弄虚作假的教师采用一票否决。改变学校内部评审机会不均等的不公正现象，使设计类教师有更多的职称提升机会。用职称评定指挥设计类教师更好地培养优秀创新设计人才与服务社会经济发展。

3. 探索设计专业师资多元化与国际化体系建设

创新设计教育模式的改革，需发挥教师多元化角色职能，首先要建立一个优秀的多元化的师资队伍。教师要能够给予学生跨学科课程、创业精神、全球视野、服务的学问等新概念。把服务型学习作为一种拓宽学生专业技能、提升学习成果的方式。教师的引导示范对于培养学生的创新能力作用很重要，教师的严谨、勤思、善学、求索的态度与无私奉献精神都会影响学生创新能力的增长。教师要善于引导学生进行知识关联与拓展学习，在教育过程中，始终将学生作为认识和发展的主体，培养他们的主观能动性。

通过合作办学、国际交往、涉外游学、联合培养、课程合作、学分互认等多种形式和途径，营造多元化的国际教育环境，为学生提供多重选择的发展和与国际接轨的平台，实现教育与教学质量的国际化提升。加大师

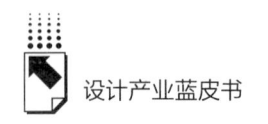

资队伍国际化建设力度，充分利用国家、教育部以及国外合作院校交流项目，通过将青年骨干教师送到国外名校进修交流，多渠道提升师资队伍的国际化教育水平，促进教育理念与国际先进教育理念对接，将教学能力向国际化转型升级，通过引进、培育与鼓励青年教师个性化发展形成结构合理的多元化的高层次特色师资队伍。重视海外留学人员或有海外工作经历的人才引进，培育一批"高水平、重职责、有爱心"的教师，大力支持教师参加国际各类高层次的学术交流活动。设计院校教师应该紧跟市场发展，提升自身潜能，不断更新专业知识和拓展专业视野。构建国际化课程体系，实现国际化教育"本土化"发展，借助国际合作提高教学质量，经常性邀请国外知名专家、学者来学校举办讲座与担任兼职教授、开设特色课程。

通过建立多元化与国际化的结构合理的优秀师资队伍，加速培养具有国际竞争能力、能够参与跨学科协同创新的复合人才。与国外大学共建国际人才培养项目，加大力度聘用国外设计教师与专家来华教学。开展设计教育的国际化交流，师生交换，在跨社会文化的设计项目中协同合作。鼓励学生进行双向短期交流，对本科生进行"国内外双校园"联合培养拓展学生国际视野，对硕士研究生以"国内外双学位"培养方式提高其创新实践能力。对博士研究生的培养大力推行"双导师"制，利用科研院所、跨国公司等建立联合培养人才的新机制，聘请跨国公司高级管理人员作为实践导师，由校内学术带头人与业界精英组成双导师团队，共同参与国际化人才培养方案的制定与实施。加强同世界名校的教学、科研交流与合作，建立国际教育与科研合作项目。加快创新设计教育国际化的步伐，培养更多的国际化创新设计人才，为参与全球化设计竞争打下基础。

（三）实施创新设计教育的跨学科发展

创新是建立在高度综合性知识与技能基础上的，创新设计发展趋势对新一代设计师的素质和知识结构提出了新的要求，实施创新设计教育的跨学科发展是时代要求。当今，创新设计越来越成为群体性的创造活动，创新设计优秀人才需具有鲜明的科学、技术、艺术、工程应用方面积累性与跨学科复合性的特点。顺应发展趋势，需要新的教育视角，才能满足新的社会需求，设计教育本身的再设计迫在眉睫。

1. 强化综合性设计训练实践环节

综合性设计训练实践环节能有效提升学生创新设计能力。创新设计教育的专业课程设置，要能拓展学生的创新视野，使知识积累、研究性学习与创新设计相互连接起来。把能培养学生综合能力有内在联系的不同学科、不同领域的内容整合成一门新的学科，将相互关联的课程组合成若干教学模块，实现不同课程的融合。使专业基础课与专业课的界限形成一定的模糊状态，并通过互动实现渗透，在不同课程中形成实例教学的系列化、模块化。在实例教学中进行观察能力的培养和训练，让学生学会多角度的观察，通过发现问题学会分析问题与解决问题。毕业设计题目采用更多贴合工程实际的综合性的实践课题，实现融"知识、能力、素质"三个层面的教育为一体的创新的教学过程。更多地采用启发式、讨论式、参与式和案例教学等教学方法，将教学与科研有机结合起来，吸收学生参与教师的科学研究，组织学生进行定期学术交流。注重培养学生的设计总结、分析和演讲能力，提高学生的商务沟通和谈判技能。

将设计实战化作为教学重点，邀请更多的具有实战经验的设计专家参与教学，提升学生实战能力。采用本科阶段导师制，让学生尽早进入导师的工作室，通过基于团队的学习和项目研发体验式学习提升创新能力。建立有梯度的研学团队，以导师-博士研究生-硕士研究生-高年级学生-低年级学生为链接团队，进行团队的研发实战训练，提高学习的深度、广度与交融性，让更多的学生参与整合性设计。提倡以课题为中心辅以相关讲座的学习方式。在课程安排、培养模式、教学方法上充分考虑对学生创造性的培养，以更多的讨论代替讲授，注重学生参加实践、科研活动，培养创造性。

2. 实现校企合作深度融合发展

创新设计人才仅仅靠课堂教学是难以培养出来的，需要学校、企业与社

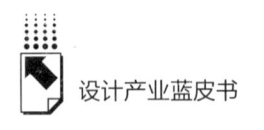

会的协同培养，形成良好的多维创新环境，使大学、企业、科研院所等创新设计参与要素之间发生密切互动。推动科研引领的教学模式，将科研融进教学来提升课堂教学的真实感和挑战性。通过构建产学研结合的合作教育模式，加强校企之间的互动，为高素质创新型人才培养提供多样化的实践渠道。为大学三年级的学生提供更多实习机会，让他们接触实际的市场设计领域，包括产品创新与市场开发。给学生提供与企业直接对接的机会，支持学生在企业实习半年甚至一年，使部分学生毕业后进入实习企业任职，为企业发展做出贡献。使设计教育、设计产业、制造业联手深度融合发展，模糊学校与企业的空间界限，将课堂移动到企业实地开展教学与研究，聘请企业研发人员或高级技工师担任大学实践性训练环节指导导师，以企业研发项目为硕士论文题目或本科毕业设计论文题目或作为综合设计深度训练项目。

强化设计教育在面向企业、面向市场、面向生活与支持地方经济社会发展方面的作用。深入实施产学研合作模式教学，推动科学研究和社会服务相结合的创新设计教育体制的改革，推动学校建设更多高水平特色学科；增强服务社会创新能力，通过服务与贡献谋求学科更大的、新的发展空间；培养更多具有设计竞争力的创新人才，为企业输送定制人才；通过校企交换研究人员、企业在学校设立企业特聘教授岗、学校聘请企业专家担任客座教授、企业聘请大学设计教授担任顾问等模式将学校与企业空间互融，扩大学校与企业的优势空间与资源。在大学设立企业的教育基金和奖学金，共建新学科、新专业、新课程，为企业培养专门技术人才。通过自主创新的各类实践活动实现校企人才优势互补，资源配置优化，更好、更快地推动科研成果转化与人才培养。通过将设计与技术和经济的有效结合，培养高端复合型人才。

3. 营造校园创新设计文化氛围

校园文化是创新的土壤，良好的创新设计文化环境可以激发学生创新潜能与活力，有助于创新的出现。要建设好校园创新设计的硬环境包括创新设计实验室、实习工厂、实训基地、校内创新孵化室、讨论的茶吧等；重构校园创新设计的软环境包括创新人才培养体系、教学内容、人才培养模式、学校创新设计氛围、校内设计大师与设计学科优秀带头人等。当前，我国创新设计人才教育要从人性、人本、人文出发，着眼生活、生态、生命，而这一切都离不开优秀创新设计文化的支撑。优秀设计的诞生与个体的能力、智慧、环境的催化与培养有紧密联系，校园创新设计文化对培养创新人才具有阳光雨露的作用。欧美等西方发达国家的名校均注重校园学术氛围和良好育人环境的营造与维护，通过自由、勤勉、创新、严谨、诚实等学术精神和校园文化吸引优秀教师与润养学生。

在创新设计教育中应更加关注如何育人的问题，要使大学校园拥有特殊的创新设计文化土壤，形成宽松、民主、自由、开放、进取的创新文化环境，通过开展以学生为主体的多种层面的创新设计校园文化活动，进一步提高广大学生对创新设计的关注度与领悟能力。进一步关注中国文化特质和世界文化的融合发展，推动具有国际竞争力的创新人才培养。

4. 实施创新设计教育的跨学科发展

21世纪的创新设计除了要解决产品功能与外观的创新，还要将创新设计延伸至服务模式、交互性、协作方式、管理模式、营销模式等层面，创新设计将进入前所未有的广阔领域，创新设计将在服务社会经济发展中承担更综合的任务。要通过学科交叉提高人才的综合知识能力，设置跨学科的课程体系，构建跨学科的教育机制，通过鼓励学生跨专业选课、开设新的跨学科专业，创建能够提升学生综合创新能力的教学组织模式，扩大学生的专业视野。一切创新的核心都在于能否商业化，要在设计课程中加入商业课程，培养学生的具有超链接性质的团队协作能力、与不同要求客户的深度沟通能力、对工程决策的良好直觉、进行投资的商业嗅觉，完善整合创新训练，培养能站在策略和商业角度以更贴合市场的观念进行创新的能力。在学校内部的不同学科之间和学校与服务企业之间通过联合性研究项目开展深度跨学科合作。实施学生自选学科学分制，根据学生的自我发展定位选择自由组成的学习内容，允许并推动学生的跨专业发展。要让不同专业与不同学科背景的学生跨学科合作学习实现知识的融合提升，允许本科、硕士、博士生跨学制共同学习补充知识的盲点，通过不同学科院校的交流与合作，院校之间取长

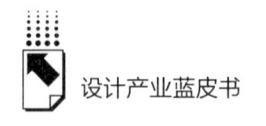

补短,逐步促进各自院校水平的提升。通过国际合作交流实现学生互换,跨语言与跨国界学习提升设计竞争力。在跨文化、跨学科、跨层级的背景下,进行知识再造、技能提升、项目开发,实现整个项目团队之间以及社会之间的知识整合与创新。在不同教育背景的组成成员身上学到针对相同问题的不同切入点的解决方法与提升团队协作能力。设计教育跨学科发展的意义在于通过重新组合与更新,使培养的人才更适应新的社会产业发展。通过跨学科、多领域的教育新视角,推进不同学科之间的横向链接。创新设计教育要适应创新型国家建设和设计全球化发展竞争的需求,将物质空间、创新设计教育和产业界紧密结合,实现空间共有、资源共享、优势互补、多学科交叉的创新设计教育模式。打破或模糊学科的边界,使学生面对来自不同空间和不同文化背景中的问题进行创新设计实践,通过采集有效信息、分析和判断,将信息可视化与具体化,提高创新综合能力。通过跨学科的小组项目来训练学生与其他专业间的合作,培养解决高难度整合设计问题的能力。

创新设计教育跨学科发展一方面要实现大设计领域内部相关学科的交叉,另一方面要实现大设计学科和其他学科的交叉融合。设计要与人文、哲学、科学、技术、商业、管理等学科知识融合起来,满足技术+功能+外观+便利性+经济型+社会需求+绿色设计的要求。融合全球人才智慧实现全球化的高品质协作创新是未来创新设计教育的发展趋势。

四 总结

经过三十余年的高速发展,我国已成为全球第二大经济体、第一制造大国,但创新设计能力薄弱仍然是制约我国产业转型升级和自主创新能力跃升的主要瓶颈。提升自主创新设计能力,对推动中国制造向中国创造转变,推动以创新设计驱动经济跨越式发展具有重大现实意义。在知识网络时代,设计开始发挥越来越大的作用,越来越多地为一些重大问题提供整体性解决策略。随着设计从"物的设计"到"战略设计"范式转变,复合型人才的需要日显急迫。而担任培养设计人才职责的设计教育，需要对时代变化不断反思，顺应变革的力量，努力推进设计教育模式的发展与转型，特别是通过创意、科技和商业的跨学科融合，将学生塑造成为具有"创新设计思维"的全新复合型人才，这是目前与下一个阶段创新设计教育改革的核心目标。

行业研究报告

Industry Research Report

B.5
高端装备制造业设计发展现状及趋势

明新国[*]

摘　要： 高端装备制造业采用高技术和高附加值的设备提高企业的生产制造能力，使产品在生产制造领域有质的飞跃。然而我国高端装备制造业的设计体系并不完善，亟须设计产品创新系统来提高高端装备制造业的水平。本文提出了产品创新架构和基于全生命周期的创新流程，重点研究产品设计相关理论、产品设计管理方法、产品设计提升层次和产品未来发展方向等方面的内容，这对我国高端装备制造业的发展具有建设性指导意义。

关键词： 高端装备制造业　产品创新　产品设计　研发管理

---

[*] 明新国，博士，现就职于上海交通大学机械与动力工程学院智能制造与信息工程研究所，教授、博士生导师，主要研究方向为产品创新工程、精益企业管理、价值链管理、信息化与工业化融合。

一 研究背景

目前对"高端装备制造业"已有的定义为"在生产制造过程中,采用高技术和高附加值的先进设备的行业",其中的高端装备是指"传统产业及战略性新兴产业在发展过程中所需要的高技术和高附加值的装备"。高端装备制造业以高新技术为载体而位于产业链的高价值环节,决定了整个产业链的核心竞争力,是实现产业转型升级的驱动力。然而,我国制造业现阶段依然侧重制造和组装两个环节而处于产业链的低端,与一些发达国家相比,我国制造业价值曲线呈"苦笑"形。大部分制造型企业的创新能力比较弱,特别是缺乏创新机制,还没有形成创新主体,原创性产品少、自主研制能力弱、基础配套设备滞后,装备主机面临"空壳化",造成我国制造业在技术上过多依赖国外,制造业企业只能以价格作为竞争手段,从而降低了企业利润,不利于我国企业的发展壮大。因此,为了促使我国制造业走向"微笑"曲线,有必要提高制造业的自主创新能力和产业技术水平。

产品创新体系的建立是提高产品自主创新的必经之路,也是提高高端装备制造业核心技术的关键。因此,从制造业的基本情况出发,借鉴国际先进的制造业经验,强化我国制造型企业的创新意识,探索出一条适合我国制造业现状的创新之路,是本研究的重点和价值所在。

二 产品创新总体架构

产品创新体系决定企业的创新能力和核心竞争力。为了实现企业研制模式的转变,必须完善研制体系的建设,图1是产品创新的总体架构。

总体目标:通过对产品创新系统的技术、理论与方法的研究,培养出一批优秀的技术管理人才,结合制造型企业的创新实践完成现代企业的研制模式转变,以期达到提高产品核心竞争力的目的。

设计产业蓝皮书

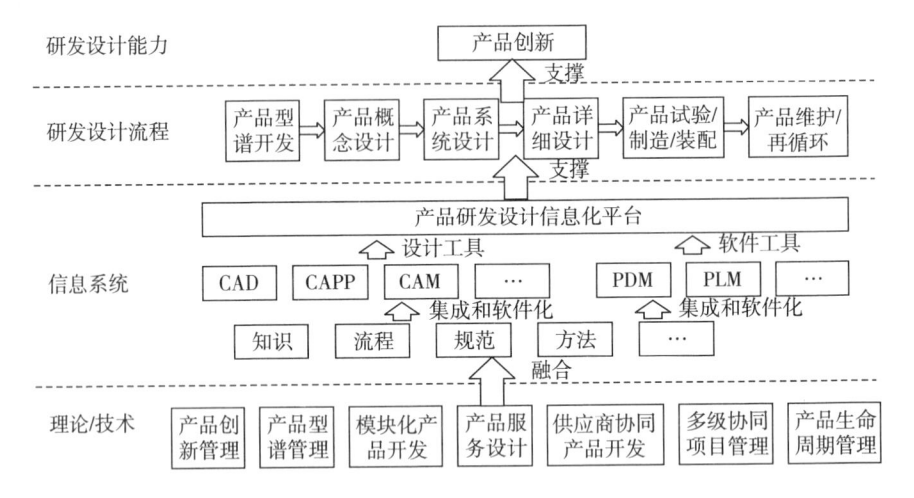

图1 产品创新的总体架构

体系结构：产品创新体系分为四个部分——集成产品开发团队；产品研发设计流程；理论、方法、技术、系统与平台；产品型谱、创新、知识的管理。这四个部分相辅相成，不断提升和发展产品创新体系。

三 基于产品全生命周期的创新流程

基于产品全生命周期的创新流程分为六个步骤：产品规划、概念设计、系统级设计、详细设计、试验验证和产品推广。

（1）产品规划

产品规划是指企业的产品规划人员在收集市场需求（即客户需求）、竞争对手、产品机会与风险、未来市场和技术发展等方面的信息后，通过一些方法，如Kano模型、亲和图等，对收集信息进行识别和分析，然后结合企业现阶段的发展状况，得出客户对新产品的功能需求，制定出满足客户需求的产品目标、实施战略和技术路线。

（2）概念设计

概念设计的主要任务是在识别和分析客户需求后制定出新产品的概念，

这一概念在新产品的设计、制造和服务三个阶段可实现。而且新产品的概念设计面向市场，以客户需求为基础，坚持战略导向，树立基于知识积累的新产品研制理念。新产品的概念设计是产品研制过程中最复杂和最富有创新性的环节，在理论和实践中应该获得重视。据统计，新产品的概念设计阶段其价值决定新产品总价值的 80% 以上。

（3）系统级设计

产品系统级设计包括定义新产品的结构以及新产品的部件、模块和子系统的划分，甚至新产品在生产完成后的装配也在此阶段划分。系统级设计的产出是指新产品的几何设计（2D/3D 模型）、每个子系统的功能分配、产品装配的最终流程。系统级设计是新产品创新流程中一个关键环节，关系到详细设计的任务分配和流程设计。

（4）详细设计

产品的详细设计包括产品零部件的 2D/3D 模型及装配流程的设计，其中零部件的 2D/3D 模型主要包括产品非标准件和标准件，非标准件一般自主设计，标准件一般对外采购。完整的模型信息有零部件的尺寸、公差和制造所用的材料，还规定了这些零部件在生产过程中需要的工具设计。产品详细设计的产出是可用于制造的产品模型详细图及相关文档，包含信息有每个零部件及其对应生产工具的几何图，标准件购买清单等内容。

（5）试验验证

试验验证就是对新产品的多个设计和制造样本的评价，确定最优的产品模型。新产品早期的模型由生产指向型零部件组成，即一些与新产品有相同的几何形状和生产材料，但又不需要在实际的生产中制造的零部件。早期的模型需要进行试验，然后判断是否像设计那样工作，是否满足关键客户需求。新产品后期的模型由目标生产流程提供的零部件组成，不需要用最终的装配流程来装配。企业要对后期的模型进行评价，同时客户也会在使用环境中进行体验测试。

（6）产品推广

在新产品推广前，有一个试用期，其目的就是培训相关人员和解决新产

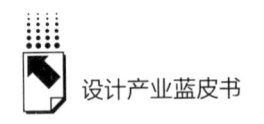

品在研制过程中遗留的问题。企业在此阶段会先生产一批产品并提供给一些客户进行体验评价，以便发现产品的缺陷，然后对产品进行完善。经过多次循环后，新产品在市场上逐渐被推广。在一些特定时期，新产品可以大范围地销售。在新产品推广的过程中，销售人员细分市场，采取不同的策略满足不同客户的需求，最后提高新产品的服务水平。

四　产品研发设计理论

（一）公理设计

公理设计是由美国 MIT 的 Suh 教授提出的，其有四个主要概念——域（Domain）、层次（Hierarchies）、曲折映射（Zigzaggng）和设计公理（Design Axioms），目前在产品设计领域有极其重要的影响。公理设计聚焦多域之间的映射，即把产品设计分为客户域、功能域、物理域和过程域等阶段，域的结构及域间的关系如图 2 所示。这四个域中的元素分别是客户需求、功能需求、设计参数和过程变量。在新产品设计过程中，首先要调研客户对新产品的需求是什么，也是客户使用新产品的目的；然后将客户需求映射到功能域中，确定新产品的功能需求，也可理解为功能需求的设计是满足客户需求；为了实现功能需求，设计者需要确定新产品的设计参数，设计参数是功能的载体；当设计完成后进行新产品的制造，过程变量是制造过程中用于实现设计参数的流程变量。Suh 教授的研究表明最理想的设计是从客户需求到功能需求、设计参数和过程变量一一对应的，否则是耦合设计或冗余设计。

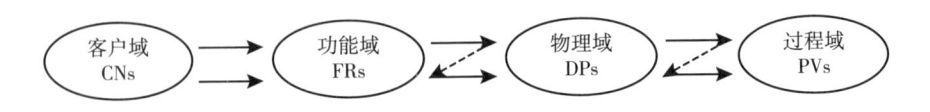

图 2　域的结构及关系

（二）全球化产品研制

全球化产品研制就是在全球范围内协同并行的研制产品。产品研制的各个阶段，如全球设计、制造、运营、服务、产品变更和更新等等，分散在世界不同的地区，这些活动通过网络进行虚拟交流和协同研制，最终完成产品的研制工作。其目的就是保证产品在研制过程中的财务和运营效率最大化，满足成本与增值的匹配。统计数据显示，全球化产品研制不仅可以缩短新产品上市时间和周期、有效降低产品研制成本、最大限度地提高生产率和产品质量、推动产品创新和优化运作效率，而且能减轻新产品研制的风险，已经成为新产品研制的模板。在市场国际化、产品研制数字化和网络化盛行的时代，各国企业均采纳全球化产品研制模式。

尽管全球化产品研制已经取得骄人的成就，但各国企业依然不断更新产品研制战略，尝试新的研制模式，慢慢投入到全球化的运作中，这些研制包括以下几种。

（1）离岸外包

随着产品研制成本的上升，各个企业开始将一些不重要的业务进行外包，利用较低成本和有特殊技能的人才或设备，提高运营效率，并重新分配内部研制资源，使其更专注于产品创新工作，从而创造更多的财富。

（2）合并和收购

通常雄心勃勃的企业会收购一些资金不足、经营不善的企业，并进行合并，扩大企业的经营范围，增强企业的研制实力，促使企业在国际市场上迅速站稳脚跟。

（3）新兴的市场

经济全球化的发展，使各国的政治局面发生很大的变化，刺激了新兴市场的兴起，各国的企业要在新产品不断更新换代的格局中满足客户的需求。

（三）产品服务设计

产品服务的最大亮点就是把物理产品和各类服务邮寄结合在一起，两者

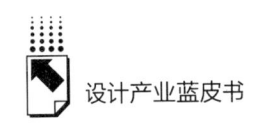

相辅相成，共同实现某项或某些功能，比传统的单一物理产品更容易满足客户需求。产品服务设计可以看成是在新经济模式下的产品创新策略转型的结果，即企业从单纯的研发制造物理产品转向为客户提供综合的物理产品和服务，不仅提高了产品的功能，更能满足消费者的特殊需求。企业的规划重点不仅是销售大量的物理产品，还要实现以满足客户"幸福感"来获得产品发展空间。因此，产品服务设计分为三种类型：

（1）面向产品的服务（product-oriented services）

设计该类服务是为了使产品在全生命周期内发挥最大功能，并获得各类附加值。

（2）面向结果的服务（result-oriented services）

设计该类服务是为了满足客户需求，为客户提供最终结果。客户不需要去购买或拥有产品，也不需要担心保养产品便能享受所需服务。

（3）面向使用的服务（use-oriented services）

设计该类服务是给客户提供一个平台，在此平台上客户可以获得产品、工具、机会甚至资质，能高效地满足客户的需求。

五　产品研发设计的管理

（一）产品创新管理

产品创新管理应该遵守以下三项原则：

（1）层次性与整体性原则

产品创新管理必须使产品研制从抽象到具体、从简单到复杂，逐层进行分析，并且每一层建立与产品对应的评价和优化方法。

产品创新管理必须保持各个子目标与总目标的一致性，遵守从上到下、从整体到局部管理的决策原则。

（2）目的性与开放性原则

产品创新管理的目标就是在产品创新过程中规划产品功能及预算功能实

现的成本。

对外开放，关注环境变化；对内开放，推行并行工程。

（3）稳定性与突变性原则

产品创新管理的稳定性指创新环境的稳定，特别是企业内部的研制机构和组织体系的稳定；以及针对企业内部提倡活跃人员的思维，有预防突变的能力。

产品创新管理是指企业在产品创新过程中，根据创新目标所采用的一种过程管理办法，企业内部创新、外部国际化环境和产品创新决策等的不同导致企业有多种不同的产品创新管理状况。

（二）产品型谱管理

产品型谱管理的三大目标——最大化产品型谱价值、平衡产品型谱、平衡产品战略与型谱项目，因此，产品型谱管理分为五大阶段。

①范围规划：快速而简单地评价该产品项目和市场前景的技术价值。

②构建商务场景：这是产品型谱管理的核心阶段，在此阶段决定执行或者中断项目。定位技术市场的可行性主要包括三个方面的内容：定义产品与对应项目、分析项目合理性和制订项目计划。

③型谱开发：在上一阶段企业采取具体的行动时，产品项目活动展开，即制订操作计划、确定市场投资和执行计划、规划下一阶段的检测计划。

④型谱检验与确认：该阶段就是确定产品项目的全生命周期过程，包括产品设计、制造、客户接受情况和项目经济状况。

⑤型谱执行：新产品的商业化，正式投资产品的研制。

产品型谱管理有两种不同类型：门径主导型和型谱评估主导型。前者多用于有明晰的门径管理流程的企业，后者是动态变化的，适用于节奏较快的企业。

（三）产品生命周期知识管理

产品完整的生命周期管理分为产品战略管理、产品设计（概念设计和详细设计等）、零部件制造和装配、客户使用、售后服务和产品回收处理，还包括各个阶段不同的参与者。实际上，产品生命周期是一个很复杂的过程，而

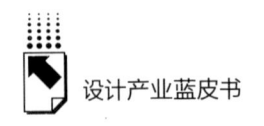

知识的获取就是从这一过程中提炼出有价值的信息，并且储存在企业的对应数据库中。当有产品设计、制造和服务活动产生时，这些知识被检索后在各个信息系统中流动，实现产品研制过程知识的共享。产品生命周期知识管理就是分析研究产品生命周期在不同阶段知识的类型和特点，研究知识的转化方法，梳理知识的传递和协同机制，最后提供一个开放性强和结构紧凑的技术架构。

六　产品研发设计提升层次

产品研发或研制分为五个层次，如图3所示，从底层到高层依次是规范化、模块化、协同化、精益化和最优化。下层的内容是上层发展的基础，只有完成下层的任务才能进入上层。

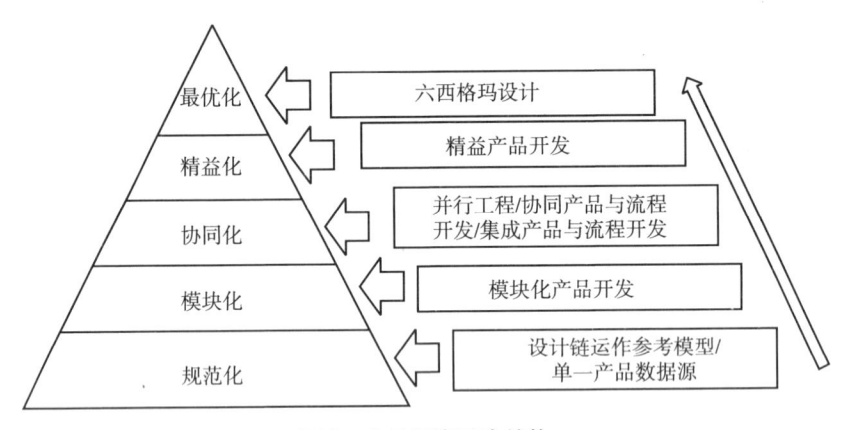

图3　产品研发层次结构

（一）规范化

规范化是指产品研发活动及管理过程做到标准化和规范化，使产品的研发有章可循。目前规范化的产品研发活动工具主要是设计链作业参考模型（DCOR），该模型定义了系统化的层级式架构和流程，其模式主要有设计链营运、设计链协同、设计链流程和设计链作业四个层次，设计链主要划分为计划（Plan）、研究（Research）、设计（Design）、集成（Integrated）和改善（Amend）五个管理流程。这五大管理流程基本涵盖了产品设计链上的大部分活动，包括从设计链前端的客户需求到后端的供应商管理，涉及产品运营策略、研制成员布局、研制作业分工与相关信息流的管控。

（二）模块化

模块化产品首先通过对产品模块进行定义、分类和不同模块的重组，使产品完成各种特异功能，其中模块与模块之间有明显的区别，并且每个模块能单独开发。在复杂产品设计过程中，模块化方法就是把产品分成若干个模块，规定每个模块完成一项特殊的功能，然后按装配原则将各个模块组装成产品。

模块化产品开发通过对产品零部件及设计过程的重组，以大批量的个性化生产模式进行产品设计，使产品在种类与性能、成本之间找到最佳平衡点。模块化产品开发是产品研发制造过程中一个非常关键的步骤，也是产品协同化设计的基础，其目的是通过低成本获得产品的演化和可持续发展，解决小批量、多品种定制问题。

（三）协同化

协同化产品设计是指产品在全球范围研制过程中，使分布在不同部门、不同地区和不同领域的研制成员针对各自的任务，在虚拟环境中协同完成产品的设计。协同化产品研制是一个产品协同求解的过程，保证各个研制小组有相同的研制目标并能产生相同的结果。在协同过程中，各小组成员通过多媒体技术交流信息完成协同研制任务。因此，与产品协同研制过程相关的人员关系更加复杂、研制活动更加多样、信息交流的内容更加丰富、采用的多媒体技术更加广泛。协同化产品研制成功的关键是如何有效地协同管理研制人员、研制活动和信息交流。

目前关于协同化产品研制的理论与方法主要有并行工程（CE）、协同产品/工艺开发（CPPD）、综合产品与过程开发（IPPD）、协同供应商选择技术、协同项目计划定制技术、协同项目动态管理技术等等。需要特别强调的

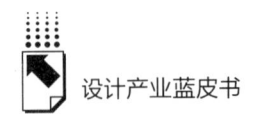

是，综合产品与过程开发是一种保障从产品方案到生产现场所有活动都综合考虑的管理方法，该方法使用多功能小组同时优化产品研制过程，从而满足产品功能实现和研制费用最小化的目的。

（四）精益化

精益化产品开发体系包括三个子系统：流程、高技能员工、工具和技术。精益化产品研制流程重视实际的研制流程，包括信息传递、设计方案优化、测试等；高技能员工主要有工程师的培训、学习模式和组织结构等，还隐含企业文化；精益化产品研制的工具有计算机辅助技术、数字化技术、机械技术等，还有解决问题的工具和沟通工具，这些子系统相互联系。精益化产品研制是一种更高层次的研制模式，不仅延伸了产品精益化制造，降低了新产品的制造成本，而且能消除产品研制中的浪费，加快产品的上市时间，使产品在市场竞争中处于有利地位。精益化产品研制的实施改变了产品研制的管理、流程、工具和信息系统的选择、使用和优化模式。

精益化产品研制要求企业以客户利益为出发点，使研制的产品满足客户需求。在企业研制团队和流程组织中，也要以客户需求为中心，组织研制团队进行产品研制工作，供应商也要纳入产品研制中，使研制过程中的资源浪费最小。

（五）最优化

最优化指产品研制及管理做到最优，即使企业投入最小和产出最大。产品最优化按照企业的流程，科学地运用方法去准确理解和分析客户需求，对新产品进行稳健设计，保证产品研制在低成本的状况下实现质量最优。产品最优化研制帮助企业提高产品质量和可靠性，在缩短研制周期的同时降低研制成本，具有很强的实用性。目前产品最优化研制主要有六西格玛（DFSS）和多学科优化设计，它们的实施保障产品研制的质量，降低研制成本。

七 产品未来发展方向

（一）知识化

随着服务经济概念在全球广泛传播和深入，制造业发展至今发生了翻天覆地的变化，面对复杂的竞争环境，制造业面临的挑战越来越多，而知识在企业内部发挥的作用日益明显。在产品设计周期不断缩短、交货期越来越短的情况下，伴随着知识的爆炸性增长、知识种类的多种多样，企业缺乏有效的知识分享机制，使得知识的查找时间过长。因此，制造企业需要构建一套完整的知识服务方法与技术，及时快速地适应瞬息万变的市场环境，开发出满足客户多样化需求的个性化产品。

（二）系统化

产品系统化不仅指产品本身，还包括一系列的协调、服务体验活动。从最初的客户需求到最后的性能评价，从首次使用到疑难解答、售后服务过程系统地分析，全面考虑产品和服务的所有环节，跟踪客户从头到尾的体验活动，使产品系统中各个部分串联起来，提供给客户一个完整的、无缝的、协调的体验过程。

（三）智能化

产品的智能化不仅仅指产品是智能产品，还能智能地感知周围的其他设备并自动完成任务，而且其研发流程也是智能的。首先根据客户需求，确定智能产品的技术属性，在此基础上进行智能产品设计，即通过一定规则进行知识决策，保证设计过程能自适应、自调整和自学习等。

（四）生态化

众多产品与服务的相关利益方，持续提供相关产品与服务为载体，实现

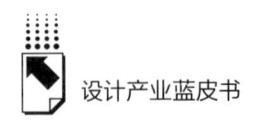

用户与产品、服务、使用环境的和谐交互，来持续满足用户在生态系统体验活动中的需求。

（五）个性化

在全球化经济背景下，随着客户对个性化的推崇，制造企业正在经历从大规模定制向个性化定制的转型变革，以向客户提供满足其个性化需求的产品为核心目标。个性化产品开发中，需要开发并应用客户需求识别以及预测技术，准确把握未来客户的需求。基于模块构建个性化产品的开放式架构，以实现产品的个性化模块配置。

（六）服务化

制造企业的管理模式正在从面向生产制造过程的管理，转变为面向产品服务系统的管理，即服务化趋势日益明显。在产品创新的同时，企业借助物理产品的服务提高其价值，实施符合产品的服务战略，促使传统制造业向现代服务业转型。产品服务设计基于整合产品系统和跨专业、跨领域协同的新兴设计，其相关内容有服务价值链/网络设计、产品服务方案设计、服务供应链设计、研发设计知识服务等。产品服务设计通过改良和创新的方法，为客户创造有用和好用且高效，给人印象深刻的服务体验。

（七）体验化

客户体验指客户使用产品后的各种心理感受，包括客户使用产品过程的方方面面。通过对已有的理论、方法和技术等的总结，客户体验设计大致分为客户需求挖掘、体验过程设计和体验结果评价三个阶段。客户体验研究的重点在于挖掘新产品需求，以此为基础寻找机会空间并指导后续的设计，产品才能最大限度达到用户满意。目前面向设计创新的客户研究路径主要有两种：一种是基于人类学和心理学理论的研究方法，也就是EGC（Expert Generated Contents）；另一种是基于大数据的用户知识生成、集成与应用，包括DGC（Device Generated Contents）和UGC（User Generated Contents）。

参考文献

[1] Henrich and Wörn. Robot manipulation of deformable object. Springer Science & Business Media, 2012.

[2] Stark J. Product lifecycle management. Springer International Publishing, 2015.

[3] Albano L. D., Suh N. P. Axiomatic design and concurrent engineering. Computer-Aided Design, 1994, 26 (7): 499-504.

[4] Suh N. P. Axiomatic design theory for systems. Research in engineering design, 1998, 10 (4): 189-209.

[5] Suh N. P. Axiomatic Design: Advances and Applications (The Oxford Series on Advanced Manufacturing), 2001.

[6] Kang N., Feinberg F. M, Papalambros P. Y. A framework for enterprise-driven product-service systems design. 2013.

[7] Cooper R. G., Edgett S. J., Kleinschmidt E. J. Portfolio management for new products. Basic Books, 2001.

[8] Wu Z. Y., Ming X. G., He L. N., et al. Knowledge integration and sharing for complex product development. International Journal of Production Research, 2014, 52 (21): 6296-6313.

[9] Kusiak A., Huang C C. Development of modular products. Components, Packaging, and Manufacturing Technology, Part A., IEEE Transactions, 1996, 19 (4): 523-538.

[10] 张在房:《顾客需求驱动的产品服务系统方案设计技术研究》,上海交通大学博士学位论文,2011。

[11] 沈慧:《产品型谱评估建模与优化》,上海交通大学硕士学位论文,2008。

[12] Kong F, et al. On modular products development. Concurrent Engineering, 2009, 17 (4): 291-300.

[13] 孔凡斌:《面向客户选项的模块化产品开发方法与技术研究》,上海交通大学博士学位论文,2012。

[14] 侯鸿翔:《基于产品平台的协同产品开发研究》,天津大学博士学位论文,2003。

[15] 王磊:《面向客户需求的精益产品开发方法研究》,上海交通大学博士学位论文,2012。

[16] 吴振勇:《产品设计知识管理服务理论与方法研究》,上海交通大学博士学位论文,2014。

B.6
互联网思维与互联网设计

谢雪莹 董占勋*

摘 要： 互联网思维是一种系统的商业思维，拥有去中心化、大数据、分享和体验至上四种主要特点。在实体经济和服务经济两大领域，互联网思维发挥了重要的乃至颠覆性的作用，促进了各行业的升级和创新。

关键词： 互联网思维 特点 领域 创新

一 互联网思维概述

"互联网思维"一词最早的记录可追溯到 2011 年，李宏彦在一次百度的大型会议上提出了一个观点：传统领域普遍缺乏互联网思维。2013 年，央视的专题节目"互联网思维带来了什么"将这一概念推广，慢慢成为热点话题。不仅是互联网企业，传统企业都纷纷参与其中，似乎拥有了互联网思维就是走在了时代的前端。

然而，什么才是互联网思维？很多人认为，互联网思维就是利用网络进行营销、推广，或是建立网上商店，但这些都只是片面的表征。互联网思维是一种智慧思维，是"在互联网对生活和生意影响力不断增加的大背景下，企业对用户、产品、营销和创新，乃至整个价值链和生态系统重新审视的思

---

* 谢雪莹，上海交通大学媒体与设计学院设计系硕士研究生；董占勋，博士，上海交通大学媒体与设计学院设计系副教授，硕士生导师，交互设计研究所成员，研究方向为交互设计、应用人机工程学设计。

维方式。"它不仅仅只适用于互联网公司,更是值得所有企业借鉴。互联网思维的形成并不是一蹴而就的,它在科技不断演化中被赋予了更多角度和层次的含义。

生产力、生产关系和生产方式是影响社会思维的基本因素。正如同农业社会中的农本思想,或是工业社会中的工业思维,互联网思维是以互联网、云计算、大数据等为科技动力的信息社会的产物,其处于不断地演化中,在各行各业中发挥了巨大的作用。

二 互联网思维的特点

(一) 去中心化

在互联网时代,海量信息流通的加速使信息的透明度上升,其传播不再由某一中心逐层向外发散,而是多向、同步地传递。因此。人际关系发生了巨大变化,人与人之间不再因为信息的不对称而导致权利的不均等。所以,互联网思维反映的是一种去中心、对等关系的人际关系思维。

最直观的例子之一就是自媒体。通过博客、微博、微信、人人网等,普通人也能够通过网络充分表达自己的观点,其门槛只是拥有网络、电脑或智能手机。在此过程中,自媒体与受众的距离为零,其交互性是前所未有的。信息迭代速度迅猛,内容更短小、多元且无功利性,打破了官方及媒体对话语权的垄断,从某种程度上呈现了信息的客观性,体现了民意。在中国,很多政府机构和单位都开通了新浪微博,例如江宁公安在线、央视新闻等都拥有众多的粉丝。自媒体打破了集体和个人的壁障,及时、透明的交流成为可能。

去中心的人际关系还可以体现在组织的管理上,例如360扁平化的管理结构。为避免公司科层化、官僚化,360以产品小组为单位,每个小组都可直接向公司决策者汇报,不需要通过组织的层层审批。此举符合互联网产品敏捷和快速迭代的特性,带来了极高的工作效率。360虽然是互联网公司,但是扁平化管理带来的企业效率,同样值得非互联网公司思考。

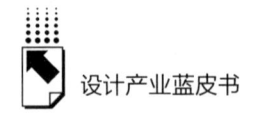

（二）大数据

互联网思维是依靠技术支持的大数据思维。在互联网时代，数据正在以惊人的速度增长。这些数据体现着社会生活的方方面面，并且数量极其庞大，对判断与决策形成了决定性的影响。各行各业的决策正在从"业务驱动"转变为"数据驱动"。在不同的领域，大数据已经开始发挥出巨大的作用：在零售业，大数据帮助商家掌握实时市场动态，并为其营销策略提供判断依据；在金融行业，大数据能够准确预测用户的消费习惯和行为，使金融机构在风险控制等方面有的放矢；在公共事业领域，大数据帮助政府和相关机构提升治理能力，在安全保障、交通运输等方面发挥着重要作用。

关于大数据的应用有一个很经典的例子：全球零售巨头在对大数据进行分析时，发现很多男性在购买尿布的同时，都会同时购买啤酒。于是，沃尔玛将尿布和啤酒的柜台放在了一起，并推出了促销活动，没承想此举大幅增加了尿片和啤酒的销量。啤酒和尿布本是两个风马牛不相及的商品，但通过大数据，我们可以发现两者的内在联系——都是年轻爸爸们的共同需求。这为超市的营销策略提供了可靠的判断依据。

美国在线影片租赁服务商 Netflix 也是利用大数据，成功翻拍出大受欢迎的电视剧《纸牌屋》。在投拍之前，Netflix 已经利用在线观影产生的庞大数据，摸清了几乎所有人的喜好。选题材、导演、主演等过程绝不是靠猜测，而是依据大数据的分析结果。在 3000 万付费用户中，Netflix 发现导演大卫·芬奇的演员凯文·史派西很受欢迎，而他的粉丝都和政治题材的影片存在明显相关性，并且，原版政治类英剧《纸牌屋》播放量非常大。将这三个因素相融合，就诞生了美版的《纸牌屋》。事实证明，这一影片为网站增加了 300 万用户，并使其股价大涨。总结过去并不难，真正困难的是预测未来。大数据为我们提供了通往未来的钥匙，必将深刻地改变我们的日常生活。

（三）分享

免费策略是互联网思维的又一革新，成为互联网产品似乎有些无可奈何的一招。然而，免费是为了最后的收费。基于互联网容易"复制"产品的特征，互联网产品革新地将占有权免费送出，而在满足基础需求后，在使用权上有计划地收费。这样做的目的是尽可能多地占有用户和流量，以获得生存的资本，而流量则带来了价值。腾讯从单一的免费通信软件开始创建了企鹅帝国，而360更是靠免费打败了卡巴斯基、瑞金等一干对手。只有最初的分享，才能赢得最后的胜利。

另一个分享是资源和资金的分享。开放资源和平台，让更多的人站在巨人的肩膀上思考和创新，这样的规模是从未有过的。现存的各种平台，例如开源软件平台IOS、安卓，众包平台维基百科、知乎，众筹平台Kickstarter、点名时间等。这些平台将单独的个体放置于联结的创新环境之中，用平台和大众的力量提供创新的资源，分担成本和风险，从而提高成功率。

众筹网站将"你想做一件事情，全世界都会来帮你"这一口号发挥到了极致。众筹没有门槛，只需将自己的创新想法或产品上传至平台，有价值的项目便会被筛选出来，得到广泛的支持。这种支持不仅仅是资金上的，更有场地、渠道、材料、人脉甚至是经验智慧上的支持，拥有单一团体或机构无法匹敌的影响力。在2014年，美国著名众筹网站Kickstarter筹到的资金有5.29亿美元，共有2万多个项目上线，给予了默默无闻的创新者最好的平台，同时节约了他们大量自我营销的时间和精力，使他们更集中于项目的开发。

（四）体验至上

在互联网时代，商品的极大丰富决定了商业大环境倾向买方市场。以用户为中心思考，是互联网思维中重要的一环。不论是互联网企业还是传统企业，为客户提供超出预期的产品，进而产生独一无二的体验，是在激烈竞争中取得成功的利器。

传统的产品经济将出售产品作为终极目标，货物卖出后，任务就结束了，因此会花费巨大资源投入广告营销等前期宣传。然而，体验经济注重客户与目标产品接触的全部过程，从宣传到接触再到使用，每一个环节都有体验的产生，伴随着知识、情感的投入，其品质取决于商品与消费者互动的结

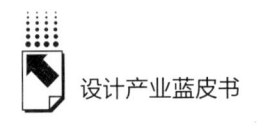

果。当商品的基本功能发展到了相对平均的水平，且消费者的选择成本几乎为零，此时体验的好坏就成了消费者选择产品的重要因素。此外，消费者的不断成熟使得消费决策慢慢从"价格驱动"变成了"价值驱动"，好的体验能创造高额的附加价值，使产品更"值得消费"。好的产品能迅速地赢得口碑，而差的则会被瞬间淘汰。

在非互联网企业中，星巴克的体验设计十分成功。星巴克严格把控连锁店铺的环境，例如布局、色调、灯光效果、服务态度，甚至连香气都是经过设计考虑的。所有店铺氛围都达到高标准和一致化。这样不但保证了顾客能收获良好的体验，且保证了每次体验的一致性，让顾客在声、色、味等综合体验方面形成鲜明而独特的"星巴克印象"，从而培养出惯性和品牌忠诚度。

在互联网企业中，三只松鼠将体验至上的思维发挥得淋漓尽致，这种体验从用户打开销售页面开始，一直持续到用户收到货品后的三个月。在这段时间里，每一个环节经过仔细考量，让用户感到惊喜和舒心。例如，三只松鼠通过售卖页面塑造会卖"萌"的松鼠形象，使用温馨的文案宣传，让品牌化身为贴心助手，而顾客成了主人。这样的设计让顾客在亲切可爱的氛围下，产生极强的带入感，从而形成了品牌隔离，减少客户流失量。再如，三只松鼠还充分考虑到食用坚果时的每个环节，不仅寄送货品，而且在辅助工具上下足了功夫。扔果壳的纸袋、剥壳用的夹子、防潮夹，甚至还有湿纸巾，让顾客不需要自备任何物品，在任何时间和地点，都可以轻轻松松地享受坚果。时间一长，用户对辅助用品产生依赖，由此产生了品牌忠诚度，让三只松鼠牢牢地霸占着互联网坚果销量第一的位置。

三　互联网思维下的领域创新

2015年3月，在十二届全国人大三次会议上，李克强总理首次提出了"互联网+"行动计划，推进互联网等技术与现代制造业结合，创造新的生态发展。在国家政策的高度重视下，互联网思维正以前所未有的势头，渗透到国家经济的各个领域。

（一）以实物经济为主导的领域——以互联网农业为例

互联网对实体经济带来了巨大的冲击。这种冲击体改变了信息的传播方式、流通的渠道和生产组织的过程。这种改变由表及里，从产业链末端逐渐向前端移动，最后会撼动整个产业结构。

农业领域是信息不对称最为严重的领域之一，例如相距不过几公里的产品收购价格就可能存在几倍的差值。互联网技术的应用，以其信息的快速流动性特点，在一定程度上加快了现代农业转型的速度。互联网农业存在巨大的潜力，也具有极大的复杂性，物流、用户习惯、信息精准性等因素都会影响最后的实际成效。

"一亩田"是互联网农业创新中的行业典型。这个农产品交易信息平台成立于2011年，发展至今仅有5年的时间，但是每日峰值交易已突破2.8亿元。互联网的应用逆转了农产品信息流动方式。与先将货物运到交易市场再寻找买家不同，农民、农村合作社等农产品供给商可先在网上发出产品信息，获得可靠交易信息后再进行物流配送。此举不但减少了不必要的农产品物流损耗，还能减少销售周期，让提供者和采购者都少走很多弯路。"一亩田"不仅提供实时交易信息，还通过大数据采集，提供天气、未来一个月区域内即将上市、畅销或滞销的农产品等信息，切实地提高了农民在选择耕种和出售农产品时的博弈能力。

虽然互联网农业风头正劲，但以农民为主体的用户仍需大量的时间和成本培养其信息获取和使用能力。目前互联网农业仍处于摸索阶段，还有很长的路要走，但一旦找到突破口，必然前景无限。

（二）以服务经济为主导的领域——以餐饮服务产业为例

服务消费是国民消费不断增长的一个领域。以欧美等发达国家为例进行研究，其居民消费结构发展的趋势路径主要是以"衣食——住行——康乐"的形式所进行的。2013年，我国人均GDP达到6767美元，参考发达国家的消费结构升级的统计数据，我国已开始向服务消费型社会发展。互联网在不

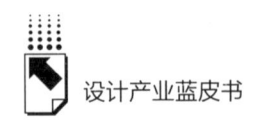

断渗入传统行业的同时，也催生出了一大批新兴服务行业，例如淘宝、京东等网络购物服务，滴滴、Uber 等移动打车服务，沪江、腾讯课堂等在线教育服务。

大众点评是生活服务的行业典型，从餐饮的信息整合起家。餐饮业是一个传统而悠久的行业，以往只有靠口口相传的方式，消费者才能获取和传播体验信息。大众点评建立了餐厅和消费者互相了解的平台，使信息极度透明化。在大众点评，消费者不仅能获知餐厅的基本信息，如地点、价位、优惠活动等，还能通过其他用户的反馈体验，得出对餐厅的综合评价。这在促使店家提升自身品质与服务的同时，还大大提高了店家的获客能力，并降低了现场沟通的时间和成本。在完成信息整合的基础任务后，大众点评不断向服务消费的各个环节和领域延伸。例如，大众点评陆续开发了在线排号、网上点菜、团购、优惠结算、外卖等功能，甚至预备延伸至前端的餐厅管理和食材采购等方面，基本重构了餐饮行业。

目前，大众点评已大大扩充了业务范围，如美容美发、购物、休闲娱乐、旅游、结婚等等，与之竞争的还有美团、百度糯米等。可见，互联网思维将连接我们生活中的每一个方面，影响我们的消费决策、消费行为。一言以蔽之，互联网之于服务业，已成为基本要素和重要支撑，产生了全方位影响，引发了产业结构、产业组织、产业资源配置和产业布局等方面的深刻变革。

四　结语

在新的经济社会形态和用户需求下，如何拥有互联网思维，是当前所有企业都不得不面对的一个紧要议题。在互联网巨头已经玩转这一概念的同时，传统企业更需要思考如何运用互联网思维迎接挑战。互联网思维不代表需要颠覆过去正确的商业思维和模式，但是在生产链、供应链、价值链甚至企业架构和文化层面，它都具有现实的借鉴意义。结合实际情况，取其所长，进化出适应大环境的商业思维，方能在日新月异的消费社会中立于不败之地。

参考文献

[1] 陈雪频：《定义互联网思维》，《上海国资》2014年第2期。
[2] 姜奇平：《什么是互联网思维》，《互联网周刊》2014年第9期。
[3] 吴李知：《大数据驱动管理变革》，《管理学家（实践版）》2013年第1期。
[4] 张颖熙、夏杰长：《服务消费结构升级的国际经验及其启示》，《重庆社会科学》2011年第11期。
[5] 程建润：《互联网对服务业带来的十大影响》，http：//www.miit.gov.cn/n11293472/n11293832/n15214847/n15218234/16422969.html，2015年1月26日。

B.7 信息化设计发展现状及趋势

胡坚波*

摘　要： 本文围绕信息化体系设计——信息基础设施建设、信息产业发展、信息化应用、信息技术、信息资源开发利用、网络与信息安全保障、信息化相关法规政策七要素，梳理我国信息化发展的现状、问题，并结合全球信息化发展的趋势以及我国经济社会发展的战略目标和实际需求，对我国信息化未来发展的趋势进行了分析和展望。

关键词： 信息化　体系设计　趋势

信息化是以信息技术为手段，推动产业经济变革和社会文明进步的重要力量。我国经济社会发展已进入新常态，以信息化为创新引领，形成发展新动能，打造网络强国和制造强国，拓展网络经济空间和民生服务新模式，已成为国家发展重要战略举措，这既是实现新型工业化、信息化、城镇化、农业现代化深入发展的迫切需要，也是保障全面建成小康社会目标实现的必然选择。

本文以《2006~2020年国家信息化发展战略》为主线，结合全球信息化发展的状态趋势和我国信息化发展的需求，从多角度对信息化设计发展的现状及趋势进行论述。

---

* 胡坚波，中国信息通信研究院产业与规划研究所所长，教授级高级工程师，主要研究方向为电信业、互联网、信息化三大领域发展规划、重大问题研究和重大政策研究。

一 国家信息化发展战略

《2006~2020年国家信息化发展战略》（下文简称"战略"）发布虽然已接近十年，但因其内容制定的系统性、科学性、前瞻性，于今仍有较强的现实指导意义。

"战略"对信息化进行了科学定义："信息化是充分利用信息技术，开发利用信息资源，促进信息交流和知识共享，提高经济增长质量，推动经济社会发展转型的历史进程。"

"战略"对全球形势有着精辟的概述："20世纪90年代以来，信息技术革命已演进为经济社会的全方位变革，信息化是当今世界发展的大趋势，是推动经济社会变革的重要力量，正处于信息化和全球化相互交织、重构经济格局的方兴未艾新阶段。"

"战略"判断我国信息化发展形势是信息化已进入全方位、多层次推进新阶段，明确提出"大力推进信息化，是覆盖我国现代化建设全局的战略举措，是贯彻落实科学发展观、全面建设小康社会、构建社会主义和谐社会和建设创新型国家的迫切需要和必然选择"。

（一）我国信息化发展重要里程碑

2007年10月，中共十七大报告首次提出"五化并举"和两化融合，提出工业化、信息化、城镇化、市场化、国际化深入发展的新形势和新任务，以及大力发展现代产业体系，推进信息化与工业化融合，加强信息化建设的重要性。

2012年10月，中共十八大报告提出新型工业化、信息化、城镇化、农业现代化"四化同步"协调、互动、融合发展，同时从信息基础设施、信息产业、安全保障能力、信息技术应用、企业主体几个层次明确了信息化建设的主要任务，将信息化体系初步构建起来。

2014年2月，中央网络安全和信息化领导小组成立。习近平总书记高

度重视网络安全和信息化建设，他的一系列重要讲话和论断对我国信息化和网络安全工作具有深远指导意义。近几年来，国家层面关于推进信息化建设的政策意见层出不穷，如智慧城市、信息惠民、信息消费、大数据、云计算、物联网、"互联网+"等等，一系列促进发展的政策和措施，不断推动信息化和信息产业更好更快发展，已经成为经济社会新常态下发展的新动能。

（二）我国信息化发展目标及主要任务

信息化发展的总目标包含信息基础设施、信息技术、信息产业、信息化应用、信息化政策法规、网络与信息安全、信息化人才几个方面。国家信息化发展战略提出：到2020年，提升网络普及水平，综合信息基础设施基本建成；信息技术自主创新能力、信息资源开发利用水平、信息安全保障水平显著提升，实现信息技术跨越式发展、产业跨越式发展。2014年，中央网络安全和信息化领导小组进一步提出把我国建设成为网络强国的目标，强调要有良好的信息基础设施、过硬的技术、丰富全面的信息服务、繁荣发展的网络文化、实力雄厚的信息经济，要有高素质的网络安全和信息化人才队伍，这与信息化建设的目标和架构基本一致。

二 我国信息化发展现状

从全球范围来看，我国信息化整体处于世界平均水平，根据国际电信联盟2015年度全球信息通信技术发展指数报告，中国在167个经济体中排名第82位。世界经济论坛《全球信息技术报告》对网络就绪指数排名，2015年度中国排名第62位，我国信息化的应用度、影响度有待进一步提高。

从我国信息化整体水平的发展框架来看，信息化是一个包括信息基础设施、信息技术和产业、信息化应用、信息资源、信息化人才、政策法规和标准规范、信息安全保障体系7要素在内的系统性工程（见图1）。

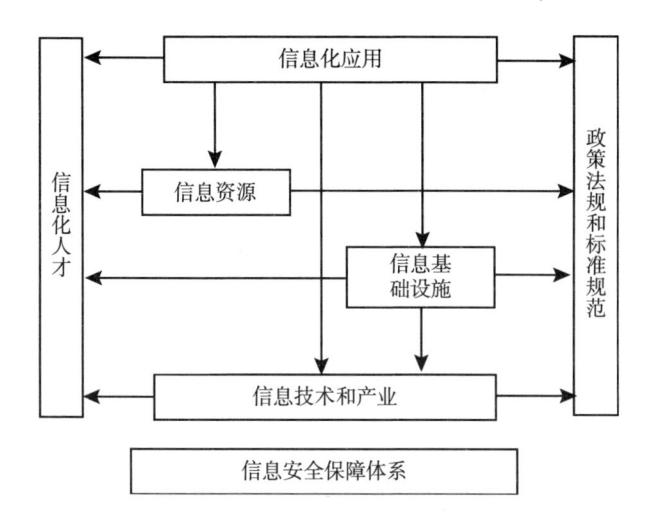

图1 我国信息化7要素发展框架体系

（一）信息基础设施能力快速提升

宽带接入网络加快升级。光纤接入网络快速发展，光纤入户网络普遍具有100M接入能力，城市地区覆盖90%以上的家庭，农村地区宽带提速积极推进，截至2015年6月底，全国行政村通光缆比例达到78.5%。4G网络建设高速推进，基础电信运营企业用一年时间建成全球最大的LTE网络，基本实现了全国城市和县城的连续覆盖，以及发达乡镇、农村地区的热点覆盖，"十二五"末，LTE基站规模达到200万个。

新增骨干直联点建设。2014年建成开通七个新的国家级骨干直联点，十个直联点相互支撑、均衡协调、互为一体的网间互联架构基本形成，网间互通效率大幅提升，网间互通质量明显提高。以下一代互联网示范城市为依托，多地加大IPV6改造力度，有效缓解IPV4地址紧张问题。

数据中心基础设施规模化、绿色化发展。我国建立数据中心数百个，其中大型和超大型数十个，服务器规模达千万台级别。自然冷却、分散式供电、高压直供、太阳能等多种技术在数据中心普遍应用，新建大型数据中心PUE值普遍低于1.5。

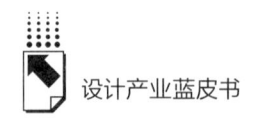

但是从全球范围来看，我国信息基础设施仍存在明显不足。2015年全球平均网速排行中国居第91位，可以说仍处于"低速宽带"阶段，与世界发达国家相比，差距较大，我国城乡数字鸿沟不断加大。

（二）信息产业带动信息经济全面发展

信息化在我国经济建设和社会发展中发挥着越来越大的作用，培育了互联网经济、信息消费、两化融合等一系列新的经济增长点，在提质增效、节能降耗、减少污染、安全生产等方面，已经产生出巨大的经济效益和社会效益。

2015年，在宏观经济形势整体复苏回暖、信息通信需求持续扩张的大势下，随着信息消费、宽带战略、智慧城市、4G等产业政策的全面落实，信息产业继续保持平稳较快发展态势，其中互联网经济、信息消费的贡献突出。2015年全年电子商务交易额约为20.8万亿元，同比增长约27%。全国网络零售交易额为3.88万亿元，同比增长33.3%，网络零售市场跃居全球首位，社交网络服务融入人们日常生活，互联网服务业务收入达到9000亿元。

随着信息化的不断深入发展，智能家电、滴滴打车、网络团购、网络教育、O2O电商等一批基于软件和信息服务业、大数据、云计算等新型业态的生产型、消费型服务业得到快速发展。2015年1月，国务院发布《关于促进云计算创新发展培育信息产业新业态的意见》，提出"鼓励大企业开放平台资源，打造协作共赢的云计算服务生态环境"，国内传统企业也积极响应，开始向云端服务发展，海尔成立的U+智慧生活平台向生态圈开放，积极打造涵盖芯片厂商、开发者、云服务平台的合作生态系统。

两化融合的信息化应用程度进一步深入。2014年全国规模以上企业数字化研发设计工具的普及率已达54%，全国规模以上企业数字化的工序数控类普及率达到30%，针对一些高能耗、高污染的行业，利用信息化手段建立了能源监测平台和管控体系，最大限度减少污染物排放，实现节能降耗和清洁化生产。《中国制造2025》对中国未来10年制造强国建设的目标、步骤和路径等进行了全面规划部署，提出制造业数字化、网络化、智能化发展方向，实现产业结构向中高端转型升级，这与国家高度重视全力推进的供给侧结构性改革、提升中国制造产品的质量和效益也高度统一。

（三）信息通信技术创新能力显著增强

近年来，国家高度重视通信业自主创新发展的动向，相继出台《国家中长期科学和技术发展规划纲要（2006~2020年）》、《"十二五"国家自主创新能力建设规划》、《"宽带中国"战略及实施方案》和《国家集成电路产业发展推进纲要》等，都对信息通信行业的自主技术创新进行了政策引导。

在国家技术创新政策的大力牵引下，国内信息通信领域的自主创新成果令人瞩目，信息技术发明专利申请量占全国发明专利申请量的43.5%。通信、彩电、手机、互联网等行业在技术水平等方面不断进步。集成电路、高性能计算、网络通信、软件等领域部分关键技术跨入世界先进行列，云计算、大数据、移动互联网等新兴领域创新活跃。集成电路设计水平达到16纳米，28纳米实现小规模生产。具有自主知识产权的55纳米相变存储技术产品正式发布。高性能计算机"天河二号"位居全球超级计算机榜首。完全自主知识产权的高压大功率IGBT模块投入批量生产。高世代平板显示生产技术取得重大进展，国内首颗AMOLED驱动芯片研制成功。安全可靠软硬件实现重要突破，在电力、交通等领域实现规模化应用。软件业务收入前百家企业研发投入占比达7%，基础软件发展取得突破，工业软件应用推广成效显著，部分云计算技术达到国际先进水平。

TD-SCDMA成为我国高新技术领域自主创新的一座里程碑，具有自主知识产权的时分同步码分多址长期演进技术（TD-LTE Advanced）成为第四代移动通信（4G）国际主流标准之一，并实现大规模商用。以我国主导的4G技术TD-LTE，一方面直接拉动了我国信息产业和经济发展，撬动了运营业、制造业上千亿元市场投资，带动了近万亿元的产品销售和数万亿元的应用开发。截至2015年底，中国移动已建设超过100万个4G基站，

设计产业蓝皮书

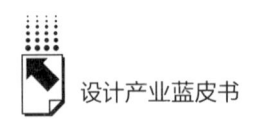

发展4G客户达3.12亿;另一方面极大地提升了我国的科研水平以及制造业的装备水平,带动了包括芯片设计、操作系统、系统集成、智能终端、测试仪表和配套设备在内的完整产业链条的群体突破和创新发展,在产业链最核心的芯片领域,国内有远见的系统设备商开始建立芯片研发和生产体系,摆脱对国外厂商芯片的依赖,如华为"海思"和大唐电信的联芯科技、展讯通讯等。

(四)信息化应用普及全面改善生活方式和质量

智慧城市等信息化应用已经进入全面普及、深度渗透、加速发展的新阶段,对人们的消费生活方式、城市管理公共服务领域等方方面面产生了深远影响。截至2014年5月,已有6个部委开展了与智慧城市建设紧密相关的试点示范工作,县级及以上城市试点累计批复293个,其中住房和城乡建设部启动了两批智慧城市共计193个试点,涵盖了171个城市(含城镇)(见图2)。2015年住建部第三批又新增84个智慧城市试点。

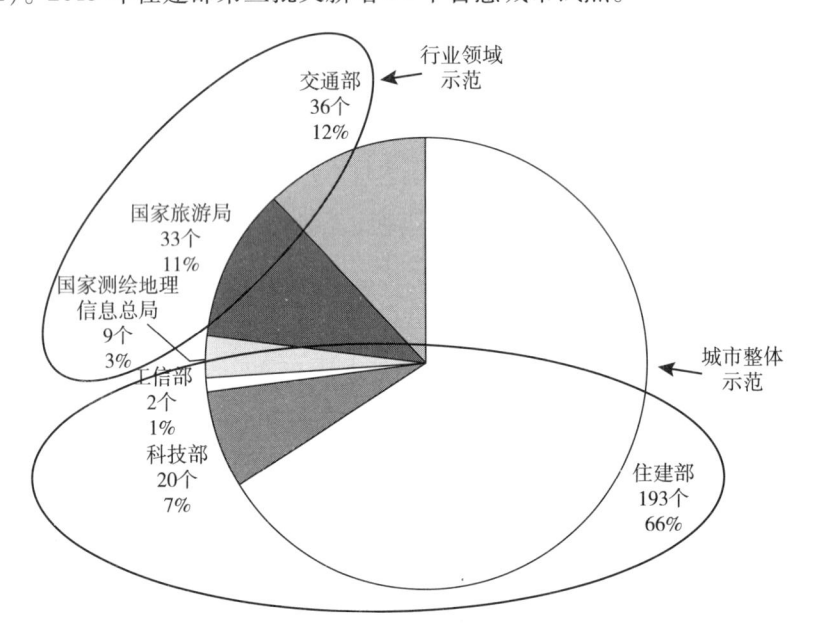

图2 各部委开展智慧城市试点数量占比

当前，我国智慧城市信息化应用已涉及 20 多个应用领域，包括信息基础设施、政务、社会治安与公共安全、交通、医疗、社区、家庭服务等诸多方面。在家庭养老服务方面，甘肃成立"虚拟养老院"，为全市近 22 万名老年人提供了包括送餐、生活照料、家电维修、卫生医疗、日常陪护、家政便民、心理慰藉等 11 大类 230 多项应用服务；在城市管理方面，多地已开展智慧城管建设，宁波市成立国内首个智慧城管中心，依托信息技术对城市管理问题及时解决率从 20% 提升到 98%，问题主动发现率达到 95.48%；在交通领域，除智能交通管理系统、智能公共交通系统外，智能停车诱导、公交信息实时提醒、交通设施租赁等公共服务开始受到各地重视。

（五）信息资源加快整合、数据开发利用开始起步

在信息资源的综合开发利用方面，由于大部分数据掌握在政府部门手中，因此政务信息资源的整合与共享、开放成为信息资源开发利用的前提。各地智慧城市建设主要任务和难点都在于整合政务信息，打破信息孤岛，实现数据共享和数据开放。深圳市政务信息资源共享涉及 73 家市级部门和区政府的 573 类信息、15390 项信息指标，支撑跨部门行政审批等多种应用，实现互联互通、资源共享。北京、上海、武汉等地积极探索公共信息资源开放共享的途径，已经初步建成政府公开数据服务平台和基于互联网的开放共享网站。北京公布了 306 个数据集，涉及该市 36 个部门；上海公布了 235 个数据集，涉及该市 28 个部门，主要是公共服务、安全、教育科技等方面。数据开放有效带动了数据分析和应用服务发展，城市公共服务 APP 应用大量涌现，同时社会信息资源向互联网平台聚集，互联网应用服务全面铺开。

（六）信息化人才济济充满创新活力

信息化人才是信息化建设和信息产业发展的生力军，我国信息化人力资源丰富。在高等教育中与信息化相关的专业和学生比例不断增加。全国 1000 多所高职院校上千个专业的数据统计显示，超过八成的高职院校开设

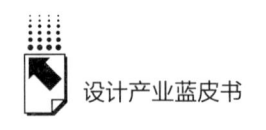

有计算机、信息通信等与信息化相关的专业。而近几年高校录取人数最多的十大理工科专业中,信息化类专业占据六席之多,分别为排名第一的计算机科学与技术,排名第三的机械设计制造及其自动化,排名第五的电气工程及其自动化,排名第七的电子信息工程,排名第八的软件工程以及排名第十的自动化专业。与此同时,我国积极吸引海外高层次人才归国创业。自2008年起国家实施了吸引海外高层次人才的"千人计划",2011年又在此基础上推出"外专千人计划",重点吸引非华裔的国外专家。"中国的硅谷"中关村是我国科技创新最活跃的地区。截至2015年底,中关村的人才数量已经达到220万人,超过硅谷的138万人,海归人才在前沿科技领域创业成效显著。信息化人才在互联网、软件和信息服务、电子制造业、两化融合等领域创新发展,已取得令人瞩目的成就,推动信息产业成为国民经济和社会发展的重要引擎。

习近平总书记提出"要集聚一批站在行业科技前沿、具有国际视野和能力的领军人才"。目前我国尚缺少信息化高端人才和领军人物,尤其是一些核心领域和跨行业跨领域的综合性人才稀缺。跨学科跨行业综合性高端人才的培养,成为信息化能否向纵深发展的关键。

(七)政策法规和信息安全保障体系日益完善

信息化的相关政策法规和立法工作持续推进,2005年《电子签名法》颁布实施,2007～2013年各省地方性法规条例纷纷出台。2013年4月,住房和城乡建设部发布《住宅区和住宅建筑内光纤到户通信设施工程设计规范》及《住宅区和住宅建筑内光纤到户通信设施工程施工及验收规范》两项国家标准,工信部和住建部联合印发了《关于贯彻落实光纤到户国家标准的通知》,有力推进了通信基础设施建设。2013年8月,国务院印发《"宽带中国"战略及实施方案》,明确将宽带定位于与水、电、路等同等地位的公共基础设施,为宽带长远发展奠定了坚实基础。

在信息安全保障体系方面,制定了一系列信息安全法规和信息安全工作的指导性文件。信息安全技术研究和产业化取得积极进展,互联网应急中心等信息安全基础设施建设步伐加快，网络信息安全与信息化建设项目同步规划、同步建设、同步运行的工作机制初步建立。然而随着新一代信息通信技术的广泛应用，新的安全问题不断涌现。高级持续性威胁（APT）冲击现有安全防御能力，关键基础设施、数据安全和个人信息保护面临巨大压力。

三 我国信息化发展趋势

信息化技术和应用已经成为我国创新发展的先导力量、驱动国民经济持续增长的新引擎、引领产业转型和融合创新的新平台、提升政府治理和公共服务能力的新手段。以信息消费、信息经济、电子商务、电子政务、数字生活、两化融合为主要特征的高度信息化时代已经到来。

（一）信息网络向高速、移动、安全、泛在方向发展

宽带网络推动国家信息化发展及经济发展方式的转变成为国际共识，当前众多先进国家抢先推进光纤宽带和无线宽带等超高速网络建设，推动信息通信网络向高速、移动、安全、泛在的下一代国家信息基础设施演进。

光网和4G网络全面覆盖城乡，以FTTH光纤接入、LTE、802.11x等有线、无线宽带接入技术为代表的下一代接入网将进一步向高速率、泛在化发展。以IPv6为标志的下一代互联网将进一步向可管可控可信可扩的目标网络演进。以射频识别（RFID）、近场通信（NFC）和无线传感器网络（WSN）为代表的短距离无线通信技术将不断融入信息通信网络，将物联网的发展逐步推向可运营、可管理。

在实现超高速宽带网络连接的同时，下一步发展重点将是高速宽带和普遍服务并举的广泛覆盖，缩小"数字鸿沟"实现城乡均衡发展。《"宽带中国"战略及实施方案》强调区域宽带网络协调发展，将宽带纳入电信普遍服务范围，加大财政支持力度，重点解决农村宽带接入问题，推进光纤到户和宽带乡村工程，缩小城乡"数字鸿沟"。李克强总理在国务院常务会议上又明确要求宽带网络要提速降费。未来，高速、移动、安全、泛在的国家信

息基础设施将会建成，光网全面覆盖城乡，4G网络完善覆盖，5G成熟并启动商用，全面支撑物联网、工业互联网、云计算、大数据、"互联网＋"、智慧城市等各种应用，实现人与物、物与物的泛在互联。

（二）智慧城市、信息惠民等应用驱动公共服务与管理能力提升

随着国内外智慧城市建设浪潮的兴起，我国智慧城市建设也将在政务、城市管理、公共安全、交通、环保、医疗卫生、健康、教育、家庭、社区等领域一步一步走向深入。智慧城市成为信息消费的巨大市场，一系列智慧应用促进居民信息消费支出快速增长。智慧城市发展的重点方向与应用领域见表1。

在智慧城市等信息化应用建设和运营过程中，公共服务均等化、信息惠民、民生服务创新的价值导向将进一步强化，如各地纷纷推进城市级市民服务平台和市民主页服务网站建设，结合APP客户端、微信公众号、微信城市门户、"市民之窗"网上办事自助服务终端等新媒体服务方式，向公众主动提供精细、便捷、普惠、实用的综合信息服务。

表1　智慧城市发展的重点方向与应用领域

方向	应用领域
公共服务便捷化	医疗、教育、养老、社保、文化、旅游、就业等
社会管理精细化	电子政务、社会治安与公共安全、征信、群众诉求表达与网络监督等
生活环境宜居化	环境保护、社区服务、家庭服务等
基础设施智能化	信息基础设施、市政基础设施智能化、电网、水务、交通、物流等
产业发展现代化	农业、工业、服务业等

（三）共建共享、集约开放成为信息化建设主流模式

在生态环保、资源约束的大背景下，信息基础设施共建共享已成为各国信息化推进的重要举措。全球大多数国家要求铁塔、基站等设施实行共享，并且要求开放移动通信网络，让新进入的运营商或移动虚拟运营商

（MVNO）可以租赁。自2007年以后，欧洲运营商加快移动网络共享步伐，沃达丰、Orange等运营商在不同国家市场已签订了多个两两之间的移动网络共享协议，共享协议内容包括从简单的站址共享到较为深入的有源共享，从2G/3G网络共享到最新部署的4G网络共享。

我国在推进基础设施共建共享方面成果显著。2014年三大运营商联合成立铁塔公司，将共建共享落到实处。截至2015年底，铁塔公司共承接铁塔建设需求58.4万座，交付铁塔48.5万座，新建铁塔共享率大幅提升到75%，相比运营商各自建设通信基站，减少了26.5万座基站建设，节约行业投资500亿元，减少土地占用1.3万余亩。随着共享率提升，三家电信企业的成本将明显下降，效益会随之明显提升。

地下管网的数字化、集约化建设已成为国外城市可持续发展的重要方向，当前英国、德国等多个国家均建设了城市综合管廊。我国自2013年就提出了开展城市地下综合管廊试点，为信息基础设施集约化建设提供了重要实现途径。

在城市运行管理以及重点行业领域，物联网感知设施建设力度会逐步增强，必须关注其与通信基础设施以及城乡其他公用基础设施的统筹协调。应遵循"多规合一、集约建设、统一管理、资源复用"的原则，在通信汇聚与分流节点、城市道路各类功能杆柱以及行业设施载体上，部署物联网应用服务所需的视频采集终端、RFID标签等多类标识以及复合传感器等多种物联网感知设施，实现应用服务前端数据采集的一致性和共享性。

（四）大数据产业崛起，信息资源全面释放潜能和价值

随着互联网的日益普及和信息与网络技术迅猛发展，大数据时代已经来临，多样化的网络存储和计算等服务正在不断深入人们生活的各个方面，不断渗透到政府、金融、教育、医疗、交通等各个行业，大数据产业正成为具有战略意义的前沿性、高端性、新兴性产业，大数据应用已经受到全球各国政府和产业界的高度关注，围绕大数据的研究、开发和利用正加快推进。2012年奥巴马政府宣布将投资2亿美元启动"大数据研究和发展计划"，提高美国从大型复杂的数据集中提取知识和管理的能力。2013年2月，法国

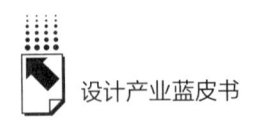

政府推出《数字化路线图》，明确大数据是未来重点发展的战略性高新技术，计划投入1150万欧元支持7个发展创新性解决方案的研制，促进法国在大数据领域的发展。

国内大数据产业逐步进入快速发展期，大数据在各地智慧城市建设中已得到初步应用。在政务方面，通过各部门信息资源整合共享，形成政务大数据，不仅提升政府治理能力和决策效率，而且大数据可以向民众开放，促进应用和服务的创新；在交通管理方面，政府通过对道路交通信息的实时挖掘，有效缓解交通拥堵问题，并快速制定方案响应突发状况。2015年7月，国务院发布《关于运用大数据加强对市场主体服务和监管的若干意见》，要求加大政府信息公开和数据开放力度，推动大数据应用和技术服务。中央政府对大数据的积极态度，为我国大数据市场注入了活力，并对其他行业的应用起到示范作用。

（五）以PPP为代表的多元化投融资模式渐成主流

PPP模式是目前世界各国在利用国际及国内民间私人资本进行公共基础设施建设中普遍采用的新兴的项目融资模式。如美国政府鼓励私人资本参与投资，鼓励地方政府发行债券进行融资。奥巴马计划以100亿美元启动资金建设基础设施银行，规定基础设施银行在任何项目中的投资不能超过50%，希望带动2000亿美元的私人资本参与投资建设。

我国积极引进民营资本进入信息基础设施建设。国务院、工信部等发文鼓励民资参与，为进一步推进民营资本进入信息基础设施建设提供了政策的保障。当前民营资本主要选择移动转售以及宽带接入业务作为突破口。

在移动转售方面，工信部发布试点方案，分五批向42家民营企业发放试点批文。截至2015年4月，已正式放号运营给近20家企业，累计发展用户超过470万，投资超过21亿元，试点工作整体顺利进行。

在宽带接入业务方面，工信部结合我国宽带接入市场具体情况和特点，向民间资本进一步开放基础电信领域，选取了16个城市为首批试点城市。民资进入宽带接入市场有以下三种模式：自建宽带接入网络基础设施、宽带转售、资本合作。其中，资本合作是以参股、投资的方式进行，实际落地中，就是自建和转售模式。无论何种模式，单纯依靠管道模式已非长期发展途径，以宽带为切入机会点，抓住家庭社区的入口才是长久之计。

（六）"互联网+"驱动信息经济持续发展

"互联网+"促进两化深度融合和协同制造。以互联网为代表的新一代信息技术与制造、能源、农业等领域深度融合，引发传统产业生产方式、生产组织的深度变革，加快传统产业转型升级。实现信息化与自动化技术的高度集成，实现制造业"互联网+"化已经成为全球制造业的一种新趋势。"互联网+"协同制造是实现《中国制造2025》战略目标的有力支撑，带动柔性制造、网络制造、服务型制造等新型生产方式的发展，推动制造业向"数字化、网络化、智能化"转型升级。

"一带一路"战略助推跨境电商业务发展。"一带一路"发展战略极大带动了陕西、新疆、云南、广西等西部的发展，形成了中国与周边国家互利合作、开放发展的新格局。借助政策红利，沿线地区的跨境电子商务、物流、港口呈现繁荣发展景象，知名电商企业纷纷加快跨境发展布局，传统边贸通过网络渠道焕发新春，形成线上线下融合、供需两旺的气象。跨境电子商务试点城市由原来的上海、重庆、杭州、宁波等7个试点城市扩大到30余个，已备案企业达2000余家。

云计算平台助力"大众创业、万众创新"发展。《国务院关于扶持小型微型企业健康发展的意见》提出加快以云计算为代表的智能基础设施建设，为创业创新、产业发展提供平台支持。根据《财经国家周刊》数据：2015年小微企业盈利的占46.3%，亏损率从2014年的9.5%上升到2015年一季度的23.3%，中小企业的营商环境有待改善。目前，各地已经开始构建优质低价的金融云、中小企业云公共服务平台，营造适合"大众创业、万众创新"发展的软环境，有效降低创业创新企业的IT建设和维护成本，通过一站式企业服务的完善，推动"大众创业、万众创新"企业的成长发展。自2011年以来，政府以购买服务的方式支持了30个省（区、市）和5个计

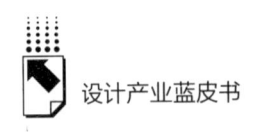

划单列市中小企业公共服务平台网络的建设,实现年服务100多万家中小企业。

(七)跨学科跨行业综合性高端人才培养成为教育新方向

随着经济社会各行业各领域信息化进程加快,应用向纵深发展,必须改善优化现有的高等教育人才培养方式,加强信息化综合性高端人才的培养。

综合性高端人才须有丰富的精神世界、深厚的文化底蕴、完整的知识结构、过硬的技术背景以及出色的经营管理能力。智慧城市建设是一项复杂的工程,它不仅是技术问题,更重要的是要深入了解城市的经济运行范式、政治体制运行机制、社会文化生活模式,熟悉城市的管理和服务体系,目前单纯的理工科人才,根本无法完成这样的任务。因为知识结构过于狭窄,经济社会文化方面的基础和积累相当薄弱,因此加强对理工科专业学生的经济学、社会学方面的人文教育非常迫切。

信息化技术范畴非常宽广,融会贯通的专业素养相当重要。从信息化解决方案来说,云管端的基本架构已非常清晰,这就要求从硬件到软件,从管端、网络到云端,从技术、产品到服务,都要熟悉和精通。计算机、软件、通信、电子、自动化、人工智能等都是信息化解决方案的核心要素,从专业上不可割裂,面向未来发展应当推进这些专业的融合,从而有利于培养多方面知识综合掌控的信息化人才。

信息化引领传统产业转型升级已成共识,然而同时熟悉传统行业领域运行模式和信息技术的人才凤毛麟角。应面向未来需求设立融合专业或学科,如两化融合、智能制造、信息农业、信息金融、信息能源等,由行业专家和信息技术专家联合传授知识和技能,并加强在行业领域的相关实践,共同打造融合型人才,从而促进信息化建设的顺利实施。

B.8
影视动画创新设计发展现状及趋势

刘秀梅 张蕾蕾*

摘 要： 在"改革开放"之路上，国产影视动画积极谋求创新设计发展之路，不仅产量增加，而且在艺术表现力、思想感染力和叙事能力上都有所进步，影视动画市场的成熟度和稳定性都有所提升。本文旨在管中窥豹，通过梳理2014~2015年影视动画创新设计的发展现状及趋势，总结出值得借鉴的市场格局、创作面貌、审美追求等，进而为中国影视动画产业未来发展建言献策。

关键词： 影视动画 创新设计 动画电影 动画电视

2015年，中国电影发展110周年（1905），中国电视发展57周年（1958）；中国改革开放37年（1978），其中电影市场化改革22年（1993），电影产业化改革发展13年（2002），而电视的发展速度很快，近年又开始走向三网融合和制播分离的探索之路。在中国影视艺术发展的历史长河中，无论是电影还是电视，其在艺术表现力、思想感染力和叙事能力上都有所进步。

在"改革开放"之路上，国内广大受众在经历20世纪80年代美国迪士尼动画片的洗礼、90年代日本动画片的充斥以及21世纪前十年韩国影视剧的影响过程中，中国影视动画在艰难的竞争中求生存与求发展。为此，中

---

* 刘秀梅，博士，华东师范大学传播学院学科带头人，教授，博士生导师，主要研究方向：影视传播与数字内容创意研究；张蕾蕾，华东师范大学传播学院博士研究生，主要研究方向：新媒体与数字内容创意研究。

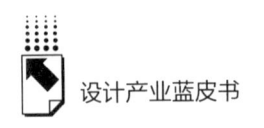

国财政部等部门曾于2006年提出一个愿景：希望中国动漫产业的创作开发和生产能力，在5～10年内达到世界动漫大国和强国的标准。目前，国产影视动画不仅产量增加，而且影视动画市场的成熟度和稳定性都有所提升。那么，竞争之力的来源何在？我们试图在对2014～2015年中国影视动画创新设计的探索中寻找其发展的根源。

一 中国动画电影的创新设计探寻

2014～2015年是中国国产电影取得佳绩的一年，仅2015年1～6月，全国电影票房收入就达203.63亿元。其中，国产动画电影占有不菲的份额（见图1和表1）。由此，可以自豪地说：中国动画电影的创新设计达到了新的水平。

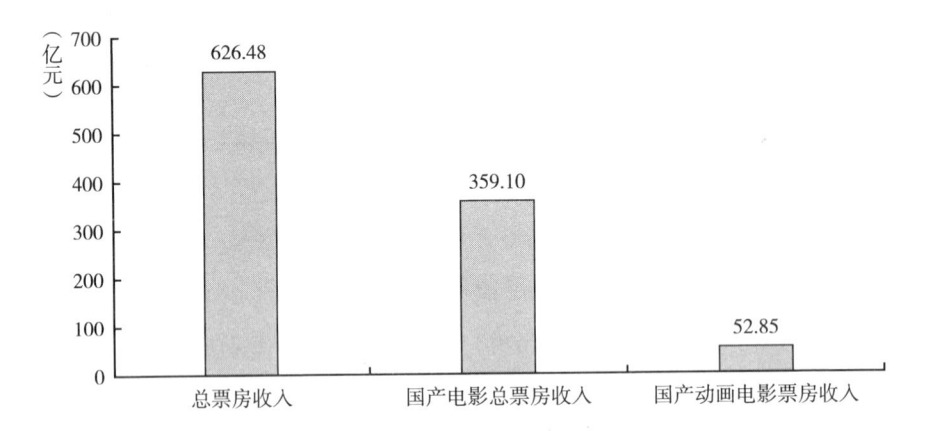

图1 2014～2015年我国电影票房收入

表1 2014～2015年国产动画电影制作放映情况
（根据公开数据整理，影片排序按照票房收入高低）

单位：万元

片名	题材	放映时间	票房收入
3D电影《捉妖记》	真人与动画结合 奇幻喜剧	2015-07-16	243800
3D动画电影《西游记之大圣归来》	神话	2015-07-10	95600
3D动画电影《熊出没之雪岭熊风》	冒险 喜剧	2015-01-30	29500
《熊出没之夺宝雄兵》	冒险 喜剧	2014-01-17	24700

续表

片名	题材	放映时间	票房
《十万个冷笑话》	恶搞 喜剧 奇幻	2014-12-31	12200
《喜羊羊与灰太狼之飞马奇遇记》	童话	2014-01-10	8715
《洛克王国4:出发,巨人谷》	奇幻 冒险 喜剧	2015-08-13	7320
《喜羊羊与灰太狼之羊年喜羊羊》	童话	2015-01-31	6797
《桂宝之爆笑闯宇宙》	冒险 喜剧	2015-08-06	6417
《黑猫警长之翡翠之星》	科幻	2015-08-07	6330
《赛尔号大电影4:圣魔之战》	科幻 冒险	2014-07-10	6270
《神秘世界历险记2》	冒险	2014-08-08	6230
《秦时明月3D动画电影龙腾万里》	奇幻 冒险 武侠	2014-07-25	5987
三维动画电影《神笔马良》	奇幻	2014-07-25	5866
三维动画电影《龙之谷:破晓奇兵》	奇幻 冒险	2014-07-31	5752
《赛尔号大电影5:雷神崛起》	冒险	2015-07-23	5400
3D动画电影《潜艇总动员4:章鱼奇遇记》	冒险喜剧	2014-05-30	4812
动画电影《洛克王国3:圣龙的守护》	奇幻 冒险	2014-07-10	4770
动画电影《猪猪侠之终极决战》	冒险	2015-07-10	4540
动画大电影《铠甲勇士之雅塔莱斯》	真人表演 特摄 警匪 悬疑	2014-10-01	4439.09
动画电影《新大头儿子和小头爸爸之秘密计划》	家庭 喜剧	2014-09-26	4230
动画电影《猪猪侠之勇闯巨人岛》	魔法 冒险	2014-05-31	4182
香港《麦兜·我和我妈妈》	剧情 家庭 喜剧	2014-10-01	4128
《潜艇总动员5:时光宝盒》	冒险	2015-05-29	3373
《开心超人2启源星之战》	科幻 励志	2014-07-18	2640
3D动漫电影《魁拔Ⅲ战神崛起》	奇幻 冒险	2014-10-01	2354
3D动画电影《闯堂兔2疯狂马戏团》	搞笑 冒险	2015-01-01	2077
3D动画电影《兔侠之青黎传说》	奇异 武侠 喜剧	2015-02-21	1791
《白雪公主的矮人力量》	奇幻 冒险	2014-08-21	1720
3D动画电影《龙骑侠》	奇幻	2015-01-01	991
《摩尔庄园大电影3:魔幻列车大冒险》	冒险 喜剧	2015-02-05	846
《聪明的一休之反斗公主》	悬疑	2014-04-30	803
《白雪公主之神秘爸爸》	奇幻 冒险 喜剧	2015-08-14	524

从表1中呈现的国产动画电影题材类型来看,以科幻、奇幻、冒险等非人类生活题材居多,并以喜剧(搞笑)为主。作为优秀的动画电影,其有别于真人实景电影,有别于动画电视,贵在创新:不仅仅要有创新的审美时空、情节设计、人物造型和性格设计,更要有创新的场景设计和夸张手法,

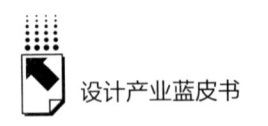

以及创新的悬念设计和新颖的民族文化元素等。那么,在2014~2015年中国动画电影创新设计方面是否遵循了这一精品的标准呢?

(一)创新设计"视"而优则"影"的3D动画电影发展趋势

2014~2015年中国动画电影,众多题材来源于动画电视,是从成功的动画电视衍生再创造而来。可见,动画电影的创作主体还是走偏保守和安全的路线,试图通过动画电视积攒的人气、口碑在动画电影领域发力(见表2),而且更多追求打造国产3D动画电影品牌。

表2 "视"而优则"影"的作品

电视动画剧集	动画电影	特点
《西游记》	3D动画电影《西游记之大圣归来》	2015年7月10日以2D、3D、中国巨幕的形式在国内公映,《人民日报》认为该片是中国动画电影十年来少有的现象级作品。影片获得第30届中国电影金鸡奖最佳美术片奖,第12届中国动漫金龙奖最佳动画长片
《熊出没》	3D动画电影《熊出没之夺宝熊兵》	该影片获2014年第十届中国国际动漫节动画金奖,是国内首部3D动画大电影
《摩尔庄园》	3D动画电影《摩尔庄园冰世纪》《摩尔庄园2海妖宝藏》《摩尔庄园3:魔幻列车大冒险》	国内首部儿童网络动画电影,是手绘2D画面与卡通渲染3DCG技术完美结合的佳作
《果果奇侠传》	3D动画电影《龙骑侠》	"健康3D"
真人版动画电视剧《铠甲勇士》	《铠甲勇士之雅塔莱斯》	真人版特摄剧
3D卡通动画电视《猪猪侠》	3D立体巨作《猪猪侠之囧囧危机》《猪猪侠之勇闯巨人岛》《猪猪侠之终极决战》	"白玉兰奖"国产动画片金奖、十佳收视奖、十大卡通形象奖、"五个一工程"奖、年度最具产业价值动画奖
《新大头儿子和小头爸爸》	三维动画电影《新大头儿子和小头爸爸之秘密计划》	温馨家庭、正能量
《开心宝贝》	《开心超人大电影》《开心超人2启源星之战》	"喜羊羊之父"黄伟明作品
电视动画《秦时明月》	3D动画电影《秦时明月之龙腾万里》	

从表 2 呈现的 10 多部动画电影中，可以看到 2014~2015 年中国动画电影总体趋势是在"影"、"视"互动中，更追求 3D 立体、三维创作审美效果。如动画电影系列《摩尔庄园冰世纪》、《摩尔庄园 2 海妖宝藏》、《摩尔庄园 3：魔幻列车大冒险》，都运用了手绘 2D 画面与卡通渲染 3DCG 技术完美结合的创作手法，改变了电视动画《摩尔庄园》的二维空间景深效果。3D 立体巨作《猪猪侠之囧囧危机》、《猪猪侠之勇闯巨人岛》、《猪猪侠之终极决战》较之 3D 卡通电视动画《猪猪侠》，视觉冲击力更强，借助童话故事，进行时空穿越的变幻、展开历险的闯关等。

动画电影《新大头儿子和小头爸爸之秘密计划》的创新之处在于运用了三维，对 2D 电视动画《新大头儿子和小头爸爸》而言，主要增强了电影中人物和场景的立体感，形象更生动，审美时空更逼真，时常让受众感受到：与影片中的父和子同呼吸、共命运，从主观视角亲历主人公的生存环境和情感的激荡。

3D 动画电影《西游记之大圣归来》更是与以往的电视动画《西游记》不同，给 3D 的孙悟空以西化和写实的造型，形象冷峻，更注重人物细节的刻画，突出了角色的小动作、小冲突设计等。

原动画电视《秦时明月》，讲述的是秦始皇兼并六国、楚军攻陷咸阳期间，一位名叫荆天明的少年，无畏奸雄，在乱世中成长为盖世英雄，最终改变了个人乃至历史轨迹的热血励志故事。《秦时明月》将武侠、历史、奇幻、中国元素巧妙糅合，气势恢宏地展开剧情的同时也细腻深刻地呈现了人物关系，得到了众多观众的追捧。2014 年上映的 3D 武侠 CG 动画电影《秦时明月之龙腾万里》是秦时明月系列的第一部大荧幕作品，用 3D 技术重现了楼兰古国的异域风貌，运用"动态捕捉"以及"面部捕捉"等技术，不仅人物塑造各有千秋，个性鲜明、独特，而且将繁复的机关设置以及惊心动魄的打斗场面惟妙惟肖地呈现在观众面前，达到了 3D 动画电影的审美效果。

系列动画电影《魁拔之十万火急》（2011）、《魁拔之大战元泱界》（2013）、《魁拔之战神崛起》（2014）立足于奇幻世界展开故事，动画电视

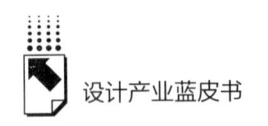

《魁拔》是电影的衍生之作，这种将动画电影重新剪辑而成TV版，实属讨巧之举，如果能有更多剧情上的突破和创新，才能对电影系列的延续有所裨益。

"电影电视"、"双生花"是被创作主体深度挖掘开发的产物，动画电影是对有着广泛受众基础的电视动画元素的再次开发。

（二）动画形象设计，融入哲学思辨

在2014~2015年的国产动画电影创作中，创新设计了许多拟人化的典型动物形象。一些优秀的动画电影，在"动物性"与"人性"的碰撞中，通过"动物"的外形，模仿人类的内心世界，来达到塑造相对完美形象的目的。比如，动物形象猪猪侠、麦兜，人们固有的印象是小猪相对比较愚笨、呆萌，而电影里这样的"动物"塑造，则是让它们拯救世界、影响世界，展现它们侠义和善良的一面，使动物形象的发展符合人的思维追求，让它们的侠义精神——中国式的"英雄主义"与价值观得到延伸，这是对它们动物性的一种颠覆。再比如闯堂兔和兔侠，如此弱小的Q版形象，要去揭露阴谋、践行"诚信"，坚守诺言，去冒险、去挑战自我，这都是成功的、富有创意的动画形象设计，比较容易让受众感动和认可。又如动物形象熊二，在它的个人成长过程中，呈现出来的亲情、友情，甚至爱情，都是人生中重大的命题，让人类生活的哲学思辨，在"动物性"与"人性"的碰撞中得以体现。

（三）佳作涌现：故事创意新颖，情节扣人心弦

"非现实性"是动画叙事语境特殊性的集中呈现。动画语境的"非现实性"特点与动画艺术的本体性质相一致，在虚幻或者神话的语境中进行叙事[①]。也就是说，表现虚拟情境中的夸张、奇幻的人或者事物，动画——具有高度假定性的艺术形式——是再适合不过了。在2014~2015年国产动画

---

① 李明：《动画叙事语境探微》，《阿坝师范高等专科学校学报》2008年第2期。

电影中，故事创意新颖、情节此起彼伏的佳作不多，但我们也看到一些可喜的成果。

例如系列喜剧3D动画电影《熊出没之雪岭熊风》，其故事层次感较强，人物之间的情感交流不断深入，以情动人。

故事以狗熊岭和白熊山为人物环境，以东北地方方言为人物交流的语言基础，以盲目砍伐森林建设美好家园的时代为历史背景，通过主人公熊二遭遇追猎者的捕杀及对白熊——团子的爱恋、向往与追求等一系列历险情节，将人与大自然以及人与动物之间的冲突与和谐充分全面地展现出来。

影片注重悬念的设置：熊二与白熊——团子的恋情、熊大熊二的兄弟情、光头强儿时因随父亲进森林伐木偶然与熊大熊二嬉戏而建立的人与动物之间的友情，以及猴子为争夺食物险些掉进悬崖而被熊大熊二所救，从而建立的生死情等等，通过这几组人物情感关系上的设定与刻画，几条线索互为铺垫，使得故事情节跌宕起伏，扣人心弦。

另外，影片穿越历史与现实时空，把信息时代的元素融入其中，让人类的代表光头强，一方面有与熊大、熊二的友情，另一方面在他成为伐木工人，成为拥有手机、会开车、会开飞机的人类文明的代表时，在小镇和森林中，又与熊大、熊二发生了不少既惊险又好笑的意外事件。

影片把主人公熊二塑造成情感丰富的形象，遇到困难就哭，痴迷于对神秘的白熊——团子的爱恋而不能自拔；而当一场灾难意外地爆发时，在这千钧一发之际，熊二鼓起勇气，承担起了拯救大家的责任，使危机最终圆满解决。

又如3D动画电影《潜艇总动员4：章鱼奇遇记》，用幽默诙谐的语言讲述了章鱼保罗一家、潜艇阿力、贝贝以及海马家族一起与邪恶的独眼鲨斗智斗勇的奇妙历险故事。故事情节设计符合生活逻辑和情感逻辑，悬念设计恰到好处。

悬念之一：电影以章鱼保罗一家在足球场上比赛为序，保罗被叫声惊醒"还钱……你已经被包围……"，恍然自己做了一个美丽的梦。

悬念之二：章鱼保罗半夜被海马家族逼债，而无力还债，便协同家人逃

跑，此情节设计为章鱼保罗家因贫困而住在一个圆滑小木屋，相比较而言，海马家族是富有的，开着一辆带铲的吉普车。在追逐中，小木屋中的家人——一家老小不仅在颠簸中惊恐万分，而且常常险些被抛出屋去。

悬念之三：章鱼保罗一家被追逐到悬崖边，眼看就到尽头，保罗机智地将椅子腿插入土中，用超长的手臂拉住椅子，危险似乎解除，但是终因手臂无力承受一个房屋和几个人的重量而滚落悬崖……

再如国产动画CG与真人表演巧妙结合的《捉妖记》，故事创意新颖，情节此起彼伏。大胆创新设计的"男人怀孕生妖"这样的桥段，超验了喜剧效果。《捉妖记》的特别之处在于真人+CG的表现方式，不仅使真人表演难度加大，而且实拍与虚拟建模的环境和角色合成的光影协调困难重重。不断的尝试、坚持创新并追求完美的呈现是3D动画电影《捉妖记》取得成功的重要原因。

（四）3D技术助力国产3D影视动画创新发展

盘点近些年来票房过亿的电影名单，我们从具有代表性的进口片与国产片数据统计的比较中，可以看到3D技术在推动和促进国产影视作品的成熟和发展之路上起到了至关重要的作用（见表3、图2）。

表3　中国电影票房"10亿俱乐部"——国产片

排名	片名	类型	总票房(亿元)	影片制式	上映时间
1	《捉妖记》	魔幻	24.38	3D+IMAX	2015.07
2	《人再囧途之泰囧》	喜剧	12.68	数字	2012.12
3	《西游降魔篇》	魔幻	12.47	3D+IMAX	2013.02
4	《心花路放》	喜剧	11.70	数字+IMAX	2014.09
5	《煎饼侠》	喜剧	11.57	数字	2015.07
6	《西游记之大闹天宫》	魔幻	10.45	3D+IMAX	2014.01

随着3D放映技术的推广，各级省市放映厅的3D银幕数量迅速增加，可以说3D成为欣赏动画电影的标配。从审美的角度看，现代电影的观赏性很大一部分在于视觉刺激，3D技术创造的奇观，不仅使3D动画电影呈现

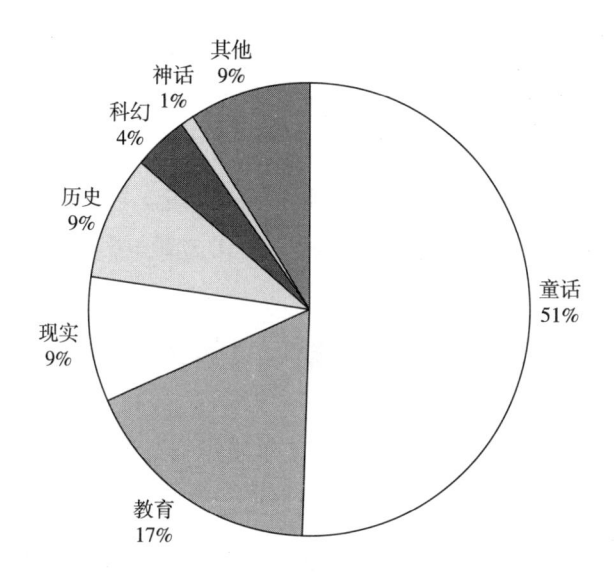

图 2 2014~2015 年制作备案公示的不同题材的电视动画数量占比

的虚拟世界更为逼真，而且受众更有身临其境之感。3D 动画电影善于运用具有冲击力的行为动作，以增强矛盾的冲突，特别是塑造了许多"侠客"，设计了一些惩恶扬善之举。如《捉妖记》的故事创作上首先将国际化元素糅合创新，同时，凸显民族特质，对中国文化元素的娴熟运用，让影片有很高的辨识度，又以出人意料且情理之中的结果引发人们深思，进而赢得内地观众的支持。为了凸显 3D 动画电影审美效果，影片不可避免地出现人妖大战，正义与邪恶的对抗，导演以诗意、美学的方式呈现出来，更容易为人所接受。演员不时穿插的幽默表演片段，可谓是笑中带泪，消解了暴力情绪，对于儿童来讲，规避了暴力倾向风险还是很有必要的。为此，影视动画创作主体的创新思维不断发掘，迅速迎合 3D 市场所需。

（五）自媒体、网络社交媒体助力动画电影传播

在这个多媒体时代，自媒体、网络社交媒体等已成为传统媒体影视动画作品的二次传播渠道，拓展了传播空间，也使得动画电影成为真正意义上"老少皆宜"的影片，形成跨越年龄层次的"粉丝"群体。2014~2015 年度，有许

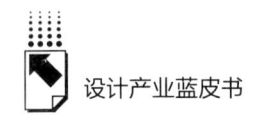

多靠自媒体、网络社交媒体等提升口碑传播效力并得到社会认同的佳作。以《捉妖记》为代表，这种魔幻题材，如何接地气、触动观众是一个很大的挑战。口碑传播在某种程度上消解了受众的顾虑，提升了创作主体所寄予影片的特殊观念、信仰和立场的传播力度。所以，重拍《捉妖记》这一话题更是引发了受众的持续关注和好奇心，甚至是带着支持国产3D动画电影的心态走进影院。

二 国产电视动画创新设计发展现状及趋势

国家新闻出版广电总局2014～2015年制作备案公示的不同题材电视动画总数658部（见附录表1、表2）。根据这一数据，按照题材划分：童话题材340部、教育题材113部、现实题材57部、历史题材56部、科幻题材26部、神话9部、其他题材57部[①]，而从其整体上看，发现作为电视动画的题材，多以低年龄受众为目标，特别是童话题材占总题材的52%，童话和教育题材目前仍然是主流。

题材内容源于中国元素与他国元素对比见图3。

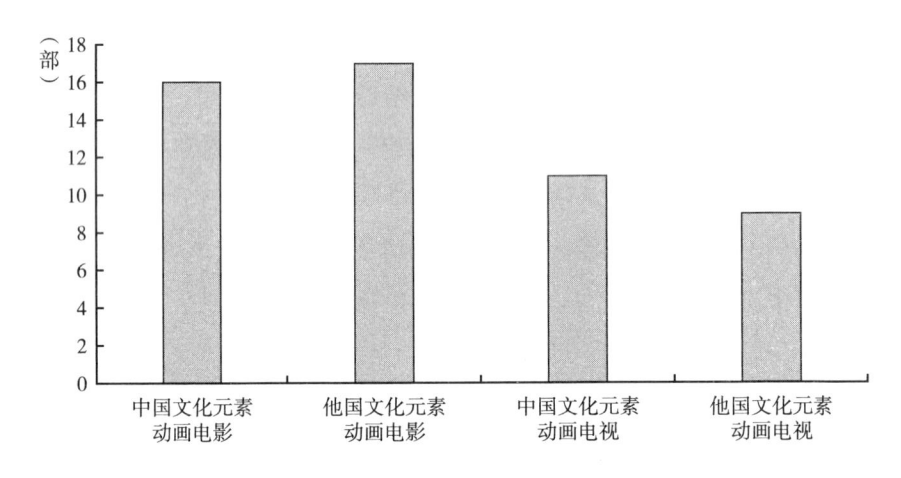

图3 题材内容源于中国元素与他国元素对比

[①] http：//news.163.com/14/1226/16/AEDFM51600014SEH.html20151016.

（一）对中国文化元素的挖掘

国产大型3D电视动画《秦时明月》讲述了蒙恬出击匈奴、秦皇东巡、焚书坑儒、蜃楼东渡等一系列历史故事。《秦时明月》的题材来源于中国古典文化，秦始皇统一六国、修建长城、征战匈奴、孟姜女哭长城等历史事件和民间传说穿插在故事铺陈的过程中，让人似曾相识又增加新奇成分。《秦时明月》是针对12岁以上年龄市场推出的3D武侠动画，大气恢宏的场面和荡气回肠的英雄故事置于历史感和强烈的游戏风格之中带来了独特的视觉冲击力。

电视动画《魁拔》的创新设计也体现在对中国文化元素的挖掘和呈现上。首先，《魁拔》的主要人物八岁的热血少年"蛮吉"，从形象上看特别接近《西游记》里的孙悟空，身怀绝技、除暴安良。他就是"魁拔"，却要联合各族各界的妖魔鬼怪共同抗争元泱境界中最可怕的灾难——魁拔，充满了悬念和戏剧冲突。关于龙族的人物设定，也带有独特的中国元素色彩。其次，电视动画《魁拔》借助道家的"三界"说（天、地、人三界）①，以讲故事方式交代矛盾冲突的背景：在浩瀚宇宙中，有两个平行世界——较为文明发展的"天界"和妖侠混战的"地界"。再次，电视动画《魁拔》中设计了中国饮食文化、民族功夫等，比如运用银钶铁里的钶成分置换经过脉门植入到身体里的重金属，达到解毒的效果。魁拔的故事是带有浓厚幻想色彩的虚构故事，具有鲜明的寓意、假定与象征的因素，在错综复杂的人物关系中多角度挖掘了中国元素，使虚幻出的故事更为丰满。

（二）发掘生活元素的创新设计

近些年国内电视动画的创新能力大大提升，特别是2014~2015年创作

---

① 道家所说的"三界"（天、地、人三界），指的是整个大宇宙范围或是超宇宙超时间范围。天界是神仙和圣人所在的天堂或天庭，是俗人无法高攀的神圣世界；人界也称人间、阳间，即指所有纬度，生灵生活的世界；地界或魔界，也称"鬼界"和阴间，意指充满恐惧、犹如阴曹地府般的世界。

的电视动画,有许多创新设计彰显了创作主体高超的想象力,增强了故事情节的表现力,电视动画的内涵也更为丰富。如《神奇阿呦之最强流星人》26集中当阿呦和小米被兔子抓住准备送进黑暗森林时,阿呦和小米趁其不备冲破捆绑的套子,而当他要制服兔子时,兔子便发挥长项——撒腿快跑,而阿呦却用青蛙手套伸出的长舌头(可抓住任何快速移动的物体)将狡猾的兔子抓住;虽然抓住了兔子,但他又不肯说出红桃皇后的秘密,于是阿呦使用真话口香糖,用泡泡把真话带出来了……这样的好创意,充分体现了创作主体的创新设计思维,即借助动画作品的主人公行为延展心智。

三 中国影视动画创新设计的反思和展望

随着高科技的进步以及振兴文化产业的需求,特别是2014~2015年,我国影视动画已然进入了发展的快车道,从3D动画电影到三维动画电视,从现实与历史题材到奇幻与冒险故事,产量不断增加。但是,高产不等于高质,与国际接轨的尖端创作技术手段不一定能解决创作的实质问题。所以,加强故事创意开发、挖掘人物造型的圆满、探寻艺术品格与文化精神的呈现,是我国影视动画创新、创造未来努力的方向。

(一)加强文化资源创新设计的开发

我们从2014~2015年国产动画电影作品情况(见表1、表2)可以看出创作者的纠结,从篇名的设定到内容的安排,从形象的设计再到视听语言的表现,需要中国风的坚守与国际化的突围与调和,需要中国文化元素的创新发掘。我们还可从图3中发现,在国产影视动画的创作中,又有相当一部分以他国文化元素为内容,这是值得关注的。

比如,《白雪公主之神秘爸爸》《潜艇总动员》非常容易被误认为是好莱坞出品,《聪明的一休之反斗公主》被误认为是日本制作。《猪猪侠之勇闯巨人岛》借鉴了英国童话故事《杰克与豆茎》(Jack and the Giant

Beanstalk），有着鲜明的异域风格。《兔侠之青黎传说》里呈现了绮丽诡异、人心险恶的江湖、行侠仗义、腥风血雨的武林、东方意味的竹海山峦，突出了主人公的自我省察和成长，制作水准较之前部有很大提高，但是依旧有《功夫熊猫》的影子。《洛克王国大电影4 出发巨人谷》直接借用骑扫把飞行的方式，如同哈利·波特系列电影里骑着扫把飞的再现。所以我们还是会回到那个终极问题，画工细节上的瑕疵是可以接受的，但是内容的不够生动新颖却是难逃诟病。所以需要再提"内容为王"。在中国风与国际化的探索中，寻求融合性的突围和创新之路。

（二）加强符合真实性与逻辑性的创新设计

在2014~2015年影视动画作品中，大多为适合低龄儿童接受的作品，有些故事"炒冷饭"，偶有新内容，但又有不符合生活逻辑和真实性的现象，这是需要创作主体警醒的。因为，尽管是科幻片，也一定要符合生活逻辑和真实性，这是影视艺术教育意义和导向作用的价值所在。

科幻动作喜剧动画电影《黑猫警长之翡翠之星》，该电影角色设计的基础是1984年播出的动画电视剧《黑猫警长》（五集），是在炒冷饭，创作主体试图再进一步体现文化创意视阈下动画电影的知识价值、环境道德和生态文明。但是，在《黑猫警长之翡翠之星》中，有一些令人费解的情节：（1）城市守护者黑猫警长在听说老鼠一只耳越狱出逃的消息后，立刻组织追捕。而同时在"翡翠之星"航天博物馆，小猪大壮用其父的VIP卡即可把牟三嘟带入，这样一个重要的航天研发基地，居然没有人看管，几个孩子就能轻易出入?！（2）牟三嘟对零重力舱可以模拟太空环境的介绍，不符合这个年龄儿童的知识结构？（3）小猪大壮放进牟三嘟后，就不声不响地走掉了，这个人物无缘无故地消失了？（4）牟三嘟首先意外发现被追捕的阴险狡诈、伺机反扑的老鼠一只耳，并看到一只耳与大猿先生轻易地偷盗了"翡翠之星"能量块，牟三嘟又怎么知道能量块对全城人的威胁？（5）更不可信的是，当一只耳与大猿先生拿着偷到的能量块逃走时，却被牟三嘟运用小Q的几道算数题就能轻易将其夺走？着实不符合生活逻辑，

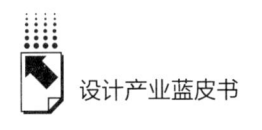

类似这样的动画作品设计，会起到误导的作用。所以，加强创新设计的真实性与逻辑性是创作主体的责任，只有符合群体规范的信息内容才能进入传播的管道。

（三）增强电视动画品牌的辨识度

说到日本电视动画，我们会想到东映动画改编自漫画作品的《海贼王》（ONE PIECE，ワンーピス）以及V1 Studio改编自侦探漫画的《名侦探柯南》（名探偵コナン）；说到美国动画，美国福克斯广播公司动画情景喜剧《辛普森一家》（*The Simpsons*）应该是最先浮现脑海之中的。从题材设计上看，日本动画大多"天马行空"，美国动画相对更接地气。前者有明显的日系热血动漫画风，后者幽默且带有美式辛辣的针砭时弊风格。共同的优势在于，能够与本国文化元素有效结合，"血统"纯正，有很高的辨识度。

对于中国电视动画来说，需要培植和发展文化烙印清晰明确的作品。《熊出没》系列，虽然通过"全龄化"策略，在中国动画市场上占有重要席位，但是如果寻求可持续发展，则需要融入更多中国元素。因为毕竟电视动画片不是昙花一现的文化产出，而是需要一定的情节连续性、故事完整性、人格统一性，是需要统一在品牌下不断深耕发展的。

（四）"泛受众化"趋势呼唤中国影视动画走"品牌化"路线

从传统意识形态来看，动画是为儿童设计的，主要功能是娱乐。成功的动画应该是为儿童喜欢和接受的。但是由于更多的儿童观影行为是在家长的主导下完成的，所以动画成功的第一步应该是取悦家长。或者制作伊始，就该多一些考量家长们的需要和感受，避免动画的过于低幼化而引起诟病。在中国的家长中流传广泛、备受认可的一句话是"不能输在起跑线上"，家长们不愿意孩子浪费时间在看似娱乐和放松的动画片上。深处移动互联世界中的家长（大多是"70后"、"80后"）需要动画"寓教于乐"、要求其内容国际化、制作精良。2014～2015年两年间中国的移动互联网获得迅猛发展，微信、微博的存在几乎成为人们生活的一部分，所以影视动画的"泛受众化"以及"影""视"之"双生花"的唇齿相依状态表现得尤为明显。

这里的"泛受众化"是"受众细分"的一种对应。不同年龄段的受众其受教育程度不同、生活经历不同等差异导致其对动画的理解和需求也有所不同，在我国，电影没有分级制度，以《熊出没》为代表的影视作品，明显有泛年龄化、泛受众化的趋势，这是媒体属性泛化以及泛娱乐化的产物，成人和孩童的认知边界不断被媒体、技术的发展和变化消解，所以这种"泛受众化"趋势呼唤中国影视动画走"品牌化"路线。

从品牌建设角度来看，通过产业链开发，培育受众的忠诚度，也是2014~2015年度影视动画的一大特点。品牌建设是动画的可持续发展之路，大品牌大IP，集动画创作、播出、版权、产业运营、终端销售平台于一体的全产业链发展战略能最大范围地吸引受众、创造市场价值，利用品牌增值效应和强大的盈利能力反哺动画产业的健康发展。

四 总结

我们现阶段影视动画面临的主要问题是，如今的受众在早已习惯了美日动画绘画风格与叙事策略的情况下，该如何追寻与西方争夺动画素材和价值观的"和而不同"？是回归传统，还是表述普世情怀？在现在的儿童群体对时空观念以及形式风格的关注日渐淡薄的状态下，生动的故事、有趣的角色或者是大量炫技是否可令他们侧目？"前事不忘后事之师"，对于中国的影视动画创作者来说，新媒介环境和层出不穷的新技术环境下过去几年的种种尝试和探索，有成功有失败，展望未来，我们再提以"内容为王"，去追求"一个好的故事"是回应初心之举，亦是解决当下困境的有效原则和途径。

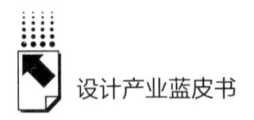

附录

表1 2014年5月国产电视动画片制作备案公示剧目*

省份	片名	集数	时长	片长(小时)	题材
天津	《神奇阿呦之最强流星人》	52	12	624	科幻、冒险、喜剧
河北	《老子道德三百问(第二季)》	50	13	650	教育
辽宁	《开心1刻》	365	10	3650	其他
辽宁	《知儿之变小记》	52	12	624	童话
辽宁	《知儿之海洋牧场》	52	12	624	童话
辽宁	《知儿之欢乐岛》	52	12	624	童话
上海	《动画365》	365	5	1825	教育
上海	《巴拉邦系列之方糖咖啡》	26	15	390	童话
江苏	《欢乐森林》	72	12.5	900	童话
江苏	《猫咪成长记》	60	15	900	童话
江苏	《小猪和他的朋友们》	100	12.5	1250	童话
江苏	《洛克王国大冒险3最强之路》	104	12	1248	童话
江苏	《洛克王国神宠外传》	26	12	312	童话
浙江	《80后的那些事》	72	7	504	现实
浙江	《阿优之童趣系列》	100	1.5	150	现实
浙江	《保卫者传奇》	50	10	500	童话
浙江	《大嘴猫(第4部)》	50	10	500	童话
浙江	《黑猪多多》	100	13	1300	童话
浙江	《神探四豆星(第3部)》	52	10	520	童话
福建	《卡丁时代》	24	4	96	科幻
福建	《正义小伙伴》	52	13	676	科幻
福建	《热血小将》	20	12	240	历史
福建	《牛牛和妞妞之古镇奇遇记》	26	12	312	童话
福建	《幸福一家》	52	13	676	现实
福建	《幸福一家之幸福满满》	52	13	676	现实
河南	《小猪飞飞(第二季)》	26	15	390	童话
山东	《草莓乐园之成长之路》	52	7	364	童话
山东	《草莓乐园之快乐游戏》	52	7	364	童话
山东	《香辣五侠》	26	10	260	童话
湖北	《阿普喵植物科普》	100	1	100	教育
湖北	《千意快乐小百科》	20	7	140	教育
湖北	《武当虹少年》	26	13	338	童话

续表

省份	片名	集数	时长	片长(小时)	题材
湖北	《闯堂家族》	20	5	100	现实
湖北	《鸭力》	12	3	36	现实
湖北	《偷星九月天之侦探学院》	52	5	260	现实
湖南	《盘瓠与辛女传奇》	26	13	338	历史
湖南	《大味王》	104	15	1560	童话
广东	《火力少年王之传奇再现》	40	23	920	童话
广东	《小美养犬记》	26	13	338	教育
广西	《攀霞神功》	13	12	156	童话
云南	《奇乐园》	36	10	360	教育

* http://comic.people.com.cn/n/2014/0619/c122366-25171340.html20151020.

表2　2015年4月国产电视动画片备案公示剧目

省份	片名	集数	分钟/集	片长(分钟)	题材
中直	《新大头儿子和小头爸爸之草原奇遇》	1	51	51	现实
中直	《我的小小美猴王》	52	22	1144	童话
北京	《学而思礼花蛋：非故事性、科学传教的动画式解读》	10	8	80	教育
北京	《水墨京韵》	200	8	1600	其他
北京	《英雄别闹》	12	10	120	冒险搞笑奇幻
北京	《魁拔(31~52集)2014》	22	11	242	其他
辽宁	《小海娃成长记：德育教育教材》	35	10	350	教育
黑龙江	《极速少年》	50	20	1000	现实
上海	《巴拉邦系列之〈方糖咖啡〉第二季》	13	15	195	教育
上海	《巴拉邦系列之〈方糖咖啡〉第一季》	13	15	195	教育
上海	《古灵精怪：日本》	26	22	572	童话
上海	《小龙大功夫之神龙战队系列：迪士尼最新推出的青春励志的动画片》	52	11	572	童话
江苏	《小包变形记》	52	11	572	现实
江苏	《梦想总动员第一季26集》	26	14	364	童话冒险
江苏	《画说社会主义核心价值观》	52	13	676	教育
江苏	《宝贝咿家》	52	15	780	现实
江苏	《爸爸妈妈小时候的故事》	70	8	560	现实
江苏	《歪歪旅行记之欧洲之旅》	13	5	65	童话
江苏	《歪歪旅行记之世界之旅》	13	5	65	童话
江苏	《歪歪旅行记之亚洲之旅》	13	5	65	童话

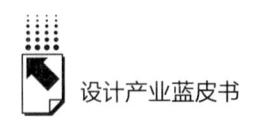

续表

省份	片名	集数	分钟/集	片长(分钟)	题材
江 苏	《歪歪旅行记之中国之旅》	13	5	65	童话
江 苏	《海洋欢乐颂》	100	10	1000	教育
浙 江	《中华美德故事·节义篇》	50	10	500	教育
安 徽	《仙游记》	52	20	1040	童话
安 徽	《干将莫邪传奇》	30	10	300	历史
福 建	《踢踢和奇奇之魔力课堂2》	52	13	676	教育
福 建	《成成学法律之消防篇(第二季)》	26	13	338	教育
福 建	《小熊优恩》	26	14	364	童话
河 南	《超能汽车侠》	26	13	338	童话
河 南	《丰丰农场之肥虫豆豆》	26	13	338	童话
山 东	《外星小管家》	100	5	500	童话
山 东	《小猪鱿鱼和蟹老爸》	416	6.5	2704	童话
广 东	《积高侠与阿里巴巴之荣耀》	26	22	572	童话
广 东	《积高侠与阿里巴巴之决战》	26	22	572	童话
广 东	《一诺安全教育系列》	18	8	144	教育
广 东	《一诺德育系列》	35	8	280	教育
广 东	《一诺法制教育系列》	7	8	56	教育
四 川	《天使宝贝》	52	7	364	童话
云 南	《使者传奇》	15	15	225	其他
云 南	《奇乐园》	36	10	360	教育
西 安	《丝路寻梦》	52	20	1040	现实
广 西	《少数民族间故事系列动画片之〈长发妹〉》	6	15	90	其他
广 西	《少数民族间故事系列动画片之〈寻找太阳3〉》	5	15	75	其他

B.9
服装设计的发展趋势与对策

贾荣林 常 乐*

摘　要： 加速发展时尚产业和设计服务业，实现服装产业转型升级，是推动产业结构升级和区域经济发展的重要途径。本文从分析中国服装设计行业的发展现状、发展特征入手，探寻中国服装设计发展趋势，提出从源头驱动服装设计事业发展的理念和对策。

关键词： 服装设计　发展趋势　创新驱动　对策

一　中国服装设计行业的发展现状

（一）服装设计推动创新型经济增长

服装设计是一种以创新、创意带动相关产业，整体提升能级的产业形态。以服装设计推动的服装产品样态不断拓展，能够直接推动品质提升、技术进步、品牌建设、面料开发和市场进步。以服装设计带动的区域经济发展能够有效地组合多种资源，创新经营模式，带动服装产业的发展，促进产业结构的转变。在全球经济形势严峻、国内宏观经济增速

---

* 贾荣林，北京服装学院副院长、教授，硕士生导师，中国美术家协会会员、中国美术家协会平面设计委员会副秘书长、北京设计学会副会长，中国纺织教育学会副会长，国家社科基金艺术学评委，参与主持国家、省部级重点项目，发表多篇论文及设计作品；常乐，北京服装学院博士研究生。

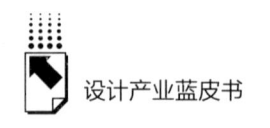

放缓的情况下，我国面临着产业结构升级、城市经济转型的巨大压力。加速发展时尚产业和设计服务业，实现服装产业转型升级，是区域经济发展寻求突破的重要途径。

"十二五"期间我国服装行业发展迅速，规模以上企业收入由2010年1~11月的11133.69亿元增长到2014年的20769亿元，持续增长86.54%，平均年增长16.87%。出口额累计增长率为45.06%，从2010年的129478亿元提升至2014年的187816亿元，出口额在全球服装出口额中的占比从2010年的36.84%提升到2013年的40.81%，这一时期产业迅速增长。

目前，中国在服装生产加工环节上不再有明显的优势，中国纺织服装企业面临从加工制造向自主品牌转型的迫切问题。产业链核心逐渐向服装产业前端服装设计环节转移。大力推进服装设计的发展，是提升产业创新能力，增强国内外市场竞争力的迫切需要。以服装设计为创新龙头，能够从源头驱动服装品牌经营，为产业升级转型注入源动力。

（二）国家创新战略推动服装设计振兴

改革开放以来中国服装产业实现了高速发展，良好的内外环境为其发展提供了难得机遇，服装设计产业进入了方兴未艾的发展新阶段。

1. 国家政策、规划和体系的保障

近年来，国家颁布了一系列新的政策，目的是规范并推动服装行业的发展，通过调整产业结构，优化产业环境，加快我国服装行业的升级、转型。国家在税收、金融服务、产业资源配置、拓展海外市场等方面，通过一系列的政策和措施，鼓励、支持和推进服装行业提高自主品牌建设水平，增强企业核心竞争力。这些举措为推动服装产业转型升级和结构调整，促进设计发展先行提供了良好环境。

2. 设计的创新能力增强，促进行业自主品牌崛起

设计以科技创新、产品创新、服务创新为动力，以品牌建设为基点，在产业提升中作用日益增强。进入21世纪，中国服装的自主品牌梯队基本形成，国产品牌特色在世界舞台得到展现，一批品牌走向国际市场，品牌贡献率大幅提升。中国的服装设计师品牌在这一时期开始有所发展，有的设计师品牌在国际时尚界引起关注。

3. 国际设计活动助推设计成果

1997年在北京举办了首次中国国际时装周，截至目前已有来自意大利、法国、美国、日本等10多个国家和中国的400多位设计师和400多家品牌与机构参加历年时装周，该时装周累计已举办了1000多场发布会，100多场专项大赛，有3000多位设计师和模特新秀参加，创办18年来形成了突出的全球影响力，成为中国品牌走向国际的重要窗口，国际设计师进入中国的重要平台。上海时装周、北京时装周、大连时装周、深圳时装周等相继创办，为中国的服装设计搭建了国际化的大舞台。除时装周活动外，流行趋势发布、服装设计专业大赛、国际交流与合作等都为中国服装设计发展搭建了良好平台，与服装设计相关的专业大赛更加细化并逐年增多。

4. 科技进步和文化建设双轮驱动设计发展

新技术、新工艺、新材料伴随科技创新的发展，服装设计软件CAD、CAM在行业的普及，智能化工艺和装备应用加速，数字化和综合集成技术的产业化等广泛使用，使设计手段和水平不断取得突破和提高。以中华文化特色和当代时尚文化交融的中国服装文化价值体系逐渐形成，逐步涌现出一批思维方式和创作方法富有中华文化特色，并与国际接轨的设计群体。

（三）品牌创新与服装设计的发展

1. 服装企业的设计研发情况

中国服装协会2013年服装样本企业设计研发情况调研显示，2013年，193家企业专职设计人员合计17889人，同比增长8.25%，平均拥有专职研发设计人员93人，研发设计投入额合计68.95亿元，企业平均研发设计投入额3572.54万元。设计投入为企业带来了直接经济效益，193家企业2013年新品销售收入1300.44亿元，平均销售收入6.74亿元，同比增长12.3%（见表1）。

表1　2013年服装样本企业设计研发情况

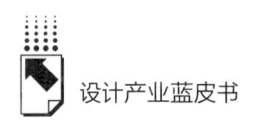

	单位	2013年	2012年	同比增长(%)
专职研发人员(合计)	人	17889.00	16526.00	8.25
专职研发人员(平均)		93.00	86.00	
研发设计投入额(合计)	亿元	68.95	59.50	15.88
研发设计投入额(平均)		0.36	0.31	
新品(款式)销售收入(合计)	亿元	1300.44	1157.00	12.40
新品(款式)销售收入(平均)		6.74	6.00	

从中国服装自主品牌获得设计或品牌类大奖以及企业设计师国际获奖情况可以看出我国服装自主品牌创新能力的提升。2013年，193家企业获得国内外设计或品牌类大奖次数合计292次，同比增长23.73%。但在与国外品牌的竞争上仍然不足，在全部292次获奖中，只有9家企业、12次获得国际设计或品牌类奖项，分别占样本总数和获奖总数的4.66%和4.11%。

2. 服装设计相关行业的发展

以服装设计为驱动，带动了整个服装产业链上、下游的创新，促进了产业升级。触角延伸至面料、物流、网络、商贸区、产业基地等多个环节。从2002年开始，中国服装协会开展服装产业集群试点认定，到2015年6月已认定56家服装产业集群试点，主营收入约占全行业的65%。各产业集群都具有完善的产业链条和配套资源。例如东莞市虎门镇2013年面辅料企业达299家，绣花、印染、洗水、物流等配套企业438家，设计、策划、电子商务、咨询、培训、网络公司等配套服务机构324家，形成了人才、装备、设计、生产、销售、服务一体化的产业结构和完善的产业链。

3. 自主服装品牌快速增长

中国服装自主品牌在国际市场的全面竞争中求发展。借助互联网平台，轻资产、快反应成为新的服装自主品牌的主要特征。消费观念的升级和商品供给的极大丰富，使得需求小众化的态势明显，目标市场细化，产品品类细分，品牌集中度持续下滑，兼具品质与价格优势的轻奢品牌快速增长。到

2012年，中国服装行业注册登记的已有70000余个自主品牌，其中包括87个中国名牌，262个中国驰名商标和2000多个活跃品牌。

（四）服装文化的博兴

1. 服装设计与国家文化形象

在全球化背景下，服装设计已成为国家文化的组成部分，在国家的重大事件和重大活动中都可以看到服装文化的重要作用。2008年北京奥运会志愿者和颁奖者服装设计中青花瓷元素和祥云元素的运用，表达了中国文化的神韵。神七、神九服装设计以及国家领导人出访服装设计都体现出当代精神与中国服饰文化完美的融合。北京服装学院为2014年北京APEC会议各国领导人设计的"新中式"服装，具有浓郁的中国特色和时代气息。设计用国际化的语言表达中国元素，将审美需求和流行时尚相融合，彰显了大国形象与民族文化，充分展示了中国时尚产业的创意发展水平。

2. 服装设计与社会文化

服装设计带动的社会文化通过服装文化节、时装周和各类服装发布会、时尚设计聚集区、网络传媒和影视传播，以及各种形式的大众文化生活加以体现。以设计传播为重心的"751北京时尚设计广场"近年来迅速成长为服装时尚的流行趋势发布中心、服装和时尚产品设计研发中心、设计教育实践基地。以时尚化、产业化、国际化、高端化的定位设置展示、发布、交易、服务和互动体验的设施，吸引产业聚集，提供配套服务。

3. 服装设计风格的多元化

中国服装逐步走向国际化和多元化。服装设计品类走向细化，设计更富有针对性，对不同人群、不同材质有不同专属设计。从童装到老年装，从健全的人士到残障人士，从礼服到工作服，从室内着装到户外运动，服装设计品类更加细分。针对不同社会活动或团体开展专属设计，更好地满足不同消费群体的需求。随着市场潮流与社会文化走向的变化，服装风格吸收多种元素呈现丰富的变化，不同个性的人群都会找到属于自身的服装设计风格。古典

主义、中性风格、男装女性化、女装男性化、亚文化和回归风等风格都有了各自的市场和空间。

4. 服装设计人才培养

目前中国设有服装与服饰设计专业的大学共有158所，每年有超过5万名服装设计专业学生毕业，院校培养的设计师已经成为服装设计行业的主力。中国的服装专业设计教育起步只有30多年，但在国际化办学视角下发展很快，形成了以本科教学为主体，高等和中等职业教育、职业培训教育等体系完整，博士、硕士等高层次人才完备的人才培养架构。

二 当前中国服装设计行业发展的特征

依托中国服装行业的发展，作为服装产业价值链的重要一环的服装设计行业也呈现出新的发展态势。

（一）地理区域集群化

中国服装产业以长三角、珠三角、环渤海三大经济圈为中心辐射，有较高集中度，以广东、浙江、江苏、山东、福建等东部沿海地区为主产区，拥有自主服装设计的服装品牌企业集中于北京、上海、广州、深圳等一线城市（见表2）。

表2 2013~2014年中国服装行业报告——中国服装行业自主品牌分布情况

地域模块	主要品牌
浙江	雅戈尔、罗蒙、培罗成、法派、洛兹、秋水伊人、玖姿、汉昂、红黄蓝、珍贝、米皇、杉杉、报喜鸟、庄吉、太子龙、夏蒙、步森、唐鹰、乔治白、百先得、奥奔尼、江南布衣、浪漫一身、古木夕羊、红袖、三彩、香影、敦奴、朝花夕拾、名莎等
广东	歌力思、安莉芳、群豪、莱克斯顿、法勃尔、松鹰、富绅、卡宾、威鹏、乔士、卡尔丹顿、梵思诺、雷迪波尔、欧卡曼、威丝曼、卡佛连、歌莉娅、欧时力、淑女屋、彤儿、艺之卉等
福建	九牧王、七匹狼、劲霸、安踏、361°、匹克、乔丹、柒牌、利郎、虎都、才子、与狼共舞、富贵鸟、港士龙、斯得雅、爱登堡、爱都、帝牌、海希顿希尼亚、特色龙、拼牌、皇宝、威露、金豪雀、佐岸、雄豹狼、马莱特、旗牌王、金威世家、云敦、卡朱米、圣达威、葛罗奈、翔奴、罗力卡等

续表

地域模块	主要品牌
江苏	波司登、雪中飞、康博、红豆、雅鹿、圣客朗、红杉树、百成汇、爱博尔、飞亚达、海澜之家、博士邦尼、迪诺兰顿、洲艳、千仞岗、晨风等
北京	白领、依文、顺美、玖而美、滕氏、萨巴蒂尼、朗姿、威克多、探路者等
上海	恒源祥、Lily、美特斯·邦威、三枪、马克·华菲、黄色小鸭、斯尔丽、日播、贝拉维拉、天恩、亦谷、艺元素、拉夏贝尔、序言等
湖北	美尔雅、红人、佐尔美、太和、元田、名典屋、邦伽

（二）设计外包服务市场形成

《国务院关于推进文化创意和设计服务与相关产业融合发展的若干意见》中，提出扩大和开展设计类整体服务市场、设计类服务外包的形式。目前，中国服装行业设计外包服务发展迅速。但生产区域需求面积大，对环境造成一定危害，需要集中的劳动力，大多集中在远离大城市、偏僻的生产工业区，因此，现代服装设计所在地大多与生产区域是分开的。越来越多的品牌服装企业实行设计环节外包服务，或把对外采购设计的服务补充内部业务，如某些企业邀请设计师和行业市场专家一同加入设计环节，再由第三方制作样衣。诸多服装品牌委托有实力的设计公司协助设计，设计外托成为常态。

（三）品牌营销渠道变革

服装销售渠道可以分成三类。第一类是传统的实体店销售渠道。这类渠道又分为集中性、选择性和专有性三种渠道。集中性渠道包含了大部分的转销商，选择性渠道只包括合适的零售店，专有性渠道只限于精选的或经授权的经销商。第二类是网络销售渠道。根据中国电子商务研究中心数据，2014年我国的服装网购交易额6153亿元。服装网购金额占服装内销总金额的比重也从2011年的14.54%提升到了2014年的30.77%。第三类是线上线下结合渠道，网络与实体店结合的销售模式，在网络销售平台如京东、唯品

会、淘宝等渠道进行销售的同时，线下实体店也在进行销售，例如内衣品牌爱慕，除了拥有实体销售店铺外，爱慕集团旗下品牌还在官方网站及其他网络平台如唯品会、天猫等开展销售。

三 中国服装设计的发展趋势

（一）个性化、时尚化与多元化

个性化设计把生产决定消费转化为需求决定生产，促使传统的服装设计和生产方式调整转变。随着互联网技术的运用，服装市场将实现产销合一，需求、设计、生产、物流的贯通将使个性化生产成为便捷、高效的运行方式。这就需要企业拥有较强的设计能力、销售端实时数据获取和分析能力、从仓储到配送系统的快速响应能力等。

快时尚新品到店速度奇快，时刻追逐潮流，又重视全渠道营销模式，抢占线上市场，线上线下同时发力。高级定制以服务为重点，强调以顾客为中心的量身定制，注重设计的专属感和个性时尚化。随着产业细分时代的到来，"定制店、设计工作室"近年来已经大量出现。相关调查显示，目前国内涌现出越来越多的私人及团体定制，国内高端服装定制市场规模每年正以25%～35%的速度快速增长。

文化的全球化走向代表着各种社会文化的认同，体现了文化的多样性与广泛性，在服装文化中是多种服装风格的综合表达，并引导服装设计向多元化发展。我国市场的开放环境，形成了外来品牌与国内品牌的角逐竞争，激发了多元的开发取向，在这种形势下，反应灵敏、背景多元的服装设计团队在品牌大战中体现了快速反应和多元转向的创新特征。

（二）科技驱动变革设计方式

当今社会经济的高速发展，信息技术的不断进步，企业竞争日趋激烈，拼质量、拼价格、拼规模的营销2.0时代已逐渐迈向商业模式创新、移动互联网工具应用、大数据、信息技术驱动的4.0时代。国务院2015年发布了关于我国实施制造强国战略十年行动纲领的政策性文件《中国制造2025》，把引导制造业的转型提升作为国家重要战略，提出把工业化与信息化深度融合的政策。我国制造业仍停留在工业2.0和3.0阶段。国内外形势要求纺织服装行业向智能制造加速转型。在"十三五"期间，中国纺织工业联合会推出纺纱、针织、涤纶长丝、无纺布、印染及服装缝制过程等6项智能化生产线实施计划。纳米纤维材料与技术、新型超仿棉制造技术及产业化、可穿戴技术等都是纺织科技攻关的重要课题。

在科技进步的推动下，服装设计在各个环节都会出现革命性的手段变革。智能化服装设计生产系统运用精确测量人体参数和三维数据采集，利用大数据云服务、虚拟试衣系统和互动式设计新手段，并通过远程设计进行国际的设计对接服务。由香港科技大学、中山大学和北京长峰科技公司等开发的服装三维覆盖模式的款式试衣系统已部分进入商品化阶段。

采用新科技成果的功能性服装将呈现快速增长态势。智能设备和服装相结合，出现了可以将使用者的信息采集发送到移动设备或网络的可穿戴产品。高科技含量的面料以及工艺，可以实现防护、供暖、速干、保洁等新的功能。

由绿色纺织品和生态性服装构成的"绿色服装"，代表着服装行业可持续发展的新潮流。生态服装强调自然资源的高效利用，强调人与自然的共生，提倡低碳生活，循环利用材料，避免破坏环境。在纺织服装的设计生产中，提倡天然材料，避免化学印染原料污染，生态服装掀起的"环保风"将成为服装文化重要的新走向。

（三）创新运用中国传统文化理念和元素

服装是一国文化的一部分。继习近平与彭丽媛的出访和接待着装成为国内推崇和追捧对象，一股中国民族风格风猛然袭来后，民族风格设计成为国内服装设计的经典风格。在国力不断提升的现在，弘扬中华服饰文化作为中

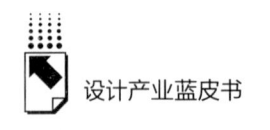

华民族复兴的内容，是服装设计的重要责任。在与国际服装文化的融合中，中国元素走向了世界，在影响世界的同时也汲取了西方当代意识。通过中国元素进行的创新型设计，将中国的典型形式、意蕴当作语汇，融入当代风格的设计作品中，从而使中国元素摆脱了符号移用的简单境界，对世界服装文化产生了重要影响。

（四）以传播交流推动服装设计

服装设计特有的文化艺术气息使它的活动成为社会文化的关注点，传播和国际交流对我国的服装设计有着重要的推进作用。时装发布会让服装设计师得到更多的支持和关注，带动了本土时装产业的发展，品牌以更娱乐化的营销方式通过大众媒体传播给消费者，品牌曝光度增加的同时也实现了设计美学的教育宣导。1998年推出的《世界都市ILOOK》，是中国首个以本土原创设计师为焦点的时尚杂志。类似的还有来自东方卫视的一档关于服装设计类的节目《女神的新衣》，该节目通过24小时制作服装、T台秀表演和服装竞拍等组成明星跨界时尚真人秀，成为新锐服装设计师展示自我才华的重要平台。微信、微博、电视节目、时尚杂志、时尚网站、买手店的推广与宣传覆盖面广泛。"秀场汇"作为首家时装设计师品牌在线集成店网站，让顾客可以在第一时间了解设计师的新品系列和产品价格。借助二维码扫拍，服装品牌和它的服务在微信营销中成为最广泛、最便捷的对象。

四 中国服装设计发展的对策

党的十八大以来，中国把创新驱动发展战略作为国家重大战略，文化科技双轮驱动的方针为服装设计事业带来了强劲的动力。当前，中国服装行业正面临着国内外经济下行、市场转型的压力和挑战，因此服装设计在产业升级转型中要通过目标创新、模式创新、机制创新等措施塑造我国制造业新的竞争优势，推进服装产业改革开放持续发展。

（一）建设适应新商业模式的设计服务业态

在各类产业行业转型构建信息化、数字化商业模式的时代，服装产业的信息化升级是服装设计和制造的必经之路。要提高服装设计的快速设计反应能力既要求自身的高效优质还要整合服装产业链资源，加速服装产业各环节间的信息化、网络化建设，精准满足不同消费群体的需求，把握服装品牌定位。

"互联网+服装制造"，将促进服装产品的传统制造模式向服务制造模式的转变。首先要加快推进 B2B、B2C、C2C、ABC、O2O 的应用，以大数据的建设和应用为理念，加强服装设计基础数据库建设。通过提供产品设计、建立设计资源数据库、知识产权、设计服务对接、网上交易等线上线下配套的服务，来建立网上的设计服务和交易平台。打造设计行业的朋友圈，建立彼此间的友好关系，构建协同创新的平台，推进创新和设计文化的形成。其次，建立消费者的虚拟的客户群或圈，以云服务和大数据等技术作为依托，根据反馈进行需求信息的分析、挖掘，进行辅助设计的阶段性调整，生成设计模块、实现服务输送；通过"虚拟联盟"，进行设计资源对接和组合，形成以资源共享为基础、有机结合的合作群体，拓展设计服务的效能和价值。

传统的实体店需要从"纯购物方式"转化为"消费体验集聚"，提供创意欣赏、时尚品鉴、文化体验的高层次服务。

（二）建设中国的世界服饰文化中心

联合国教科文组织 2012 年授予北京"世界设计之都"称号。在美国"Globai Language Monitor"排行榜中，2014 年上海名列全球时尚之都第十位。在时尚领域中国的重大设计活动也逐渐成为世界时尚领域关注的焦点。北京、上海等已经成为与世界设计交流合作的中心城市，建设世界级的时尚设计中心势在必行。

据《北京娱乐信报》报道，未来 8～10 年，北京将会以"国际服装名

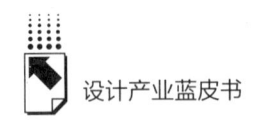

城"继巴黎、纽约、米兰、东京、伦敦之后，成为新的时尚之都，成为世界时尚潮流的策源地和研发中心。

北京建设国际服装名城的规划重点有四大产业园区、十大品牌集团、三条精品街和一个发展中心。以大兴、通州、顺义、平谷为重点的服装产业园区，是服装设计、研发和加工产业带。十大品牌集团包括爱慕、雪莲羊绒、铜牛针织、滕氏、薄涛、威克多、绅士、雷蒙、天坛、顺美等。三条精品街分别是西单大街的"世界时尚品牌街"、王府井金街、东单银街。拟投资10亿元在朝阳CBD以东延长线上建设的"北京国际时装发展中心"，是汇聚服装业人才、信息、时尚的发展中心，建筑面积将达10万平方米。

为此先行培育的成果目标要立足于建设规模化、时尚化、创新型、高层次的产业聚集区和领军企业；提升公共服务、培养优质人才；建立国家级科研平台和公共技术服务平台，转移和产业化重大优秀技术成果。

（三）增强创新能力，培育自主品牌

我国自主服装品牌存在文化积淀不足、品牌核心价值模糊、附会崇洋、设计薄弱、同质化严重等问题，品牌服装虽然发展很快但是国际竞争力明显不足。中国大部分服装品牌其营销手段重于设计创新，品牌的设计风格不够鲜明，不能使品牌文化深入到消费者内心。

中小服装企业要把自主知识产权作为品牌建设的命脉，提升品牌内涵，挖掘本土品牌的特点，立足文化高度高屋建瓴，明晰品牌定位，重视品牌建设，以创新品牌带动产业升级，拓展生存空间。中国的品牌建设需要脚踏实地地借鉴成功的国际品牌成长经验，强化国际化运作能力，完善品牌创新体系。

（四）构建服装设计产业聚集区

优化设计资源，产业转型升级从"要素驱动型"向"价值驱动型"转变，形成设计产业聚集区。近年来，不断提高资源的规模化聚集度，长三角和东南地区成为我国纺织服装产业的重要发展区域，仅在佛山地区，纺织服

装企业就多达2200多个。区域产业规模化为设计聚集区提供了产业基础，以创新设计为核心驱动，孵化培育具有国际影响力的设计聚集中心，能够整合创意产业链，推进加工制造区域向自主设计提升和转型。通过构建产业链协同联动机制，使设计资源合理配置，推动中小企业做专、做精、做特，加快产业由劳动密集型向知识密集型转变。

设计聚集以高效优质的创新资源配置，建立了产业效能提升的有效模式。同济大学依托百年名校强大的科技实力和独特的学科、人才优势，建设了专业特色鲜明、服务体系完备的科技园区，环同济知识经济圈已形成以设计为主体的完整产业链，聚集了1500多家以研发设计为主的知识创新型企业和500多家相关企业，成为国内规模最大的设计产业集群。北京服装学院依托全国服装设计和工程设计领军院校的教学积累和科研成果，依托专业优势的硬件基础，与Adobe、苹果、微软、爱慕、白领、361°、百丽等企业合作，形成了以打造服装时尚品牌与设计产业创新园为中心的北京服装学院时尚品牌创意设计经济带建设格局。

（五）优化设计生态，搭建设计服务新平台

设计产业的成长和健康运营需要良好的环境和发展空间。政府与社会通过扶持设计产业政策，对小微设计企业和个体设计创新者进行扶持，并不断完善设计标准和法律规章制度，搭建好服务平台，助力服装设计产业健康可持续发展。近年来涌现出一批具有引领作用的设计园区和创新服务平台。例如北京的DRC国家工业设计产业基地、"751"时尚设计广场、尚8设计行业服务平台等。通过多种服务模块的服务体系，整合设计资源，引导形成设计服务业的生态系统，提升了设计类企业的成长性竞争力。

服装设计园区建设的平台功能为研究与成果转化：科技开发、设计培育、设计对接与成果转化。自主品牌培育：品牌策划、设计、管理、传播的基地。

企业孵化：大学生创业，孵化"服装服饰时尚"创新型企业，搭建投资和融资平台。

公共服务：设计技术服务、流行趋势的发布、营销策划。

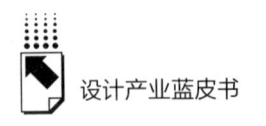

展示、发布、交流：创意产业联盟、设计成果发布、国际交流。

人才培养：高端时尚产业人才综合性培养基地。

平台可以搭建成为国际设计师交流中心、设计人才培养中心、设计行业知识产权保护中心、交易对接中心、设计孵化培育中心。要努力使设计行业服务平台成为国际高端化、业界专业化的开放、互融平台。

（六）服装科技的研究与攻关

科技开发是提升服装设计水平的核心驱动力。服装的科技创新机制可以通过多种渠道投入和驱动，形成研究、转化与应用。高校与科研院所在科技攻关与重大项目以及平台建设上可以发挥突出的作用，以北京服装学院"自主服装品牌与设计产业创新园"的建设专项为例，其启动的路径是：国家支持建设—国家重大专项、国家级科研平台；北京市支持建设—创新产业园建设、重点专项、科技创新平台；学校投入—基地建设、工作室建设；社会投入—联合共建、投融资体系、风险投资、技术转移等。在这个机制下，启动了两个国家级中心、4个自主时尚品牌研发中心、与企业合作共建的30个品牌研发中心研发总部基地的建设。

工业4.0提出了信息物理生产系统CPS，以形成全智能化的、可自行组织、自切换、自控制的灵活和模块式的加工制造工作站。在服装制造业上，德、美、日等发达国家的研发重点分别有"成衣加工自动化""机器人裁缝""机器人模特"等。由于我国东南沿海地区劳动力短缺，服装产品品质要求越来越高，有的省份已经提出在政策、资金上给予优惠，支持鼓励以自动化设备和机器人进行自动无人生产流水线改造。智能化服装制造要求服装设计的数字化、信息化、网络化、交互化全面跟进。

当前与服装设计科技攻关相关的主要课题有：

新型纤维及面料研发：静电纳米纤维、纤维改性等。

智能服装研究：人体扫描与监控、航空航天、军工、娱乐、运动健身与康复、演艺等。

智能制造研究：PLM系统实施、智慧工厂、机器人与自动化等。

数字化设计与展示：人体测量/CAD/CAM集成运行、3D可视化与虚拟技术、全息服装影像技术、虚拟试衣、虚拟服装展示平台、服装设计数字平台、虚拟服装展演等。

（七）民族、民间文化传统的弘扬

党的十八届三中全会强调了中国传统文化的重要性。吸取中国传统服饰文化的精髓，用时代语言传达出来的中国设计，才是中国品牌走向世界的核心竞争力。

我国服装产业对传统的文化元素的提取和运用，一直处于产业价值链低端，缺乏与国际大牌抗衡的设计实力。同时我国传统服饰文化保护形势严峻，传统服饰流失现象严重，传统服饰的技术、工艺濒临绝迹与失传。在服装设计中弘扬传统文化，要深入探讨传统服饰中中国元素的学理基础，中国服饰文化的精神内核，中国服饰的生产方式，中国人的生活方式及造物哲学，从传统服饰中吸取利用中国元素进行创新设计的思路和方法。要推动企业结合传统文化元素进行现代创新设计，进行传统文化元素再开发利用。同时注重对传统服饰文化的传播，倡导国际化的民族文化观，注重传统与现代生活方式的有机结合，提升中国服装在国际市场的文化影响力。

（八）改革创新服装设计教育和人才培养方式

服装产业升级和自主服装品牌发展，需要大量的高素质创新型和应用技术型人才队伍，这就需要服装设计教育规模水平不断提升，供应产业需求的合格人才。

要以国际化的视域、前瞻性发展的视角定位服装设计教育，这是服装设计艺术前沿化、时尚化的特性要求，也是在全球化背景下服装设计教育的办学定位。办学要遵循国际行业企业的标准、要求、理念，根据国际产业科技和文化技术的走向动态调整，通过与国际知名企业、国际著名设计院校的合作和国际展、赛活动的参与，把握国际资讯、趋势与先进技术。

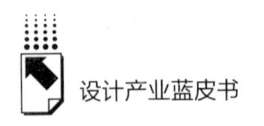

要挖掘地域文化资源，依托产业基础，突出办学特色。国内设计院校在培养目标上"标准化"倾向严重，表现为人才规格同质化、课程体系雷同化、教程教案通用化，这是违背设计学科传承、创新、创造、个性的学术属性的。分布在广袤大地上的各院校，有着各自鲜明的地理环境、人文气质、民族特色、传统习俗和工艺环境，有着各自的学科构成背景，有着当地各具优势的产业资源，有着自身创建的历史和沿革，这对于服装设计办学是重要的资源。可以说，学校的办学定位、学科特色、人才特色、主攻方向明确，当地的产业定位和品牌文化概念亦能明晰。

要科学设置办学层次。设计专业人才可分为工程型、技术型、学术型和技能型四类，产业的需求决定了培养模式和层次。学校要既能为产业发展培养高、精、尖人才，使其在设计领域起到领军和骨干作用；又能培养出在产业各个环节支撑设计技术和管理的各级各类应用型人才。通过开展设计教育培训，使得从业人员接受再教育和技术咨询，不断提升整个行业设计的基础水平和能力，避免在人才培养规格和内容上的同质化，避免在人才培养结构上的比例失衡，科学有效地配置办学资源。

要依据产业动态发展及时更新课程内容，在服装产业需求和院校教学之间实现灵动的动态衔接。通过产学研合作、项目合作、校企共建自主品牌等方式寻求实践应用型办学的新课题创新点。服装行业要建设人才培训和实习基地，通过政府、协会、企业及院校的联动，拓展行业人才成长渠道，进行职业技能培训，开展职业技能竞赛，加大对优秀人才的表彰和奖励力度，培育领军人才、名家名师、拔尖人才、国际化人才和各层级的骨干，形成合理的人才梯次队伍。

国际研究报告

International Research Report

B.10
美国设计服务业发展研究

于炜 姜鑫玉 王琳 鲍如霜*

摘 要： 设计服务业是创新型国家的主要推动力，美国作为后起之秀，其设计发展极其迅速，并对其他国家产生了重要的影响。本文主要研究了美国设计服务业的发展历程，并从与其相关的政府组织、行业协会、创意公司等方面，研究其快速发展的外在扶持和内在因素。从中得到启示来指导我国设计服务业的发展，并预测未来发展的方向。

---

* 于炜，博士，华东理工大学艺术设计与传媒学院副教授，硕士生导师，研究方向为聚居文化与城市设计、艺术设计、系统设计原理与管理，E-mail: weiyu@ecust.edu.cn；姜鑫玉，博士，东华大学机械学院工业设计专业讲师，硕士生导师，研究方向为工业设计、公共设计，E-mail: jiangxinyu@dhu.edu.cn；王琳，华东理工大学艺术设计与传媒学院硕士研究生，研究方向为产品设计，现工作于上汽集团乘用车有限公司设计部，邮箱：wanglinwin_123@163.com；鲍如霜，华东理工大学艺术设计与传媒学院艺术专业在校研究生，研究方向为视觉传达设计，邮箱：89693151@qq.com。

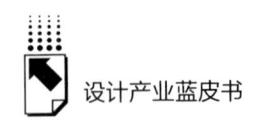

关键词： 美国　设计服务业　动力因素　未来前景

一　设计服务业概述

设计服务业作为一种新兴产业，在现代服务业中占据举足轻重的地位。在创新型国家的构建中，设计服务业具有最有效的推动力。

（一）设计服务业概念与分类

1. 设计服务业的概念

随着制造业的衰退以及行业专业化分工的深入，设计服务业逐渐独立出来。个人的思维与创造力是设计服务业最重要的部分，同时借助自然、人文、社会、科学等专业知识来辅助进行各类设计活动。设计服务业从业人员都有着非凡的智慧和敏锐的观察力，通过设计师的知识和技术，提高产品的附加价值，从而得到较高的利润，因此，设计服务业具有投资少、回报高的特点。由于设计服务业是从制造业中分化而来，因此其具备生产行业产出率高、无污染的基本特征。同时，它还具有高知识、高技术含量的特点，因此，其也具备知识产业知识密集、产品科技含量高的特征。

2. 设计服务业的分类

在我国，对于设计服务业的界定在理论上尚未进行严格的定义，一般认为设计服务业主要是指以先进装备制造设计、服装设计、包装设计等为重点的工业设计和以工程勘察设计、园艺设计等为重点的建筑设计以及以软件研发设计、数字内容设计等为重点的文化软件设计及广告业。

（二）美国设计服务业发展历史

美国设计商业性很强，完全是一种自发的商业性活动，并把民众的喜好放在首要位置，充分考虑民众的接受能力，以大众流行为主导，追求娱乐性和舒适性。美国设计的另一重要特点是包容性比较强，可以容纳世界各国的设计思想和风格，并将它们与本国的设计思维相融合，形成独居风格的美国设计。

美国是世界上经济最发达的国家，对于市场的改变具有敏锐的洞察力和快速的反应能力。在20世纪80年代，其制造业逐渐衰退，取而代之的是服务行业的崛起，从而大力推动了设计业的发展，设计与服务行业的结合，逐渐使工业设计变成了综合性的设计产业，形成了波及范围广泛的综合产业。

20世纪初，欧洲现代主义设计快速发展，在不断地探索中前进，而与此同时，一支默默无闻的设计力量逐渐崛起，作为新兴力量，美国设计毫不示弱，他们以市场为设计目标，以服务企业为导向，开始了一场伟大的现代设计革命，涌现出一大批设计大师，创造了工业设计的奇迹。

在第一次世界大战的影响下，美国经济出现了迅猛发展，商品经济条件相当成熟，成功地引导了美国设计与商业市场的结合，是美国早期工业设计发展的关键力量。在这种充分的商业竞争下，一切由市场竞争机制决定，为了占领市场，企业只有一条路就是在设计上更加创新，想方设法通过各种手段来促进销售，尤其是在罗斯福"新政"实施之后，政府干预设计市场，商业经济迅速发展，现代设计也逐渐开始与美国的商业主义文化融合。

（三）美国设计服务业相关组织与机构

1. 美国工业设计师协会

美国设计产业的发展离不开相关组织和机构的推动，其中最负盛名的是工业设计师协会，该协会在全国有着广泛的影响力，其主办的优秀工业设计奖在全球极具知名度。为了推动设计教育的发展，其还设置了教育委员会，截至2011年，美国有14.6万家从事设计的企业，从业人员达到了92万，是美国创意产业中，从业人员最多、营业收入最高的行业。

1927年，工业设计首次在美国引起关注，也正是从这一时期开始，专业设计师组织开始出现，之后成立了美国设计师研究所（ADI）、工业设计师协会（SID）、工业设计教育协会（IDEA），1965年，经过一系列的协商，三个组织合并，成立了工业设计师协会。协会的目的是为了工业设计行业的

发展，进行各种教育培育各种人才，为各个组织和机构提供信息交流共享的平台。它旨在提高设计的品质感，因此每年都会举办工业设计优秀奖（IDEA），该奖项设立于 1979 年，虽然只有 36 年的历史，却有着不亚于 iF 的影响力。

IDEA 提倡工业设计的创新性、生产的环保、价值性以及对生态的保护，同时追求美观与视觉的震撼。这个奖项主要是颁发给已经发售的产品，评选标准要求产品具备最基本的创新性，对用户的使用具有引导的价值，可以改变人们的生活习惯，提升人们的生活质量，并对生态、环保具有保护的作用。IDEA 是世界上极具影响力的设计大奖，许多企业都以此为目标，来提升产品的设计品质感，每年都吸引着来自世界各地的大量的产品参赛，获奖的产品无不是对设计产生巨大影响的产品，IDEA 的存在，对全球设计的提升起到了重要作用。

2. 苹果公司

苹果公司是美国乃至全球著名的公司，凭借着 iPhone、iPod Touch 和 iPad 等一系列产品，获得了极高的成就，成为其领域中难以翻越的高峰。

苹果公司之所以取得如此的成功，是因为苹果公司始终将创新放在重中之重的位置。对创新的态度，是苹果公司成功的最主要的因素，尤其是在苹果公司的产品远远优于其他同类产品的时候，苹果公司依然把创新放在首位。作为全球最具创新精神的公司，苹果公司也创造了很多第一，在苹果公司的发展史上，从没出现过模仿和抄袭的事件，不管做什么产品都完全遵循设计师的想法，一切工程问题都要服从设计。在产品外观设计上，"少即是多"是苹果公司的设计语言，极简主义贯穿在苹果公司设计的所有产品中，简洁化的设计使苹果公司产品极具辨别力[1]。而用户体验也是苹果公司最重要的一个方面，苹果公司在产品设计中贯彻了用户体验至上的理念，考虑了用户在产品使用过程中的感受。用户至上的苹果公司式体验改变了人们的生活方式，体现了其设计的人文主义，也充分体现了技术与人文的完美统一。

[1] 王龙海、田斌：《苹果公司的创新文化模式》，《决策与信息》2011 年第 12 期。

二 美国设计服务业发展的动力因素

美国经济的崛起促进了设计的出口与创新。设计的出口与创新极大地促进了整个美国设计服务业的发展。同时，设计服务业在现代服务业中具有重要地位，它是创意产业的一个门类，在类似美国这样的新兴资本主义国家建设创新型国家的进程中发挥着重要的作用，也提升了制造业的竞争力。

（一）政策扶持

21世纪以来，全球各国步入了创新经济时代，设计在各国的发展战略中有着举足轻重的地位。美国与英国、德国等欧洲国家将国家特色与设计相结合制订行动计划以及设计战略，旨在将设计作为核心竞争力创造出"国家品牌"这样的特色文化。

1."美国设计"政策

"美国设计"国家战略口号由前总统克林顿提出，美国作为一个新兴资本主义国家，多元、民主、独立和包容是美国文化的核心价值。在设计服务业中，美国设计融入了一股协调各方利益及诉求的文化张力，并在此基础上继承传统的实用主义精神，在技术创新、感性体验等方面向内深度求索存在之价值。正是这种强调民主主义、实用主义的技术创新为美国设计、美国文化、美国制造进入国际市场奠定了基础，提高了美国经济竞争力，使得"美国设计"具有文化吸引力。[①]

设计无论是产品、标识、身份、环境或者是沟通都需要被管理。设计管理即是艺术与科学设计的融会贯通，DMI（美国设计管理协会）汇集了设计的发现、界定、衡量、评价和交流，致力于成为设计管理领域的世界领先的国际性的非营利组织。经过几十年的发展，"DMI已经成为世界上富有经验、创造力和雄心的聚集各方资源分享、提炼和扩充知识的设计管

---

① 杜琼：《美国"官产学研结合"的新动向及启示》，《中国经贸导刊》2014年第6期。

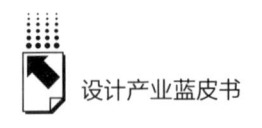

理组织"①。

2."再工业化"政策

"再工业化"是奥巴马在竞选时"变革"美国的重要战略，围绕着"再工业化"战略还制定了一系列与之相适应的配套性经济政策，如产业政策、税收政策、能源政策以及教育政策等，随着时间的推移，美国制造业回归的目标与举措日益清晰。在振兴制造业中，美国希望成为中枢和最能吸引外资的国家，希望通过产品来吸引更多的客户，希望成为世界创新的领导者，从而进行"再工业化"。

国际金融危机后，加快经济复苏成为美国的当务之急，为此美国推出了一系列"再工业化"和加快技术创新的政策措施，最值得一提的是2013年颁布的《国家制造业创新网络：一个初步设计方案》。国家制造业创新网络意味着美国的"官产学研"结合进入一个新的阶段。主要表现为"科学技术园区"如1951年斯坦福科学园的建立，"联盟"中最为典型的是"半导体制造技术"，以及"研发课题的政府补助"即采取政府直接出资的课题补助形式。

（二）经济支持

美国之所以能成为世界经济强国，离不开政府与各个企业相互协作，如政府与企业共同创设类似 IDE、ASLA 等的各类奖项，为了促使设计服务业在美国更好地发展，"新思维"的产生可将产业和国家两个层面作为目标不断提升。首先，公众对于设计的认识需要提高，使得设计让各界都充分地了解；其次设计质量也需要提高，控制设计师的数量以及对设施的投入，使之形成用户导向设计；最后将设计作为企业战略的基础组成部分来提高设计企业的出入口、市场占有率和客服满意度等方面的需求，提升产业和国家层面的"软实力"，推动经济的增长、文化产业的发展。同时，硅谷型高新技术

---

① 雷蕾：《设计管理促进机构研究——以美国设计管理协会（DMI）为例》，南京艺术学院硕士学位论文，2013。

园也成为产业中新的发展趋势,如"Hub+",它是连接Macbook的一个集线器,在大数据时代,将设计服务业通过用户体验的手段,用众筹的方式快速提高经济增长。以"深圳速度"刷新硅谷众筹纪录,推动经济的发展,在设计服务业中占有一席之地。

(三)教育支撑

在教育方面向来拥有较高水准的产业大国——美国,其在设计教育领域同样具有创新性和专业性,比如美国提高设计教育与研究的水准、培养更多的高素质设计管理人才,促进专业的设计教育群体形成和建立完善的教育系统。然而,随着市场竞争日趋激烈,社会对人才的培养也提出了较高的要求,美国作为实用主义国家,设计教育强调系统性、完整性,教育课程强调实用性、目的性,旨在培养动手能力强、多学科交叉融合、具有团队精神的实用化人才。在硬件方面,美国由于是一个工业化高度发达的国家,对教辅设施、设计产品精度要求相对较高,也从侧面反映了美国设计服务行业的制造水平之高。

众所周知,美国的经济优势为其吸纳了很多的高端设计教育人才,与此同时设计产业的崛起为其扩大了市场份额,优越的经济条件为设计教育事业奠定了良好的根基。在文化方面,崇尚自由、冒险的美国,没有过多的传统束缚,同时又是一个多元开放性的社会,这些都为设计教育提供了创新的活力。

(四)社会支柱

多元开放性的美国社会,通过设计不断提升产品与服务质量,培育高质量的具备艺术性、物理特性和别致的生活环境,从而提高人民的生活质量,通过设计产业的发展加速创造就业的机会;创造良好的社会福利条件等。

1. 智慧城市

得益于社会生产力的日益提高和生产工具的变革,城市出现了智能化的趋势。智能设备、网络信息、移动互联网的普及发展形成了一种新型的城市

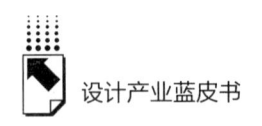

形态即智慧城市。通过现代信息技术，对社会、经济、城市环境、资源等系统进行数字化、网络化、智能化管理，从而使城市的公共服务更便捷化。政府在这种新社会关系出现后，在智慧城市构建中的角色变得越来越有力量，而企业与民众也以不同的身份参与其中。政府在建设智慧城市时，非常关注基本层面上的功能需求，不但要维持其稳定、惠及民生，而且要推动城市稳步发展。光靠政府的力量并不足以促进城市的发展，还需要招商引资，即民众能接纳互联网，并且积极地为企业提供智能化、信息化的运营平台。

资源的高效利用是构建智慧城市的关键，站在政府的角度来看，建设智慧城市从而保证了城市的健康和谐发展；而从企业角度来看，通过利用城市的技术手段、降低企业能耗和成本、增加企业利润，优化运营产业链，简化生产过程，进而提高企业的综合实力；从民众角度来看，智慧城市更便民、利民、惠民。

2. 城市规划

城市规划在城市发展进程中是一项重要的政策活动，它使城市空间环境有序发展，进而为在城市中居住的人们提供舒适的生存环境。如美国政府提出的"美国2050"空间战略规划，目前这个规划仍处于发展的初级阶段。从研究报告来看"美国2050"空间战略规划主要包括基础设施的规划、巨型都市区域的规划、发展相对滞后地区规划，以及大型景观保护规划这四个方面的内容[①]。"国家的重塑与复兴"作为主旨来协调修复经济发展的不适应以及日益恶化的基础设施系统和提高可持续发展的能力。

城市的规划对于设计服务业具有相辅相成的作用，良好的城市规划注重考虑城市区域问题、协调问题、可持续发展问题，重视公众的参与度以及规划的科学性、可行性等问题，从而更好地体现在设计服务业中。

3. 文化建设

伴随知识经济时代的到来，文化产业建设已经引起全世界的关注，美国作为文化强国之一占据了世界文化产业的主要市场，推动着美国经济的发

---

① 刘慧、樊杰、李扬：《"美国2050"空间战略规划及启示》，《地理研究》2013年第1期。

展。其主要产业媒体、动漫等，皆具有多样化的文化投资制度和模式，为文化产业建设和发展提供了强有力的保障。

（五）新技术推进

21世纪以来，新技术如雨后春笋般不断涌现，此时，美国基于新技术的出现与发展着力推进设计服务领域的延伸。

1. 企业信息化

企业信息化是一种管理工程和社会工程，它是从技术工程发展而来的。设计服务业在信息化的带动下日渐发展，充分发挥优势，实现社会生产的快速发展。在美国重振制造业作为战略目标对企业信息化具有重要的推动作用，将现代产业的信息化转型、加强理论研究、总结先进制造型企业成功实施信息化转型的经验、组织规划并实施制造型企业的信息化转型将成为推动设计服务业进程至关重要的部分。

2. 大数据与云计算

时至今日，计算机技术和网络技术发展得出人意料，大数据时代的到来对我们来说是资源和财富。大数据作为知识经济时代的战略高地，作为国家和人类的新型战略资源，它不仅是大量的、高速的，而且是多样化的，有价值的。设计服务业在大数据时代下，可以更精准地了解商业模式，不断催生新的产业，加速产业的升级、提高管理的效能、扩宽思维形式及寻找新的战略方式。

云计算是新型的按使用量付费的体验方式，云是网络、互联网的一种比喻说法，使用者通过网络终端接入网络数据库，来满足其多样化的需求。从技术结构来说，大数据与云计算的关系就好比矩形的长与宽相互制约相互依存，大数据的特点决定了其不能通过一台计算机来运行处理，只有分布式的计算方式才能对其进行处理。它的主要功能是采集大量数据，尽管如此，对于设计服务业的发展而言，仍需其提供有力的技术支撑，如通过分步骤的方式进行数据整合和通过对场景、环境进行模拟等技术来完成。

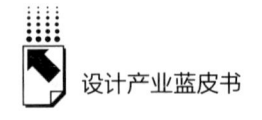

3. 互联网

互联网是用将计算机网络互相连接在一起的方法而形成的网络，这些网络通过默认的协议进行联系，从而建立起逻辑上的较为单一的巨大的全球化的网络。美国作为互联网最大的发祥地，也是全球互联网的枢纽核心。互联网走向多元和全球化打开了美国设计服务业发展新的市场和领域，也为其带来了前所未有的机遇与挑战。美国互联网革命的每一次创新都影响着世界民众的生活方式和设计服务业的发展趋势。

4. 穿戴式智能设备

"穿戴式智能设备"是一类智能产品，它将智能硬件与生活中的穿戴设备（如戒指、手链、眼镜、鞋以及其他服饰等）加以结合。

现如今，随着技术的快速发展和使用者需求的变化，可穿戴式智能设备的形态与应用领域也在不断变化。在美国，现代设计服务业的属性从单纯的提供产品服务转向提供体验服务，这就势必带来服务硬件的改良与提升，从现在的趋势来看，可穿戴的智能设备将为现代设计服务业带来全新的体验，也将大大促进现代设计服务品质的提升。从美国现代服务结构来看，智能穿戴设备将加速各个服务产业间的融合，从另外角度来看，智能穿戴设备性能的提升与发展，又将倒逼产业结构的转变，从而改变整体设计服务的性质，通过改变终端的智能硬件，就能对美国现代设计服务业整体产生巨大的影响，这就是硬件的提升带来设计与服务的提升，从而改变需求结构，这些就是智能设备对美国现代设计服务业的影响。

5. 虚拟现实

虚拟现实是一种仿真技术，由多种技术结合而成，具备用户的一切感知系统，听觉、视觉、味觉、触觉、运动感知等，使得用户融入虚拟环境，产生真实感，能切身体会物体的可操作性，并且从虚拟环境中得到反馈。设计服务业得益于虚拟现实技术的发展，拥有了可靠的、科学的设计过程和计划。和以往设计服务的实行不同，不需将概念设计等通过各种手段变为具象设计表达来辨别它的可行性。现如今的虚拟现实技术，可以将设计服务业中所产生的设计过程及设计结果通过虚拟现实的方式进行可行性研究，不但解决了以往存在的各类问题，还在无形中节约了资金和资源。相比以往而言，在设计服务的实行中，需将概念设计等通过各种手段变为具象设计表达，从而辨别其可行性。现如今，虚拟现实技术的出现，将设计服务业中所产生的设计过程及设计结果通过虚拟现实的方式进行可行性研究，不仅解决了存在的问题还节约了资金和资源。

6. 人机交互技术

随着各种新技术的出现，人机交互在全球范围内得到了越来越多的重视，各种新型交互方式不断涌现，这将使人们就此开启通往全新感官世界的大门。在这一进程中，通过设计将各种交互媒体设备和新型交互方式运用于现代的生活空间环境中，从而让人们对全新的交互过程有一个更好的体验和感受，这对于设计服务业而言，可以避开在设计中及设计后可能面临的一些问题，同时得到更加精准、更加智能的服务方案。

三 结论与未来前景

（一）美国设计服务业对我国的启示

1. 丰富的人力资源和教育资源

设计服务业的核心是人才，人才是推动设计发展的关键动力。因此，较高的知识储备和专业的技术水平在设计服务业中起了决定性的作用。在许多国家，对人才的培训已经成为国家的重要人力资源开发体系。美国作为发展最快的国家，在这一方面也投入了大量的资金和精力。首先，在高校内，建立了工程研究中心让各个学科的人才能协同创新的合作，来解决国家发展中面临的重大课题。其次，在政府部门，制订了培养高层次人才的计划，通过更加专业的人才，来应对国际局势的变化，快速反应，推动美国更快更稳定的发展。同时，还创立了许多基金会，为资金提供最有力的保障，其中，影响范围最广的是"总统青年研究奖"，每年200个名额，吸引最优秀的人才到最急需的领域。

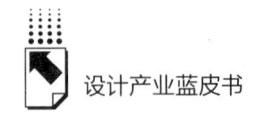

人力资源和教育资源是设计服务业发展的重要基础。我国应利用快速发展和区位优势的有利条件，加大投入力量，优化人居环境，提高配套设施来吸引更优秀的人才，尤其是专业领域的高精尖人才。同时还要合理利用网络，积极与各方进行沟通与交流，加快发展的步伐。中国企业进行海外研发国际化的首要条件是建立一个强有力的全球管理团队。有了科学的管理体系，便成功了一半，缺乏科学的指导，失败是在所难免的。为了解决中国企业缺乏有经验的国际化人才的问题，中国企业可以采取组合战略，通过人才国际化培训、国际招聘和外部联盟来实现。设计一个有效的全球研发管理运营模式。全球治理和管理系统是决定跨国公司被管理和控制的关键，因此在全球范围内不同国家及母国进行有效运营是中国企业成功管理全球研发的重要手段。

2. 高强度的研发投入

研发投入是设计服务业发展的支撑，能保障各项事业顺利发展。从全球范围来看，美、日、德、法、英五国，是全球研发投入最多的国家，投入比例占全球的79%，是全球设计服务业的主要推动力[1]。

以美国为例，第二次世界大战以后，美国的科学技术百花齐放，无论是自然科学领域，还是工程技术领域，都处于世界领先地位。对科学研究的高度重视，不断加大科研投入是其取得成功的关键。近50年来，美国投入研发的经费一直占国内生产总值的2.2%~2.8%。充足的研发经费保证了美国的研发水平和实力。我国想要跟上发达国家的步伐就要加大经费投入，为研发事业提供可靠的物质保障。

3. 健全的政策法规

健全的政策法规是维护设计市场秩序的保障，有了秩序的保障，设计服务业才能有条不紊地发展，发达国家设计服务业的发展离不开其完善的法律法规体系。

在各行业中，根据实际情况，制定符合其自身要求的法律法规，一方面

---

[1] 郭雯：《设计服务业创新政策的国内外比较及启示》，《科研管理》2010年第5期。

要注重发布针对具体服务业,如平面设计、品牌设计、工业设计、环境设计等产业的具体政策;另一方面,对现有的政策法规要加以完善,更好地服务于市场,并适当地对其进行延展,促进设计服务与制造业的有效融合,共同提高设计服务业与制造业的创新能力与竞争水平。公众对设计服务本身的理解和设计重要性的认识不足,致使各国在"提高设计意识,促进本地和国际的影响"方面都制定了相应的政策。

(二)未来发展趋势

1. 海外研发投资显著增加

研发服务全球化已经成为世界经济一体化的另一重要趋势。跨国企业海外研发投资也逐渐增加。积极融入世界研发和技术的主流中,与世界先进的技术研发体系进行互动,参与全球竞争,在全球产业链中拓展和发展其空间。跨国公司的核心职能是研发活动,目前出现了国际化的趋势。2012年,全球记分牌企业研发投资仍高度集中在美国、欧盟和日本,其全球占比分别为35.2%、29.3%和18.9%,合计达到83.4%,但比2011年下降了1.6个百分点。

2. 研发设计服务业向发展中国家转移

依据联合国贸发会议的统计数据,金融危机之后,跨国投资恢复平稳增长,2010年,投资金额为1.12万亿美元,其中,发展中国家是主要的投资选择,东亚、南亚、东南亚地区吸引外资比上年增长18%,达到2750亿美元。当前世界国际资金流动主要有两个方向,一个是发达国家之间的相互投资,另一个是发达国家对发展中国家的单项投资,发展中国家有着巨大的市场需求,已经具备了跨国公司发展的基本要求,具有低成本优势的发展中国家得到了越来越多发达国家产业转移的机会。从地域分布看,企业研发活动轴心逐渐离开欧洲大陆,向北美、日本、韩国、中国和印度转移,发展中国家正成为研发投资的焦点。2005年,有315个海外直接投资研发项目落户南亚、东亚及东南亚,其中80%落户到中国和印度两个国家。据UNVTAD的调查,未来最具有吸引力的国家排名里,中、美、印分列前三位。

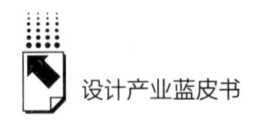

发展中国家经济发展逐步加快，消费市场也逐渐成熟，需求空间巨大。之前，发展中国家吸引外资的主要优势是低成本、低人工费用，但随着技术水平的提高，发展中国家的优势不仅仅局限于此，产业的开放，逐渐开始向高端产业延伸，越来越多的跨国企业开始在发展中国家开设研发基地、技术中心等，为跨国公司输入新鲜血液，也带动了发展中国家的经济发展。发展中国家吸引跨国投资加快了全球化进程，推动全球经济趋于多元化和多中心化。

参考文献

［1］王龙海、田斌：《苹果公司的创新文化模式》，《决策与信息》2011年第12期。

［2］杜琼：《美国"官产学研结合"的新动向及启示》，《中国经贸导刊》2014年第6期。

［3］雷蕾：《设计管理促进机构研究——以美国设计管理协会（DIM）为例》，南京艺术学院硕士学位论文，2013。

［4］刘慧、樊杰、李扬：《"美国2050"空间战略规划及启示》，《地理研究》2013年第1期。

［5］郭雯：《设计服务业创新政策的国内外比较及启示》，《科研管理》2010年第5期。

B.11
芬兰设计创新体系的演变及发展研究*

〔芬兰〕汉诺·凯霍宁 陈朝杰**

摘 要： 芬兰在经济和科技上的成就，得益于其长期在创新领域的投入以及在设计政策方面的成功实践。本文以芬兰在设计创新领域的政策支持为研究对象，从时间、经济和芬兰研究政策演进等层面来观察和研究芬兰设计创新体系的演进与发展。

关键词： 工业设计 设计促进 芬兰设计政策 国家创新体系

一 前言

芬兰地处欧洲大陆东北角，是一个斯堪的纳维亚国家，人口仅530万，面积33.8万平方公里。芬兰除了拥有非常丰富的森林资源外，其他资源都相对比较匮乏。因此在历史上，芬兰在相当长的一段时期，被视为欧洲偏远落后的贫困地区[①]。但是"二战"后芬兰由一个以发展林木加工、金属加工

---

* 基金项目：广东省引进创新科研团队"工业设计集成创新科研团队"阶段性成果（项目编号：2011G089）；教育部人文社科基金青年项目（项目编号：15YJC760004）阶段性成果。

** 汉诺·凯霍宁，芬兰创意设计公司总裁，广东工业大学艺术设计学院"百人计划"特聘教授、博士生导师，广东省引进"工业设计集成创新科研团队"带头人；陈朝杰，通讯作者，广东工业大学艺术设计学院教师、博士生，芬兰阿尔托大学艺术设计与建筑学院访问学者。

[①] 陈洁：《国家创新体系架构与运行机制研究——芬兰的启示与借鉴》，上海交通大学出版社，2010。

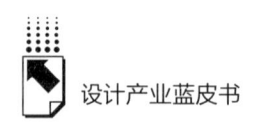

为主的二流经济国家，迅速成长为一个高新技术产业支撑的强国。芬兰经济在20世纪80年代之后更是以年均3.7%的速度持续增长，2014年，芬兰的国内生产总值达到2040亿欧元，在全球竞争力综合指数排行榜上名列第4[①]。芬兰取得的上述成功，得益于芬兰长期以来在创新领域的投入以及在设计创新政策方面的成功实践。

二 国家创新系统的成功实践及对设计政策的影响

（一）芬兰国家创新体系

1987年，英国学者Freeman在分析日本出色的经济表现和技术政策时首先提出"国家创新系统"，并被广泛传播开来。他把国家创新系统定义为"开展或共同开展新技术的创造、引进或扩散活动的公共或私有部门构成的网络体系"。[②] 20世纪90年代初面对苏联解体所带来的严重经济危机，芬兰政府决定创建国家创新体系，由此芬兰成为世界上第一批引入国家创新系统理论，并以此作为其技术和创新政策基础的国家。

芬兰的国家创新系统呈金字塔形的体系架构，位于国家创新系统顶层的是议会与内阁。议会代表国家提供可供创新系统支配的全部资源，而在内阁层面，科技政策委员会则发挥决策作用，教育部与贸易和工业部则主要负责科技与创新政策的形成、解析与描述。在政策的协调与指导机构中，芬兰国家研究与发展基金（Finnish National Fund of Research and Development，SITRA）和国家技术局（National Technology Agency，Tekes）则为教育科研机构、企业等研究创新执行机构提供研发方面的资助。而在区域层面，就业与经济发展中心（T&E center）在协调区域行动方面发挥了重要作用，而以技术科学园区为代表的科技产业园区、孵化器与就业与经济发展中心一起组

[①] Klaus Schwab. The Global Competitiveness Report 2014 – 2015 [R] Switzerland：World Economic Forum，2014，p. 13.
[②] C. 埃德奎斯特、L. 赫曼：《全球化、创新变迁与创新政策》，科学出版社，2012。

成了知识与技术转移的网络。而芬兰国内公私企业、金融机构内部及之间的网络联系则成为芬兰国家创新系统成功的关键因素（见图1）。

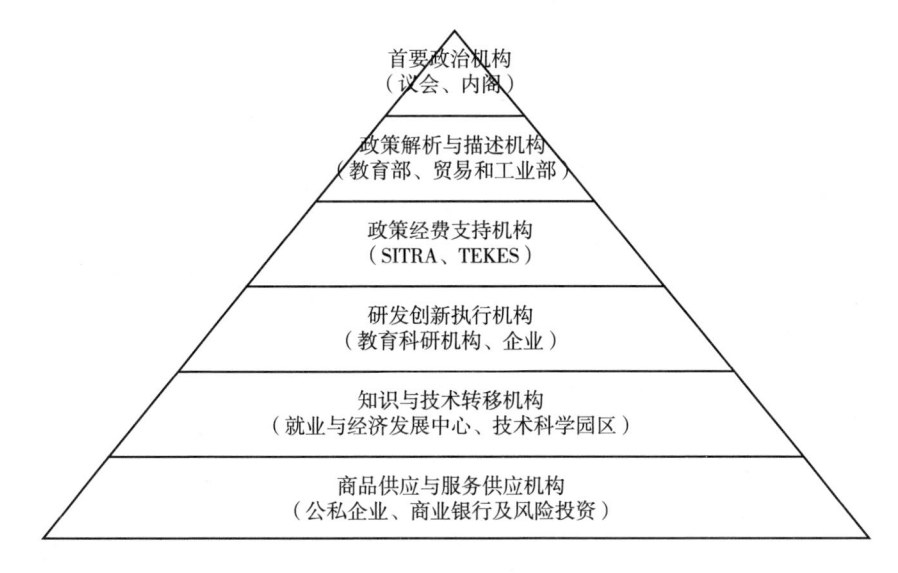

```
                    首要政治机构
                    （议会、内阁）

                  政策解析与描述机构
                （教育部、贸易和工业部）

                  政策经费支持机构
                  （SITRA、TEKES）

                  研发创新执行机构
                （教育科研机构、企业）

                  知识与技术转移机构
              （就业与经济发展中心、技术科学园区）

                商品供应与服务供应机构
            （公私企业、商业银行及风险投资）
```

图1　芬兰国家创新系统的系统层级

（二）国家创新系统的成功实践及对设计政策的影响

芬兰在国家创新系统上获得了空前成功，从20世纪90年代开始，芬兰的高新技术产业发展迅猛：1991～1996年的信息通信产业年均增长168.9%，高科技产品年均增长32%，在工业总产值中的比重由1991年的4%上升到1996年的11.5%[①]。芬兰国家创新体系的成功是芬兰政府下决心制定芬兰国家设计政策的主要原因。芬兰政府对通过政策之手加速设计的推广与发展并借此提高芬兰整体国际竞争力给予了高度重视，设计政策的制定在90年代中后期就进入国家议事日程。

---

① 周菲、王宁：《芬兰发展战略性新兴产业的经验与启示》，《对外经贸实务》2010年第2期。

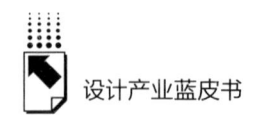

三 国家设计政策的演进与发展

（一）芬兰设计政策的演进

尽管芬兰像其他斯堪的纳维亚国家一样，设计的发展很大程度上依赖国家的支持，但从20世纪60年代末芬兰出现设计政策萌芽到90年代设计被纳入国家创新体系，再到90年代末颁布正式的国家设计政策，芬兰足足探索了30年。

（二）第一版设计政策：《设计2005》

（1）政策背景

20世纪90年代后期，芬兰国家研究发展基金会（SITRA），芬兰国家工艺委员会和芬兰艺术设计委员会，芬兰教育、研究、工业和政治方面的决策者等，从1997年开始筹备制定芬兰国家设计政策方案的五年计划，提出设计应该成为竞争力的主要因素和设计应成为国家创新体系的一部分。1998年10月，芬兰国家研究发展基金公布了以拜卡·高洛文玛教授为首的专家组撰写的《设计的优势报告Ⅰ-Ⅱ：设计、产业与国际竞争力》（the report Designd asset Ⅰ-Ⅱ. Design, Industry and International competitiveness），芬兰国家工艺委员会和芬兰艺术设计委员会也在1999年发布了以拜卡·萨雷拉（Pekka Saarela）为主撰写的研究报告。这份报告与之前SITRA颁布的报告共同成为芬兰设计政策的基础，2000年6月芬兰政府正式发布了第一版国家设计政策《设计2005》并很快被芬兰国会正式批准。

《设计2005》的颁布标志着在芬兰设计成为国家创新体系的一部分，正式进入国家最高层面，成为芬兰以创新驱动经济发展政策中的国家战略，该政策的出台也使芬兰成为世界上最早颁布实施国家设计政策的国家之一。

（2）政策主要内容

《设计2005》作为国际上较早从政府层面推动设计发展的政策纲要，它的"一个重要突破就是，它并不是单单从设计的文化维度来阐释设计，而是同时也从工业和经济的角度来分析设计"①，而"让工业设计成为国际竞争力的重要组成部分"则成为政策制定者重点考虑的内容。主要措施有：支持开发设计研究标准的制定；鼓励企业产品研发和经营战略中的设计研发；扶持本土设计公司的发展并增强其服务运作能力等；要求在教育和研究机构增加设计专业，并对芬兰不同类别的设计院校人才培养目标进行了明确分工等。这些措施后面透露的政策主旨是期待以设计高校为代表的研究群体、设计公司以及利用设计的企业等群体集合到一起：通过产生新的以科学为基础的服务来复兴设计，并通过开发设计技术增加需求。《设计2005》的政策执行框架如图2所示。

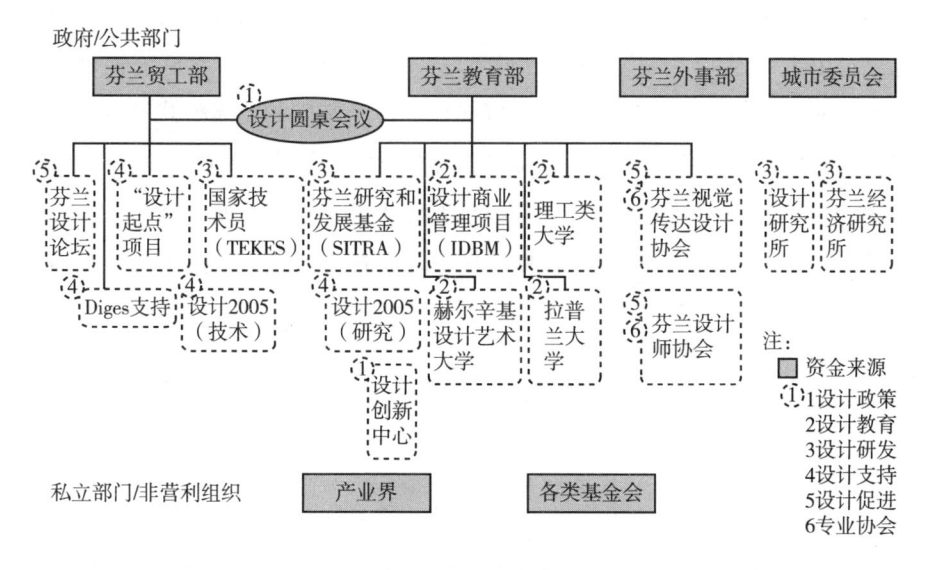

图2 《设计2005》政策执行框架

（3）政策执行成效

《设计2005》的出台及实施取得成功。它具有政策制定方面的创新性：

---

① Pekka Korvenmaa. Finnish Design a Concise History [M]. University of Art and Design Helsinki, 2009, pp. 309, 312.

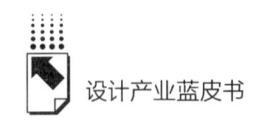

将"设计与工业、国家政策、文化及教育整合在一起的模式"——设计被纳入国家创新政策使之"拥有了决策层面的地位,而以前的设计是没有任何发言权的"。而且更在于该政策具有目标明确、权责分明的优势:纲要中明文规定了"其执行主体为芬兰教育部和贸易产业部",教育部、贸易产业部成为支持设计产业发展的主要资金来源机构,同时也是推动基金组织、专业协会、教育机构为设计产业提供支撑的主要机构,并发布政策引导支持设计产业发展[1]。更重要的是,诸多参与政策起草制定的专家、学者,充当了"既是教练员又是运动员的双重角色"——他们本身就是各自领域内的重要参与者,这也就不难理解为什么在政策颁布之后他们能够不遗余力地推动这份文件的实施。

在实施层面,在其实施执行的四年间,芬兰的设计发展取得令人瞩目的成就:由于《设计2005》的成功实施,芬兰经济发展已从严重依赖自然资源的产业发展模式向具有竞争力的以知识经济为基础的发展模式转变,其每年在高科技产业方面的研发投资居全欧洲首位,达到了其国民生产总值的3.5%。在90年代后期之后,芬兰也催生出一批诸如Nokia、Suunto、Metsopaper、Ponsse以及Polar这样的在国际上具有极高品牌影响力的高新企业。[2]

(三)2013年新设计政策的出台

(1) 政策背景

2011年赫尔辛基被国际工业设计协会(Icsid)批准为2012年世界设计之都之后,芬兰政府决心以此为契机将制定新版设计政策提上议事日程。以汉诺·凯霍宁为领导的芬兰创意设计公司(Creadesign oy)凭借其多年来在设计实践、设计管理方面的丰富经验,在由政府组织的关于新版设计政策的

---

[1] 郭雯、张宏云:《国家设计系统的对比研究及启示》,《科研管理》2012年第10期。
[2] Dahlman, C., Routti, J. & Yla - Antilla, P. (2006) Finland as a Knowledge Economy - Elements of Success & Lessons Learned, International Bank for Reconstruction & Development, USA.

公开招标中成功中标，负责新版国家设计政策的前期研究和政策起草工作。2012年，在芬兰就业与贸易部和芬兰教育与文化部的牵头下，成立了由来自政府、设计教育和设计产业的22位专家组成的政策制定委员会，该委员会以芬兰设计创意公司（Creadesign oy）提交的草案为基础开始政策的制定工作，在经过充分酝酿、广泛公开征求各界意见的基础上，2013年芬兰政府正式颁布了芬兰第二个国家设计政策《芬兰设计政策：战略与行动提案》（Design Finland Programme：Proposals for Strategy and Actions）。

（2）政策的主要目标与内容

新政策的主要目标是通过对设计的有效利用来提升芬兰的竞争力。政策的制定者认为，尽管芬兰的设计发展已经具备一个较高的水准，但现有的芬兰设计生态系统（现有的设计生态系统如图3所示）运行效率并不高，由于没有在战略目标上达成共识，尽管芬兰拥有各类促进设计发展的资源，但力量分散亟待整合。因此，在本次政策制定过程中，政策制定者与芬兰设计的利益相关人一起，对新政策战略目标进行了充分而广泛的讨论，并达成以下共识：基于对竞争力更为广泛的理解，即竞争力是芬兰全部经济要素总和，并以此为人民创造福祉。这些目标应包括：企业在激烈的全球化竞争中获得生存所必需的商业能力、提供用户良好的公共服务以及呵护芬兰洁净的自然环境。政策的制定者希望通过新版设计政策的制定，构建以芬兰设计中心网络（Finnish design center network）为中心，促进系统内各组成要素之间交流互动的全新的、充满活力的动态设计生态系统（动态的设计生态系统如图4所示）。

作为新政策的核心部分，芬兰设计中心网络由指导和执行两部分组成。芬兰就业与贸易部和芬兰教育与文化部通过经费投入加强对网络的指导。在政策执行中网络内的政策相关利益人通过各自的专业知识支持政府政策指导机构的工作。政策促进者，特别是芬兰设计论坛、芬兰设计师协会和芬兰视觉传达设计协会等通过接受公共经费来负责政策的执行工作。芬兰设计中心网络结构如图5所示。

芬兰新设计政策的政策愿景：到2020年，芬兰作为可持续、高品质产品和服务的供应者获得国际性的成功。届时芬兰设计将达到世界顶级水平，

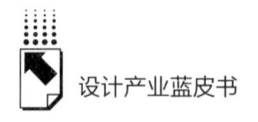

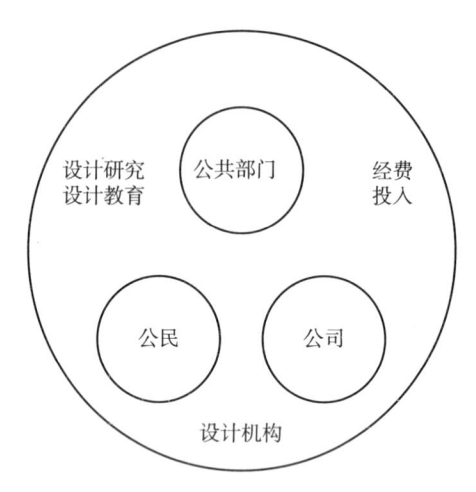

图 3 现有的设计生态系统

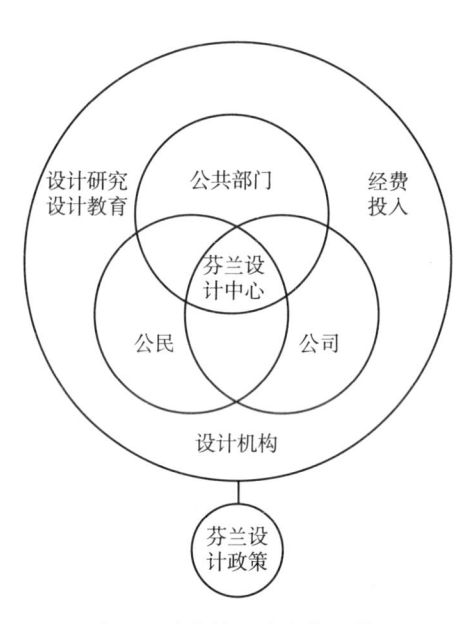

图 4 动态的设计生态系统

并以其强势的设计为芬兰人民带来福祉。优秀的设计将同建筑与艺术一样，在优化芬兰生活环境的美学品质方面贡献力量，并且设计将作为一种有价值的投资被广泛运用在商业和公共机构；未来商业领域内新的成功者将会从诸如试验方法、责任和对大自然回馈等理念中获得收益。

芬兰设计中心网络示意图：

- 指导机构
  - 芬兰就业与贸易部
  - 芬兰教育与文化部
  - 芬兰创新基金
  - 芬兰产业界联盟
  - 其他政府机构、基金及组织
- 政策加速器
- 政策促进者 | 政策传播者
- 政策顾问
- 芬兰设计师协会　芬兰设计论坛
- 芬兰视觉传达设计协会
- 其他组织
- 政策执行

设计服务的需求 ▶　◀ 设计服务的供应

图 5　芬兰设计中心网络

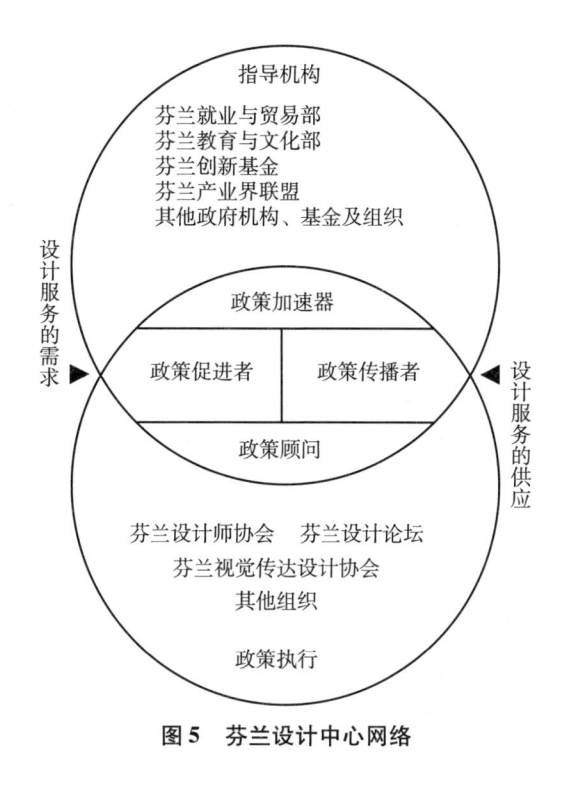

四　新政策颁布后的芬兰设计发展

尽管受全球金融危机及欧盟经济不景气的双重影响，近年来芬兰经济整体表现欠佳，但得益于不断更新和完善的国家设计政策的支持，芬兰设计产业从整体上仍然保持强劲的活力与国际竞争力。根据芬兰国家统计局的数据，截至 2012 年，芬兰拥有 7060 家各类设计机构，设计产业从业人员 22100 人，设计产业产值达到了 33.7 亿欧元。芬兰企业对设计重要性的认识大大提高，2013 年芬兰企业设计应用率为 31.1%。[①] 另据世界经济论坛颁布的《全球竞争力报告 2014~2015》：芬兰在欧洲国家研发强度和竞争力

---

① Ornamo. Report on the Finnish design sector and the sector's economic outlook 2013 [R]. Helsinki. 2014.

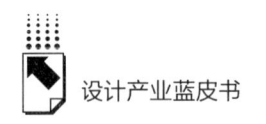

的排名位居第二、在全球创新能力排名第一。

另外，近年来芬兰在以电子游戏为代表的新兴设计领域内异军突起，特别是出品"愤怒的小鸟"的芬兰 Rovio 公司，以及出品"部落冲突"和"卡通农场"的 Supercell 公司更是让世界又重新认识了芬兰的创意设计。更重要的是，芬兰设计教育与设计研究的国际影响力在持续增强，久负盛名的芬兰阿尔托大学艺术设计与建筑学院更是在 2015 年 QS 世界顶级设计艺术高校排名中位居第 14。上述一切正如芬兰著名智库——芬兰经济研究所（ETLA）的研究顾问拜卡·于兰安提拉（Pekka Yla - Anttila）所认为的那样："只要芬兰创造诺基亚的知识与能力还存在，芬兰就有希望。"

五　结语

当前，在我国经济增长方式日益转变和自主创新紧迫性日趋增强的大背景下，我国的工业设计获得了长足发展。但是我国至今还缺乏国家层面的设计政策来确保设计产业更加良性与可持续性的发展。因此，尽管中芬国情不同，但芬兰在构建本国设计创新体系方面的成功经验，以及在设计驱动科技创新和经济变革方面的诸多举措，可以对我国当前正在进行的转变经济增长方式、加快工业领域的自主创新体系建设提供新的选择与路径，并为未来国家战略中纳入设计政策的可行性研究提供参考。在这层意义上，芬兰在设计政策方面的经验值得研究。

参考文献

[1] 陈洁：《国家创新体系架构与运行机制研究——芬兰的启示与借鉴》，上海交通大学出版社，2010。

[2] Klaus Schwab. The Global Competitiveness Report 2014 - 2015 [R] Switzerland：World Economic Forum，2014，p. 13.

［3］ C. 埃德奎斯特，L. 赫曼：《全球化、创新变迁与创新政策》，科学出版社，2012。

［4］ 周菲、王宁：《芬兰发展战略性新兴产业的经验与启示》，《对外经贸实务》2010 年第 2 期。

［5］ Pekka Korvenmaa. Finnish Design a Concise History ［M］, University of Art and Design Helsinki, 2009, pp. 309, 312.

［6］ 郭雯、张宏云：《国家设计系统的对比研究及启示》，《科研管理》2012 年第 10 期。

［7］ Dahlman, C., Routti, J. & Yla – Antilla, P. (2006) Finland as a Knowledge Economy – Elements of Success & Lessons Learned, International Bank for Reconstruction & Development, USA.

［8］ Ministry of employment and the economy of Finland, Design Finland Programme – Proposal for Strategy and actions ［S］ Lahti: Markprint, 2013, pp. 22 – 38.

［9］ Ornamo. Report on the Finnish design sector and the sector's economic outlook 2013 ［R］. Helsinki. 2014.

区域研究报告

Regional Research Report

B.12
长三角地区与珠三角地区工业设计特色发展研究

胡飞 周红石[*]

摘　要： 通过对沪苏浙三省市工业设计发展特色与经验的分析，发现其重视创新理念，通过有重点地整合各类资源，对接产业，培养、吸纳高端人才等措施为工业设计发展提供了良好的发展环境，夯实了长三角经济的龙头地位。广东作为国内最早改革开放的省份，至今仍未建立完善的针对工业设计的产业创新体系。因此，针对广东省的工业设计发展提出思考。

关键词： 工业设计　设计创新　产业创新

---

[*] 胡飞，博士，教授，广东工业大学艺术设计学院常务副院长，高级工业设计师，研究方向为用户研究与设计战略；周红石，硕士，高级工业设计师，广东省工业设计协会秘书长，研究方向为设计产业与管理。

一 长三角地区工业设计发展的基本情况

以沪、苏、浙三省市为代表的长三角地区文化积淀深厚，教育发达，对外开放程度高，现代制造业历史相对悠久，无论是作为文化创意产业还是作为现代服务业，工业设计有着较好的生存和发展土壤。上海历史上制造业的优势，使工业设计作为文化与科技的融合深入人心，其强大的教育资源结合高度国际化的城市环境，使得工业设计的发展具备了良好的发展基础；江南大学（前身为无锡轻工学院）是我国最早开设工业设计专业的院校之一，也是为包括江苏省在内的工业设计行业培养最多人才的院校之一；浙江大学诞生了两任高度重视工业设计专业建设的校长，路甬祥院士和潘云鹤院士，该校以计算机技术支撑工业设计的发展，近年更以"创新设计"理论参与国家创新战略的制定。

近年来，苏、浙两省因应制造业的强劲需求以及生产性服务业自身发展的需要，省委、省政府大力倡导发展工业设计，并以具体举措推动制造业的转型升级。上海市经济发展在"两头在沪"的战略格局下，狠抓"微笑曲线"的两端，使工业设计在辐射周边地区制造业需求的同时，也将其作为服务型经济的重要组成部分加以扶持，夯实了长三角经济的龙头地位，抢占了制造业产业链的高端。

二 沪苏浙三省市工业设计发展的特色与经验

（一）政府重视，部门协同

苏、浙、沪三省市对工业设计均在顶层设计的层面予以重视，产业统筹与规划体现为基础工作扎实，发展重点明确，政策措施到位。省市主要领导亲自协调与工业设计发展相关的部门，建立各职能部门的协同机制，分工明确，职能清晰，形成合力，相关产业政策得到较好的落实。

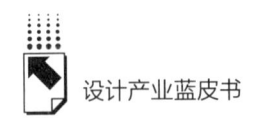

早在2010年，上海市即成立了文化创意产业推进领导小组和办公室，市委市政府主要领导担任组长，宣传、经信、发改、科技、财政等22个部门参与，研究编制了全市文化创意产业发展规划，将工业设计纳入十大重点发展领域之一。2014年，结合国家战略要求和本地实际，上海市出台《上海市设计之都建设三年行动计划》，大力推进设计产业发展，鼓励"设计+品牌""设计+科技""设计+文化"等新模式和新业态。其4个重点领域的第一项即为工业设计，此外，重点任务中8大工程和28个项目对工业设计领域也多有涉及。上海市在推进设计之都建设方面，除年度3亿元的政策扶持资金外，仅三年活动计划扶持设计产业的追加资金额就达4亿元。江苏省从自己的省情出发，开展制造业服务化案例研究并以省政府名义出台了相关意见，明确将工业设计定位为转型升级的重要抓手、产业融合的基本方向和产业化的必由之路。在开展省级工业设计中心和示范企业认定的同时，支持建立市级工业设计中心，支持以省区共建的形式在苏南、苏中和苏北建设5个工业设计园区。江苏省各项政策的落实，由省经信委经济运行局牵头，相关部门协同建立了联系机制，每年生产性服务业（涉及经信委部分职能，含工业设计）专项政府扶持资金额度已经超过1亿元。浙江省工业设计工作早期也是由省政府主要领导亲自挂帅，在工业设计政策制定、公共服务平台建设、扶持资金数量、产学研合作、相关产业融合、设计资源引进、专业人员评价等方面走在了全国的前列。全省财政每年安排1亿元专项资金用于工业设计的政策性扶持。得益于"设计市场"的建设与完善，浙江省工业设计在产业、学术和水平方面提升迅猛，在全国的影响力日益扩大。

特别需要指出的是，上述三省市各自在政府职能部门联席机制下，主管部门和统计部门建立了相应的工业设计指标体系和统计核算方法。

（二）夯实基础，理念先行

公共服务体系建设、生活环境体系建设和政策保障体系建设是产业创新的基础，也是产业创新体系建设的基础。

公共服务平台是推进产业研究、共性需求整合、服务产业融合的重要手段。江苏省业已建成5+2的公共服务体系，即深入到全省主要制造业集中区域的5个工业设计园区，以及服务中心和国际交流合作平台。浙江省在10个地级市建立了工业设计平台（中心），每个地级市每年扶持资金达1000万元；在省会，分别以浙江大学和浙江工业大学为核心建立了设计产业战略联盟和产学研服务平台，基于智库、共性技术研发与投入、信息和人才培训等方面为制造业和设计产业服务。上海市除了在全市各个文化创意园区聚集有工业设计企业外，在宝山专门设立了工业设计园区，目前正在实施公共服务平台体系建设、"上海设计产业基地"建设两项重点工程。

重视设计创新的理念，不仅仅是要建立在政府的决策层和执行层，更重要的是向自主创新的主体——企业转移，向全社会转移。例如位处浙江的中国美术学院，斥巨资全盘引进包豪斯时期（现代工业设计发源期）的代表作品建立属于自己的工业设计博物馆，可以理解为理念的引进、思想的引进，对未来在当地培育以工业设计为核心的创新文化有着不可估量的价值。

苏、浙、沪三省市注重设计的基础性研究，关注设计的相关性，关注新模式和新业态的形成，根据各自的特点提出发展战略，并构建相应的政策保障体系。例如前述的工业设计指标体系和统计核算方法的研究与实施，能够实时跟踪和分析发展动态，并作为政策强有力的支撑，也便于政府服务重点和工作重心的调整，还能通过纵向和横向的比较评估政策和战略的效能与效率。

（三）整合资源，重点突出

苏、浙、沪三省市在推进工业设计发展的过程中，重视有重点地整合各类资源。三地相继与工信部、文化部、科技部、中国工程院、中国工业设计协会在工业设计活动、引进课题、建设研究院和服务中心等方面展开合作，地方投入大笔资金支持国家级重大项目在本土的落地。

上海市自联合国教科文组织授予"设计之都"称号后，积极与全球设计之都网络城市互动，并在主要大学建成各类合作平台，如同济大学的中芬设计中心、中意设计中心，上海视觉艺术学院德稻设计学院签约全球上

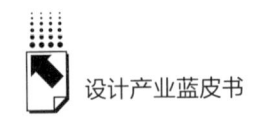

百名顶尖设计师参与设计专业教育，德国 IF 奖以及诸多跨国机构在沪设立办事处。浙江省在前面提及的设计产业战略联盟框架内，承接中国工程院重大研究课题"创新设计发展战略研究"，为国家创新战略的制定提供了依据；同时，浙江省将高校作为智库，也通过高校衔接各类资源，有重点地将中国美术学院打造成国家交流平台，将浙江大学打造成对接国家和国内各地的合作平台，将浙江工业大学打造成研究和服务平台。江苏重视省内各区域的协同发展，大量引进包括江苏及深圳地区的设计机构、投资者和园区运营商，向上建成对口国际和国家的"中国工业设计服务中心"和"江苏国际合作平台"，借力发展；向下衔接产业集群，调动它们大力发展工业设计的能动性。

（四）对接产业，树立标杆

对接产业，才能实现设计的价值，发展工业设计的主要目的在于以设计创新的力量推动制造业的转型升级。树立标杆并在宣传推广上为优秀的设计机构寻求更大的发展机会，苏、浙、沪三省市开展了有益的探索，取得了一定的成绩。

上海市由于城市的定位和"两头在沪"战略的实施，工业设计正在被作为创意产业的重要内容精心打造，其价值实现的产业对接主要体现在为长三角、全国乃至全球提供专业的服务。上海指南设计目前是西门子全球最大的设计服务提供者，上海木马设计以"设计立县"的理念服务各地特色产业、助力打造地方品牌，杨明洁设计在服务国内外企业的同时，投资建设了国内第一家私人设计博物馆。江苏省以本地企业的设计需求为引进的省外著名设计机构、设计师提供对接和可持续发展的机会，深圳灵狮、顺德同天等江苏省园区运营商为江苏带来了大量的设计师资源，政府通过牵线搭桥、开展活动、项目扶持、定期表彰（双十佳）等办法，使这些"外来户"迅速承担起设计对接产业的任务，一些佼佼者成为当地设计界耀眼的明星。浙江省发展工业设计，在大力推动本地设计机构与产业对接的同时，也注重引进外来的设计机构服务于本省企业，其中包括有"中国工业设计第一股"之称的杭州瑞德设计，宁波引进的"中国工业设计十佳机构"广州大业设计。前者扎实地与企业（方太）捆绑式合作，成功打造了中国厨房第一品牌，瑞德设计近年来更与中石化等企业合作，在全国的中石化网点和主要高速公路服务区提供专业化服务，产业对接跨出了省域；后者大业设计进驻宁波后，因服务当地企业所取得的优异成绩其负责人被授予荣誉市民等称号，宁波大业也继广州大业之后被中国工业设计协会授予年度十佳工业设计机构。

（五）吸纳人才，培育生态

江、浙、沪三地人文厚重，教育资源优越，经济的高速发展和创新生态的建设使设计人才在这里大量汇聚成为可能。东南大学、江南大学、南京艺术学院、浙江大学、中国美术学院、同济大学和上海交通大学前后获得工业设计领域博士学位培养点的资格，这与江苏至今尚未有一家高校获得此资格形成了较为鲜明的对比。高端学术型人才的培养，使得上述地区在学术理论、方法研究、人才梯次培养以及区域品牌打造等方面占据了高地。

不仅如此，上述院校积极开展对外设计交流合作，与国内外院校、企业和机构联手在实战型人才培养、服务产业乃至影响国家创新战略重大项目方面建立公共服务平台，取得了令人瞩目的成效。例如，由中国工程院牵头、浙江大学具体实施的"创新设计发展战略研究"，其主要观点和内容已被纳入《中国制造2025》；同济大学与芬兰、意大利等设计强国合作设立中芬设计中心、中意设计中心，以各类设计实战项目联合培养学生；中国美术学院斥资系统引进包豪斯时期设计代表作品并由此建设属于自己的设计博物馆，使设计资源的引进向更高层级的设计思想引进演变；德稻教育集团通过全方位引进全球顶级设计大师，在民办的上海视觉艺术学院以全新的培养方式开始培育我国新型的设计人才，迈出了设计教育改革可贵的一步。

强劲的设计需求、良好的文化氛围和优越的城市环境，三地对设计人才尤其是高端设计人才具有较强的吸引力。高学历团队、海归创业者、大学毕业生乃至海外设计师，对当地的生活、工作状态满意度高。上海劳动部门早

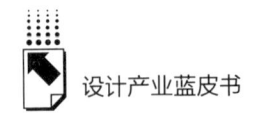

在十年前就已关注工业设计人员的能力评价问题,是我国最早在地方开展"产品造型师"技能资格鉴定的地区;浙江省于江苏省之后两年,经国家人社部批准试点实施工业设计职业资格制度(专业技术人员),工业设计从业人员经考核可认定为各级工业设计师资格,并由省人社厅和省经信委联合用印发证。

三 广东省工业设计发展的思考

广东作为国内最早改革开放的省份,工业设计的发展伴随着制造业的先动优势,其产业规模、从业人数和企业应用的比例均居全国首位。广州美术学院、广东工业大学等作为最早从海外导入现代设计理念和率先引进海外创新(设计)团队的省内高校,代表了广东并已成为我国设计教育不可忽视的一股力量。广东也是我国最早建立工业设计协会的省份,到目前为止,珠三角各城市除肇庆外均设立了地方工业设计协会组织。2015年,在广东省委省政府的高度重视下,在广东省经信委的正确领导下,广东在全国率先建立企业、产品和人才的评价制度(工业设计示范基地认定、"省长杯"大赛和工业设计职业资格全国试点),率先以粤港合作为基础打造珠三角设计走廊的战略空间布局,率先以省区共建的形式建设工业设计园区,率先召开全省范围工业设计现场会,广东的工业设计从企业的自觉向政府引导、企业主体、产业融合、各界发力的形势转变,取得了全国、全社会瞩目的成绩。

我国制造业为主体的经济发展正面临转型升级的巨大压力,新模式、新业态及其产生的新机遇,使我们面临新的挑战。在基础方面,广东至今仍然没有建立一套基于产业发展、被社会广泛认同的数据监测和指标统计体系;在协同方面,各地区、各领域、各部门各自为战,缺乏一个统筹、协调的机制;在公共服务方面,平台分散、效率低下,基础性研究、共性技术研究薄弱;在资源整合方面,国际化程度不高、鲜有国家级项目落地;在人才吸引力方面,城市及其软环境建设落后,导致高层次人才匮乏;在设计高等教育和职业教育方面,至今仍未有高校获得博士点资格,从业人员再学习的动力不足。上述问题，作为职能部门、行业组织和业内学者其实早有洞察，早在 2012 年由省人民政府办公厅发布的《关于促进我省设计产业发展的若干意见》中已有涉及。

因此，我们从重大项目、协调机制、指标体系、基础研究、基础平台、产业联盟、公共孵化器、设计师、国际交流与合作等方面提出了一些建议和措施，并被有关部门采纳。

B.13
京津冀设计产业发展研究

宋慰祖 巫 建*

摘 要： 京津冀协同发展已经上升为重大国家战略。2015年4月通过的《京津冀协同发展规划纲要》，标志着京津冀协同发展已从顶层设计阶段转为全面战略实施阶段。产业协同发展确定为京津冀协同发展三大任务之一。产业协同创新驱动发展，研发设计起到带头作用。集成科技文化、社会经济知识并创造满足使用者需求的商品和服务的创新方法依赖设计得以实现。京津冀三地发展定位明确、产业资源特色显著，为京津冀三地设计产业协同发展提供了有力的战略支撑和良好的发展契机。

关键词： 设计产业 京津冀发展 创新驱动

一 京津冀设计产业发展现状

党的十八大后，京津冀协同发展上升为重大国家战略。产业协同发展与

---

* 宋慰祖，工学学士，北京设计学会战略发展顾问、中国民主同盟北京市委专职副主委，工业设计高级工程师。研究方向：设计方法论和设计战略、产业政策；创意产业园区组织、规划、管理，设计奖规范、标准研究。巫建，设计学硕士，副教授，硕士研究生导师，北京印刷学院设计艺术学院工业设计专业副主任。主要研究方向为交互与服务设计、设计战略与管理，包括交互体验与服务设计、设计与商业整合创新、社会创新的设计介入和价值重构、设计产业研究。

交通一体化、生态环境建设一体化并列为京津冀协同发展三大近期任务。产业协同创新驱动发展是动力，研发设计是龙头，顶层规划是引领，平台支撑是基础，组织创新是保障。设计创新发展是文化创意产业发展和现代科学技术创新发展的重要内容，是实现由中国制造到中国创造、中国智造的经济转型升级的重要途径。2015年4月通过的《京津冀协同发展规划纲要》，标志着京津冀协同发展已从顶层设计阶段转为全面战略实施阶段，其中提出的加快破除体制机制障碍、推动要素市场一体化、构建京津冀协同发展的体制机制、加快公共服务一体化改革等一系列政策措施，为京津冀三地设计产业协同发展提供了有力的战略支撑和良好的发展契机。

（一）北京设计产业基本情况

1. 北京设计产业概况

北京市委、市政府多年来高度重视对企业中应用设计和设计产业的扶持培育。1995年北京市科委成立了北京工业设计促进会，组建了北京工业设计促进中心，实施了国内第一个支持工业设计应用的科技创新计划——"九五"北京工业设计示范工程，设计了联想第一款自主设计的家庭电脑——天琴计算机，应用至今的王致和品牌形象设计、百花蜂产品VI系统设计等。2001年北京市政府创建了中国第一个设计企业科技孵化器——北京时代创新设计企业孵化器，天图、立方等一批设计公司从这里成长起来。2004年全国第一个设计图书馆在原崇文区图书馆建立。2005年北京首批文化创意产业集聚区中的唯一工业设计集聚区——北京DRC工业设计创意产业基地开业。2006年在北京市政府的支持下，中国设计的"奥斯卡"奖——中国创新设计红星奖在北京创办，10年来全球30余个国家和国内28个省区市及港台地区的2000余家企业5万余件产品参评，近3000件优秀设计产品获奖。2007年北京市科委实施"设计创新提升计划"，以研发设计资金培育设计产业的创新能力和水平，提升企业应用设计水平，促进经济发展方式的转变。2009年北京市科委组织了设计专家进亦庄经济技术开发区、设计大师进通州、工业设计进顺义等活动，促进了设计产业与制造企业的对接,促进了设计在制造企业集聚区的应用。2009年10月由北京市政府、文化部、教育部等主办的"2009世界设计大会暨首届北京国际设计周"在北京举行,至今已举办六届,增强了北京大力发展文化创意产业和生产性服务业的影响力。2010年,北京市政府提出了北京设计产业发展的目标、路径与切入点,成为促进北京设计产业发展的指导方针。2012年北京顺利加入联合国教科文组织创意城市网络设计之都,成立了由市长为主任的北京"设计之都"协调推进委员会,市科委、市委宣传部、市发展改革委等15个相关部门联动,构建保障机制,制定并发布了《北京"设计之都"建设发展规划纲要》,全面推进"设计之都"建设。2013年,市科委会同市统计局建立北京市设计产业分类标准。2015年,北京设计学会成立。为提升我国设计学术理论水平,促进国际交流,汇聚专家资源建立设计智库奠定了基础。结合第三次经济普查数据,建立设计产业企业名录库。北京在发展设计产业、促进设计与相关产业融合创新发展方面居全国领先地位,已成为中国的设计首都,也成为全球关注的设计创新策源地。

北京设计产业基本统计数据见表1。

表1 北京设计产业基本统计数据

序号	内容	数据	说明
1	2014年北京设计产业收入	超1800亿元	已成为北京重要支柱性产业
2	2011~2014年收入年均增长	13.8%	快于第三产业年均增速2.2个百分点
3	设计产业机构数量	5万多家	其中规模以上企业6800多家
4	从业人员数量	120多万	居全国之首

2. 北京设计教育情况

截至2012年,北京市有关设计类院系专业的普通高校共119所,其中本科98所,高职高专21所。招生总数18559人,本科15430人,高职高专3129人。专业总数571个,本科481个,高职高专90个,具体数据见表2。代表性院校包括清华大学美术学院和建筑学院、中央美术学院设计学院和城市规划学院、北京理工大学设计与艺术学院、北京印刷学院艺术与设计学院、北京服装学院艺术设计学院和服装艺术与工程学院、北京师范大学艺术与传媒学院、中国传媒大学动画与数字艺术学院、中国人民大学艺术学院、中央民族大学美术学院、北京邮电大学数字媒体与艺术设计学院、北京航空航天大学新媒体艺术与设计学院、北京工业大学艺术设计学院和建筑学院、北京建筑大学建筑与城市规划学院、首都师范大学美术学院、北京科技大学机械工程学院工业设计系、北京林业大学艺术设计学院、北京工商大学艺术与传媒学院、北京城市学院艺术设计学院等院系，这些院系均开设有与设计相关的专业。

表2 京津冀三地院校设计专业开设统计

序号	专业	本科			高职高专		
		北京	天津	河北	北京	天津	河北
1	影视动漫设计	121	21	45	38	23	29
2	广告学	44	4	6	10	6	4
3	艺术设计	41	16	50	5	11	11
4	工业设计	32	11	23	2	3	18
5	环境艺术设计	32	5	7	6	11	11
6	服装设计及服装工程	30	8	12	4	2	6
7	建筑规划设计	27		30	5		17
8	平面设计	21	4	23		4	6
9	工艺及首饰设计	17		7	2	1	2
10	摄影	17	2	11	1		5
11	公共艺术设计	14		6	1		2
12	园林设计	7	3	15	3		9
13	其他	78	2	42	13	12	42

3. 北京设计产业有关政策

近年来北京设计产业发展路径逐步明确，发展模式日趋成熟，支持政策体系不断健全，发展环境持续优化。先后出台了《北京市文化创意产业分类标准》《北京市促进文化创意产业发展的若干政策》《北京市文化创意产业发展专项资金管理办法试行》《北京市文化创意产业集聚区认定和管理办法试行》《北京市促进设计产业发展的指导意见》《北京"设计之都"建设发展规划纲要》《北京市文化创意产业提升规划（2014~2020年）》《关于推进文化创意和设计服务与相关产业融合发展行动计划（2015~2020年）》《北京市文化创意产业功能区建设发展规划（2014~2020年）》《关于进一步加强金融支持小微企业发展的若干措施》（京政办发〔2014〕58号）以及《北京市人民政府　文化部关于加快国家对外文化贸易基地（北京）建设发展的意见》（京政发〔2014〕25号）、《北京技术创新行动计划（2014~2017年）》等一系列推动设计创意产业发展的宏观战略措施。研究制定并认真实施了与税收优惠、贷款贴息、信用担保有关的政策措施和支持影视动画、网络游戏等重点行业发展的实施办法及保障措施，有力推动了北京市设计产业集聚区与各行业快速融合发展。

（二）天津设计产业基本情况

1. 天津设计产业概况

天津市虽然暂未建立独立的设计产业统计体系，但近年来，设计产业规模显著扩大。全市设计文化创意产业统计数据见表3。产业结构中的设计服务、咨询策划、电信软件类增加值在创意产业中的比重分别为31%、21%和20%，成为支撑产业发展的主导力量。重构工业企业优势和挖掘再利用城市工业遗存及特色风貌建筑，延续城市文脉和彰显城市历史文化，一批特色鲜明的创意产业园区、集聚区相继复兴，创意产业集群化发展格局初步形成，创意产业园区发展迅猛。市区两级联动机制不断完善，推动力度不断加大，1992年天津市工业设计协会成立，至今已20余年。近年来创意产业协会、研究会、设计创新联盟、创客联盟等社会组织相继成立，全社会促进设计产业发展的工作格局初步形成。

表3　天津设计文化创意产业基本统计数据

序号	内容	数据	说明
1	设计文化创意产值	1070亿元	占全市GDP比重超过5%
2	设计文化创意产业增加值年均增速	22%	规模显著扩大
3	创意企业	近2万家	年均增速约13%

续表

序号	内容	数据	说明
4	从业人员	约30万人	年均增速约7%
5	产业结构	设计服务（31%）、咨询策划（21%）、电信软件类（20%）	成为支撑设计产业发展的主导力量

2. 天津设计教育情况

天津市有关设计类院系专业的普通高校共39所，其中本科院校21所，高职大专18所。招生总数8497人，本科5221人，高职大专3276人。专业总数149个，本科76个，高职高专73个，具体数据见表2。代表性院校包括天津美术学院、天津大学、天津师范大学美术与设计学院、天津理工大学艺术设计学院、天津科技大学艺术设计学院、天津工业大学工业设计系等院系，这些院系均开设有与设计相关的专业。

3. 天津设计产业有关政策

近年来，天津市不断加强对设计产业发展的战略部署，先后出台了《中共天津市委、天津市人民政府关于加快服务业发展的意见》（津党发〔2014〕8号）、《天津市关于推进文化和旅游融合发展的实施意见》（津党宣发〔2014〕19号）、市文化广播影视局发《天津市文化产业发展三年行动计划（2014~2016年）》、市科委发《天津市科技服务业发展三年行动计划（2014~2016年）》。天津市历年文化创意产业政策还包括《推动文化产业发展实施意见的通知》（津文指通〔2013〕2号），《关于鼓励和支持我市文化产业发展的实施意见》（津政办发〔2011〕52号），区委宣传部、人民银行塘沽中心支行、区财政局、区文广局发《滨海新区金融支持文化产业振兴与发展繁荣的实施意见》（2010年11月2日），天津市滨海新区委、区政府发《滨海新区加快文化产业发展的支持意见》，区委宣传部、区文广局、区发改委、区财政局发《关于鼓励和扶持动漫游戏产业发展的若干意见》（2012年12月21日），区委宣传部、区科委、区文广电局发《滨海新区关于加快推进文化和科技融合发展的实施意见》（2012年12月25日）等一系列与推动设计产业创新发展有关的政策措施。

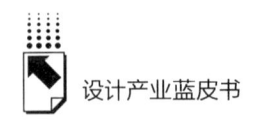

（三）河北设计产业基本情况

1. 河北设计产业概况

2011年12月5日，河北省工信厅签发了冀工信科〔2011〕475号《关于同意筹备成立河北省工业设计协会的批复》，批准同意筹备成立河北省工业设计协会，并作为协会的业务主管单位。2014年4月29日河北省民政厅下发了冀民许准字〔2014〕130号《关于准予成立河北省工业设计协会的决定书》，河北省工业设计协会正式成立。依据河北省政府办公厅《关于印发河北省工业设计奖管理办法的通知》办字〔2012〕114号要求，创办了河北省工业设计奖，截至2015年已举办两届。河北省设计产业尚未建立独立的社会统计系统。作为文化资源大省，河北省具有独特的人文历史资源和地理区位优势，拥有众多名牌艺术产品和丰富多彩的民间艺术文化产品等。河北省有各级设计院所344家。依据各地市的产业特点，石家庄工业设计、品牌设计公司较为集中，廊坊地区图文设计公司较多，还有辛集等皮衣、服装产地聚集了一批服装服饰设计公司和企业。河北省设计文化创意产业表现为以下特征：设计文化创意产业总量规模偏小，整体实力较弱，制造企业运用设计创新不足。从主要指标看，发展程度处于全国平均水平中低端。就整体而言，河北省设计文化创意产业的发展仍处于起步阶段，规模不是很大，产业结构有待调整。视觉传达设计具有一定的水平，涌现出了晏钧设计等一批创意设计公司以及廊坊市围绕印刷产业形成的一批平面设计工作室等。"两厢"（邯郸、邢台、沧州、衡水和承德、张家口）发展相对较慢。

2. 河北设计教育情况

河北省有关设计类院系专业的普通高校共94所，其中本科院校50所，高职高专44所。招生总数22276人，本科11393人，高职高专10883人。专业总数438个，本科276个，高职高专162个，具体数据见表2。代表性院校包括河北大学艺术学院和工艺美术学院、河北师范大学美术与设计学院、燕山大学艺术与设计学院和建筑工程与力学学院等院系，这些院系均开设有与设计相关的专业。

3. 河北设计产业有关政策

近几年河北省相继出台了《河北省人民政府关于推进文化创意和设计服务与相关产业融合发展的实施意见》《河北省人民政府关于加快金融改革发展的实施意见》《河北省文艺精品扶持奖励专项资金使用管理办法（试行）》《河北省文化人才专项资金管理暂行办法》《河北省省级文化产业发展引导资金使用管理办法》《河北省人民政府办公厅关于印发河北省工业设计奖管理办法的通知》（办字〔2012〕114号）等政策措施。

（四）京津冀设计协同创新初步启动

2014年8月，在天津滨海国际会展中心开幕的第五届中国（天津滨海）国际文化创意展交会开展首日，召开了京津冀三地文化领域协同发展战略框架协议签约暨项目对接洽谈会，就整合区域文化资源、提升区域文化发展的影响力和辐射力等达成共识。2014年，面对京津冀协同发展新机遇，北京市文化创意产业促进中心与天津市创意产业协会等单位联合发起成立了"京津冀文化创意产业集聚区发展联盟"。

在京津冀协同发展的大背景下，京津冀三地六家机构于2015年8月27日发起成立京津冀设计产业联盟，通过设计产业相关研究，搭建产业资源对接服务平台，举办产业合作、交流、交易活动，推动区域产业转型升级，提升区域产业竞争力及品牌影响力，实现京津冀设计产业协同和一体化发展目标。

2015年9月20日，以京津冀地区制造业升级转型为导向，以"产业链、创新链、服务链、资金链"四链融合为目标，组织成立了京津冀经济区创新设计产业联盟。

二 京津冀设计产业发展案例

京津冀设计产业发展向着产业融合、结构合理、领域全面、协同发展的方向快速有效推进。专业化的设计服务机构暨规模化设计院所、中小创意设

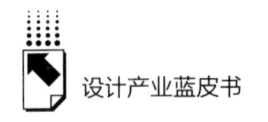

计公司、设计咨询企业和设计服务型制造企业及其构成的创新产业链体系正在成为主流。设计产业园区茁壮成长，尤其是领导型园区机构在三地之间的扩张、布局和连锁经营试水成功，为京津冀产业协同发展奠定了良好基础。

（一）设计服务机构

北京有中央和地方1100多家设计院所，其中拥有甲级资质设计院所150余家，规模设计院所255家。天津有甲级、乙级设计院所80余所。河北省有各级设计院所344家。京津冀三地还有数万家从事工业设计、建装设计、广告设计、服装设计、图文设计、工艺美术、数字艺术、软件设计、设计咨询的公司。如：北京的北建院、东道、洛可可、弘高装饰，天津的神界、迪特格工业产品设计，河北的晏钧设计、洛普工业设计等公司。

北京市建筑设计研究院（简称BIAD）成立于1949年，是与共和国同龄的大型国有建筑设计咨询机构；始终专注于建筑设计主业，逐渐形成了"建筑服务社会，设计创造价值"的企业核心理念，是国家高新技术企业，北京市设计创新中心；拥有中国工程院院士1位，国家级勘察设计大师9位，国务院特殊津贴专家73位，国家"千人计划"1位，北京市突出贡献专家12位，北京市百千万人才3位；在4000多名员工中，取得高级职称人员620名，具有国家相关执业注册资格人员836人次，拥有博士36名，硕士995名，留学归国人员86名；在全国各地设有13家分支机构，拥有全资和控股公司14家，参股公司9家，并与清华大学、中央美术学院等国内多家知名大学开展了合作办学。

LKK洛可可2004年成立后，迅速发展成为中国工业设计领域第一品牌的国际创新设计集团。十年间，洛可可成立了22家子公司，总部位于北京，形成了洛可可创新设计集团2B业务板块、洛可可55度智慧生活（科技2C）版块、LKK文创（文化2C）版块。2012年年收入达4000万元，2014年收入超3亿元。是国内获奖最多的创新设计公司，累计超过190个国内外奖项，其中包括德国红点奖16项、德国IF奖6项、美国IDEA奖7项、中国红星奖52项等。

北京东道形象设计制作有限公司成立于20世纪90年代，至今已发展成为中国最具规模和影响力的综合性品牌战略咨询和设计公司。东道总部在北京，拥有700多名员工和由24个国际联盟合作伙伴组成的全球跨领域合作网络，拥有从品牌研究、视觉设计、产品造型到空间规划的顶尖力量，强强联手，为客户创造了世界领先的品牌价值。

弘高公司1993年成立，2014年上市，为中国建筑设计第一股（股票代码002504），致力于创建中国大建设行业资源整合平台，形成设计创新产业生态协同服务能力。携手全国优秀设计企业，协同创新，共建弘高设计品牌。弘高拥有优秀的设计团队，优化的设计流程和施工管理流程，品类丰富、管理科学的材料集采平台，便捷高效的客户服务体系。作为国家高新技术企业，公司拥有多项实用新型专利及工程技术科技创新成果，施工项目多次获鲁班奖、全国优质工程奖、建筑长城杯金质奖等工程奖项。弘高创意设计产业园立志打造成为行业标杆，借助开放的互联网平台快速实现从北京到京津冀乃至全国的快速复制。

河北晏钧设计机构始创于1994年，拥有21年品牌设计与咨询经验，获得400余项国内外专业奖项，为超过1000家企业和机构提供品牌形象识别解决方案与品牌设计咨询，为行业龙头企业和成长型企业提供有效的品牌创建与升级服务。获北京2008年奥运会会徽设计十大优秀奖、中英"2008~2012共同梦想"招贴设计大赛一等奖、2010年广州亚运会会徽十佳设计奖、2011年中国之星设计艺术大奖最佳设计奖、2013年第七届北京国际商标标志双年奖、2013年中国之星设计艺术大奖，2013年晏钧设计机构入选《河北文化企业名典》。

（二）设计产业园区

建设优质高效的专业设计产业集聚园区是快速发展区域设计产业的有效途径。在设计产业园区建设上，京津冀三地以北京市数量最多、水平最高、效果最为显著，最具有典型性特点。天津设计产业园区建设逐步加速。河北省则重在承接设计产品转化园区的建设，以适应京津冀产业协同发展的布局

需求。

自1997年起尚8文化集团就探索性尝试以工业遗存资源为载体,发展文化创意产业集聚区项目。已在京打造了十个如尚8国际广告园、尚8里文创园、尚8人文创意产业园、营8号国际文创基地、艺术8——中欧艺文之家、尚8设计家、尚8西城区设计园、尚8东区孵化园等城市地标型项目,总经营面积达40万平方米,服务于500家国内外文创企业,经营规模200余亿元,上缴税收15亿元。2014年尚8将产业园区开发到天津,在天津理工大学原校址建立尚8-263产业园。

天津意库创意产业园总占地面积3万平方米,建筑面积2.5万平方米,浓缩呈现了新中国成立以来天津城市和工业文明的发展历程和文脉遗存,形成以文化为内容、以科技为载体、以创意为核心的创意产业发展模式,集中发展以城市空间设计为主导定位的产业链。天津6号院创意产业园因位于和平区台儿庄路6号而得名,曾为英国怡和洋行的仓库,始建于1921年,总面积1万平方米。自2000年开始,艺术家在此集聚,逐步实现了从传统服务业向创意产业的转型,动漫、设计、艺术成为园区的三大业态。目前园区已入驻创意企业30多家,入住率95%。

河北省文化创意产业园位于唐山市文化创意产业带核心区,占地403亩,计划投资10亿元,建筑面积20万平方米。围绕当地特色文化历史资源打造设计文化创意中心。河北文化创意产业园以"高起点规划、高标准建设"为标准,合理布局,注重特色,规划建设陶瓷文化创意、艺术创作展示、工业设计研发三个区域。

(三)设计服务型制造业

设计服务型制造业,是以设计创新来不断带动、提升制造的创新附加值水平,兼有生产制造销售产品能力的企业。全球重点发展的是设计创新驱动的制造业转型,由过去以加工制造为核心转变为以设计创意为核心,以设计为龙头,带动整个制造业转型发展。从全球来讲,目前无论是英、美还是德国、意大利、日本、韩国,单独的设计公司越来越少,设计越来越内化为企业自身的行为。从早期聘请外部独立的设计公司进行设计，发展到全面创新驱动战略阶段，设计与产业进行深度融合。《中国制造2025》、"德国工业4.0"、"英国再造工业计划"、"美国工业再造计划"等国家战略，都是用设计引领制造，依托互联网、信息化、大数据、机器人、3D打印技术来提升改变制造业，使之成为设计服务型制造业。

联想集团是全球消费、商用以及企业级创新科技的领导者，一直以工业设计作为企业发展的驱动力。20世纪90年代中期就成立了联想创新设计中心，全面掌控联想集团产品工业设计战略的制定、全线消费产品的设计开发和推广、品牌策略规划。其先进的多专业协同创新模式具有很强的市场竞争力，国际化团队由80余位设计精英组成，横跨十余个专业，并由14个创新实验室跨专业、综合协同运作。业务研究范畴涉及用户研究、产品规划、产品设计、结构设计、平面设计、交互设计、原型设计、同步制造、模具工程、材料工程、项目管理、品牌策略等多个领域。同时通过设计推动中国文化和东方文化的传播，参与并引导全球创意潮流，具有全球视野和一流原创精神，几乎囊括全球所有著名设计奖励。

小米公司2010年4月成立，是一家专注于高端智能手机、互联网电视及智能家居、智能硬件产业生态链建设的整合创新型科技企业。小米负责品牌、设计、研发、营销和市场，富士康、闻泰、宏达电等厂商代工制造。小米用互联网模式做手机，颠覆了传统工业思维下的企业游戏规则和成本结构，重构了移动互联网时代的制造业和价值链，通过"粉丝"经济和扁平化运作，主动邀请顾客参与到从创意、设计、生产、销售到产品迭代更新的整个价值链创造中来。

幻响神州（北京）2006年成立，是一家以工业设计、技术创新为主的高新技术企业，集创意设计、研发、生产、销售和服务为一体，目标是做中国最有创意的数码产品厂商，近期已经实现挂牌新三板（股票代码836658）。一直以设计工业创意产品服务消费市场为己任，产品定位为——创新、实用、创意、新奇。自始至终坚持自主创新设计，持续研发拥有自主知识产权的数码电子消费产品和核心技术。产品涵盖共振音箱、便携音箱、

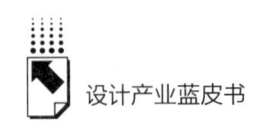

移动电源、耳机蓝牙、空气净化器、智能穿戴设备、物联网应用技术平台等领域。幻响神州的产品已获5个中国设计"红星奖"、3个台湾"金点奖",2015年获德国设计"红点奖"。

京津冀协同发展,正在培育更多的设计服务型制造业产业链。中航集团的决策部门和设计院在北京,大飞机、直升机高端制造落户天津滨海新区。北京汉王科技和北京白菊集团均采用总部、设计、市场等留在北京,生产基地迁址河北周边地区的模式。德国奔驰在北京经济技术开发区落户,但为奔驰配套的德资企业维倚特公司落户在30公里以外的廊坊市汽车零部件产业园。

(四)设计业社会组织

在京津冀三地政府大力支持和组织引导下,三省市普遍建立了升级设计产业或与设计产业发展相关的设计行业促进协会型社会组织。北京的相关社会组织包括:北京设计学会、北京工业设计促进会、北京光华设计基金会、中关村工业设计企业协会、首都文化产业协会;天津包括:天津市工业设计协会、天津市创意产业协会、天津市文化产业协会设计产业分会、天津市设计学学会等;河北则包括:河北省工业设计协会、河北省工业设计产业联盟、河北省文化产业协会等相关社会组织。三地设计产业协同创新社会组织包括:京津冀文化创意产业集聚区发展联盟、京津冀经济区创新设计产业联盟等。这些社会组织上与政府沟通,下连设计产业和专业人员,积极开展各型各类活动,对区域设计产业发展和设计水平能力提升、政府科学决策起到了重要的推动作用。北京设计学会的专家学者基于多年的研究,提出了设计的定义:设计是人类集成应用科学技术、文化艺术、社会经济等知识要素,创造满足使用者需求的商品和服务的创新方法。学会还分析了设计创意产业园发展的特点,制定了设计创意类产业园区建设的"八大要素":一为专业化的运营团队;二为有特色的孵化空间;三为设计要素交易市场;四为人才培训与交流中心;五为公共基础技术平台;六为知识产权和法律、金融服务机构;七为展示、宣传体系;八为生活服务系统。这些都极大地弥补了我国设计理论指导性的不足,在国际上也产生了一定的影响。

（五）设计交易平台

近年来京津冀区域设计交易增长迅猛，国际交流、国际合作成果丰硕，设计输出、设计交易成为北京市对外贸易发展新空间和增长亮点。加强知识产权保护是保障设计产业生存和发展的关键，是设计产业发展壮大的强有力保护伞。目前我国知识产权的保护工作还存在产权意识不强、立法保护体系不健全、行政保护体系有待完善等问题，这在很大程度上制约了我国设计产业的发展。

近年来北京在设计交易方面开展了一些积极的探索，筹建中国设计交易市场、研究创新服务电子商务交易平台、在北京国际设计周举办设计交易展等。建立京津冀设计要素交易平台，健全与金融机构合作的投融资平台、公共技术服务平台以及促进国内外文化产业交流的平台。进一步建设"公共数据平台""产品评测平台""商贸展示平台"。加大金融服务支持力度，建立健全适应设计要素交易的电子商务发展的多元化、多渠道投融资机制。

三 京津冀设计产业发展趋势

（一）构建布局合理、结构优化的设计产业链

在充分考量三地各自比较优势的基础上，在京津冀全面协同发展的大背景下，综合筹划京津冀设计产业布局。从三地设计产业和制造产业的历史和现实情况来看，构建基于各自比较优势的京津冀一体化设计产业链是发展方向。北京本身就是设计之都，能够提供源源不断的产业和工业制造等多种行业的前端、上游设计创新，其上游和前端建在北京，而生产加工制造业部分基本外移。天津作为研发创新基地，将更多地承担中试转化、高端精密制造与建立国际市场平台。而河北省基于自身的资源优势，逐步建立现代智能化生产制造体系，提高承接高端化、个性化、定制化的设计产品加工制造能力。破解当前三地发展中难于逾越的资源短板问题，形成优势互补。据此，

今后设计服务型制造业在京津冀的产业链大体布局应该是：以区域联动、互动协作创建设计服务型制造业产业链。大体形成北京"服务"，天津"窗口"，河北"制造"的格局，培育中国乃至世界的创新高地。

（二）确立创新驱动的设计产业发展方向

设计创意产业已成为一个无边界、融入各行各业，带动各领域创新发展的有生力量，在经济结构调整中的重要作用日益显现。推动一、二、三产业相互融合，都市产业内部各行业间相互促进，同时，各种社会产业全面升级、设计服务业市场的竞争不断加剧，形成了严重的倒逼形势。

实现创新驱动应是以科技创新为基础支撑，以文化引领创新方向，以"设计思维方法介入产业价值重构实现创新引领转型发展"为主线，实施多要素联动协同发展战略，坚持更加专业化、市场化、国际化的方式延展设计产业链、丰富生态链，构筑推进设计与相关产业融合发展。要以设计为龙头"吸附"、"衍生"、"跨界"、"派生"其他新兴业态，实现区域内多业态多城市的"跨界融合"，通过创新设计带动产业发展和城市、乡村、区域建设，要关注设计与城乡一体化、数字内容、旅游、体育、文化、会展业的对接融合，为京津冀设计产业做大规模、发展高端、打造品牌实现创新发展提供广阔的市场空间，将京津冀地区打造成为充满创新活力和生活气息的人文荟萃、经济领先、城市文明高度繁荣的世界级城市带。

（三）依托"互联网＋"，打造协同创新优良产业生态

随着信息化、智能化新时代来临，人工智能、物联网、大数据、云计算、3D打印等新技术在给人们带来快捷便利的同时，也对设计创新和产业发展提出了更高标准的要求。"互联网＋"时代的设计产业发展必须坚持创新驱动的根本方向。新兴设计文化资源利用新的商业模式快速传播，建立品牌和口碑效应，把互联网和传统行业结合起来，由此衍生出依托"互联网＋"的设计产业生态链。京津冀设计产业体系，是基于京津冀一体化的功能，以创意人才的创造力为核心，凸显创意性、文化性、娱乐性特征的创意产业集群，在

产业融合发展中涌现的具有创意性的设计服务型产业链业态。强化协同创新支撑，以省市级重点设计创意园区和共建园区为依托，推动建设跨三地设计协同创新平台，支持开展协同联合，打造"政产学研用资"紧密协同的设计创新链条，构建分工合理、互通共生的创新发展格局。

依托"互联网＋"，建设设计产业生态链。紧密结合京津冀协同发展的重大国家战略，以创新驱动为导向，按照互补的原则和"创新链、产业链、服务链、资金链"四链融合的目标，以"互联网＋"、大数据、物联网的思维模式，推动参与实施国家创新设计发展战略，在传统制造业、战略性新兴产业、现代服务业等重点领域开展创新设计，并加强设计领域共性基础技术研究。积极占据全国产业高端，结合本地实际特点来制定长远战略规划，依托地域特色加强规划、促进设计产业相对集聚，提升产业综合竞争力，打造一批以设计为龙头，产业链纵深长、业态层次多和竞争力强的设计服务型产业生态链，提高经济可持续发展能力。

（四）实施设计产业"走出去"战略

全球新一轮科技革命和产业变革与我国经济发展方式转变正在历史性交汇，国内外经济环境和需求结构深刻调整，国际产业分工合作体系加速重塑，随着工业4.0的推进，全球制造业版图正处于深度重构之中。借助这一历史性机遇，充分发挥设计企业市场主体作用，借助"互联网＋"网络平台，开辟新的商业渠道，努力在"一带一路"沿线国家和地区，率先发起制定新的国际设计标准规则。配合"一带一路"、《中国制造2025》等战略规划和新一轮高水平对外开放决策部署，加快构建和实施设计产业"走出去"战略，从内外两个层面整体设计创新融合转型升级和参与国际竞争。

设计产业产值不断增长，外部环境持续转好，内生驱动力量逐步走强。向好的政策驱动加上企业自身的成长，设计产业在融资领域必将引领企业上市风潮，并将不断做大做强。一方面以京津冀为腹地，辐射华北、东北、西北等北方地区直至全中国。同时，利用北京国际交往中心的定位和联合国创意城市网络设计之都的概念，推出面向发展中国家、新兴市场出口创新驱动

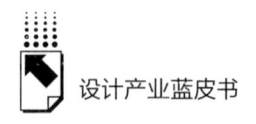

的设计产品与服务,推动创新创意资本、技术、标准的输出。进一步深化与扩大国际经贸合作,倒逼国内产业优化、转型、升级。鼓励设计企业设立海外研发机构,利用全球智力资源,加强新一代信息技术和创新研发,促进企业不断革新技术、提高质量和服务水平,推动设计产业持续转型升级,提升在全球产业链和价值链中的地位,最终实现从设计产品输出向设计产业输出的提升。

参考文献

[1] 李君艳:《促进京津冀区域协同发展策略探究》,《现代经济信息》2014年第15期。

[2] 中国民主同盟北京市委员会:《借世界设计大会影响力加速首都设计产业发展》,《北京观察》2010年第2期。

[3] 柯维:《创意设计发力 释放消费潜能》,《科技日报》2015年10月15日。

[4] 张世君:《北京市文化创意产业政策的法制化问题》,《新视野》2014年第5期。

[5] 荔小珂:《促进北京市文化创意产业发展的财税政策研究》,首都经贸大学硕士学位论文,2012。

[6] 张艳君:《天津市文化创意产业园发展现状——6号院创意产业园调研报告》,《青年文学家》2015年第2期。

[7] 闫乐薇:《天津创意产业政策体系优化研究》,天津理工大学硕士学位论文,2014。

[8] 贾东诚、荆爱珍、张寿明:《河北省文化创意产业现状及发展战略研究》,《河北师范大学学报》(哲学社会科学版)2011年第4期。

[9] 侯志刚、郑海珍:《区域性文化创意产业现状及其发展路径——以河北省文化创意产业为例》,《人民论坛》2014年第35期。

[10] 边丽娜、商钊敏:《京津冀协同发展的制约因素及对策研究——基于河北省视角》,《产业与科技论坛》2014年第12期。

[11] 《京津冀文化产业发展联盟将成立》,《京华时报》2015年9月20日,http://news.xinhuanet.com/finance/2015-09/20/c_128248526.htm。

[12] 《京津冀设计产业联盟成立》,河北新闻网,2015年9月29日,http://www.ii.gov.cn/html/news/snxw/2015-09/32918.html。

[13]《京津冀经济区创新设计产业联盟成立 创新设计论坛成功举办》,设计在线,2015年9月21日,http://m.dolcn.com/archives/8503。
[14]侯妍妍、李荣菊:《传统文化与创意产业融合发展对策探析》,《群文天地》2011年第8期。
[15]王娟:《北京文化创意产业发展研究》,北京工商大学硕士学位论文,2008。
[16]李鑫:《北京文化创意产业聚集区空间分布特征及其影响因素研究》,中南大学硕士学位论文,2013。
[17]田冬梅:《都市创意产业园规划与评价研究》,天津商业大学硕士学位论文,2010。
[18]俞剑光:《文化创意产业区与城市空间互动发展研究》,天津大学硕士学位论文,2013。
[19]张胜冰:《创意产业与文化产业的边界及中国的运作模式——兼论中国创意产业发展中的政府思维》,《思想战线》2010年第3期。
[20]刘晖:《以设计产业为着力点推动科技文化融合发展》,《中国科技奖励》2015年第1期。
[21]侯亚娟:《工业设计对企业产品创新的影响》,南京理工大学硕士学位论文,2012。
[22]李文月、王阳:《京津冀文化创意产业协同创新的现状与对策》,《新闻研究导刊》2015年第1期。
[23]杨洁、王艳、刘晓:《京津冀区域产业协同发展路径探析》,《价值工程》2009年第4期。
[24]李克强:《催生新的动能 实现发展升级》,《求是》2015年10月。
[25]刘利华:《构筑中国制造走出去的新优势》,《求是》2015年10月。

B.14
香港设计服务业发展状况

刘曦卉*

摘　要： 作为世界上最自由的经济体系，香港拥有国际视野，尊重传统和文化。这也给予设计界一个独特的优势，设计成为品牌建设、创新、市场营销和传讯产品及服务的重要元素。为了培育设计服务业，多样化的设计组织机构也已建立并开展协作。

关键词： 香港　设计服务业　品牌多样化

香港既拥有国际视野，又尊重传统和文化，作为世界上最自由的经济体系，拥有充满活力并富有国际化的设计团体和企业。也正因为这样，香港的设计师才能在不同商业领域中享有国际声誉：时装、珠宝、动漫、汽车设计和产品设计及服务等。这些都能凸显香港的复杂性、多元文化、配套制度和环境，从而刺激本地设计界的生命力。香港正发展成为区内的设计中心，而香港的设计业也是增长最快的行业之一。2013年，设计领域的增加值为37亿元，占文化及创意产业总增加值的3.5%。设计领域的就业人数为15120人，占文化及创意产业总就业人数的7.3%。

---

* 刘曦卉，香港理工大学设计学院助理教授、哲学博士，专注于设计战略、设计与价值创造、设计与商业等领域的研究。

一 香港设计服务业总体概览

香港的设计产业是作为其文化创意产业的重要组成部分而存在的,其标准的分类为:

- 建筑设计服务
- 城市规划和城市设计活动
- 室内及家具设计服务
- 多媒体、视觉及平面设计活动
- 时装设计服务(包括饰品)
- 工业设计服务
- 专业设计活动,不另设分类创新设计政策、规划及发展重点

香港设计中心于2011年发表的报告指出,香港的设计服务公司大部分从事多媒体、视觉及平面设计活动(占35%),其次是室内及家具设计(32%)以及工业设计(11%)。香港设计中心,由香港设计师协会、特许设计师协会、香港室内设计师协会及香港时装设计师协会4个组织共同成立,旨在推广设计的增值功能,以及提升香港作为创新及创意中心的形象。香港设计中心对推动创新中心(InnoCentre)的发展贡献较多。香港设计中心每年在香港举办"设计营商周"(BODW),活动包括会议、论坛、颁奖礼、展览等活动。通过以下数据和图表,能够对香港的设计发展有一个全面的了解。

按照主要设计学科类别所划分的各个设计服务种类,通过其已成立的设计公司数量,可以对整个设计服务产业的总量进行一个概括。总体而言,设计公司的数量在逐年增加,且行业的附加价值也在快速增长。最新的统计数据显示,截至2013年底,设计产业的增加值为37.11亿港元,设计产业就业人数达到1.5万人(见图1、图2)。

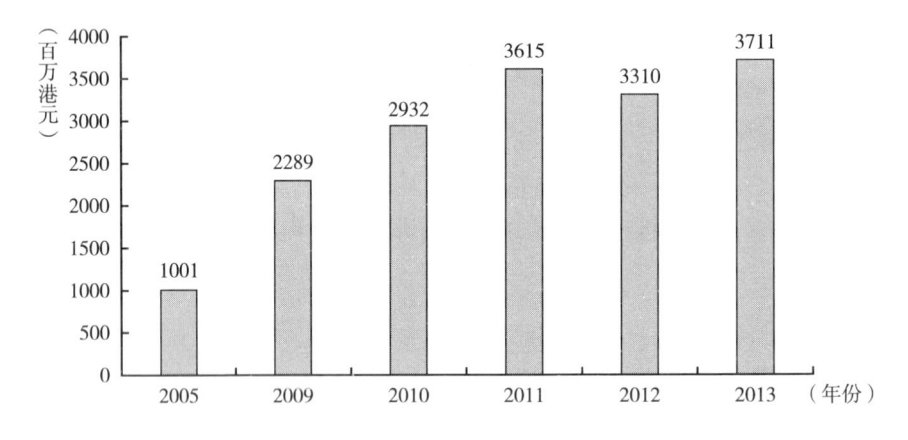

图1 设计产业的增加值

注：数据来自香港特区政府统计处。

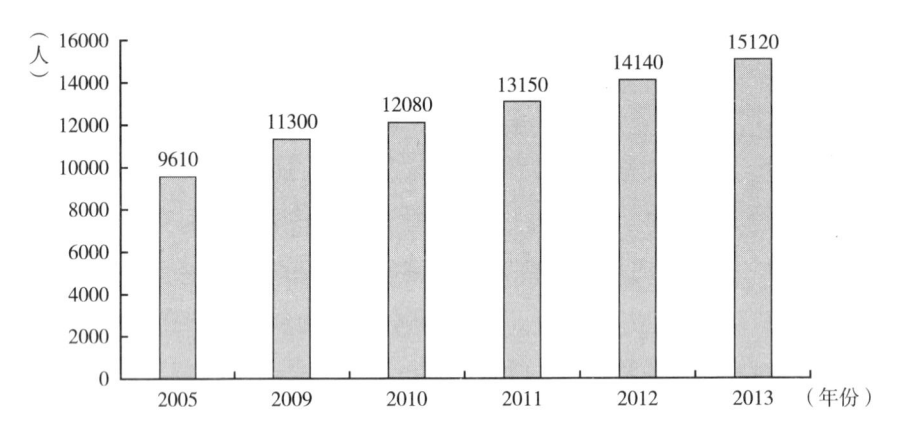

图2 设计产业的就业人数

注：数据来自香港特区政府统计处。

二 设计服务业发展外部环境

在设计发展的外部环境上，香港也致力于创造一个多元化的设计发展空间。在知识产权保护上，注册商标等专利项数也在逐步增加。而企业开业所需的时间、成本和手续也在日益简化。大部分香港设计师都有过向海外机构输出服务，所输出的服务内容不同的设计行业也有所不同。

（一）设计服务业发展及市场前景

随着中国内地市场日益兴旺，企业对香港高档设计服务的需求亦不断上升。香港设计师提供的服务既达到国际设计水平，亦能兼顾中国传统特色，满足市场对优质创意服务的需求。香港设计师在这些行业具有相当多的经验，并与海外公司保持紧密的合作关系。他们清楚了解海外市场的需要，凭着本身的国际见识设计产品，并协助香港公司在原件制造（OEM）的基础上，拓展原创设计（ODM）及/或原创品牌（OBM）业务。随着中国内地市场渐趋成熟，越来越多的内地企业在致力于本土市场竞争的同时，亦积极开拓国际市场。香港素有亚洲时尚都会及设计枢纽的美誉，是内地企业寻求卓越设计、品牌创建及市场推广服务的首选供应地。自2006年1月起，中国内地已根据CEPA的优惠安排，对来自香港的进口货物实施零关税政策。截至2014年12月，共有1700多种产品列入零关税清单。香港制造商对内地出口的货品，只要符合CEPA的原产地规则，便可申请零关税待遇。这项措施可促进香港对产品设计等高增值工序的需求。

香港文化及创意产业的输出与输入见表1。

表1　香港文化及创意产业的输出与输入

单位：百万元（港元），%

项目＼年份	2005	2009	2010	2011	2012	2013
文化及创意服务的输出						
广告、市场研究及公众意见调查服务	4117	4902	5063	5701	6090	6451
建筑、工程、科学及其他技能服务	2281	3595	3745	3731	3946	3815
电脑服务	1608	4787	6307	6621	7027	7293
咨询服务	451	509	570	742	766	760
视听及有关服务	1907	881	869	858	869	732
其他个人、文化及康乐服务	1023	2162	2441	2820	2807	1087
研究及发展服务	412	350	395	535	606	903
特许经营权及商标意外的知识产权使用费	1833	2521	2795	3268	3660	4024

续表

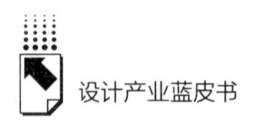

项目 年份	2005	2009	2010	2011	2012	2013
文化及创意服务的输出	13632	19707	22185	24276	25771	25065
占服务输出的总体百分比	3.7	3.9	3.5	3.4	3.4	3.1
文化及创意服务的输入						
广告、市场研究及公众意见调查服务	2557	3031	3725	3984	4498	4386
建筑、工程、科学及其他技能服务	712	1382	1971	2483	2544	2593
电脑服务	2884	3733	3788	3481	3706	4260
咨询服务	435	555	596	730	774	1127
视听及有关服务	278	304	307	495	544	464
其他个人、文化及康乐服务	125	423	341	233	320	289
研究及发展服务	1174	1135	908	917	1047	1069
特许经营权及商标意外的知识产权使用费	7430	10111	11908	11993	11907	11001
文化及创意服务的输入	15595	20674	23544	24316	25340	25189

（二）创意智优计划

香港特区政府于2009年成立的创意香港专责办公室，致力于推动香港创意产业的发展，其工作包括管理于2009年推出的创意智优计划，以资助有利于本地创意产业发展的项目。创意香港与业界紧密合作，推动各创意界别的发展，当中包括广告、建筑、设计、数码娱乐、电影、出版及印刷，以及电视及音乐。创意智优计划于2009年6月推出，注入资金为3亿港元。初期创意智优计划并不涵盖设计智优计划下的设计元素。为理顺有关创意产业的资助安排，并使资源运用得到更佳的协调，创意智优计划及设计智优计划自2011年6月起分阶段合并，以涵盖与设计有关的项目。政府于2013年5月再拨款3亿港元给予创意智优计划，令有关计划的资金总额增至6亿港元。随着再次拨款，创意智优计划自2013年5月24日起亦为设计业与商界合作计划提供资金支持。设计业与商界合作计划提供等额资助给予设计业和商界的合作项目，以鼓励中小型企业（中小企）使用设计服务。

创意香港主板或资助业界举办的项目见表2。

表2　创意香港主板或资助业界举办的项目

	创意智优计划	其他	总计
获批项目数	234	209	443
参加人数	10620700	4842500	15463200
直接创造的工作机会数目	1610	1820	3430
间接创造的工作机会数目	7620	3090	10710
中小企受惠数目	890	40	930
为中小企业创造的业务联系或查询数目	8800	100	8900
获资助创意人才参加国际比赛获奖数目	60	110	170
培育创意人才及新成立公司的机会数目	31200	2000	33200
获资助的电视广播的颁奖典礼及音乐节目观众数目	228552200	2013620000	2242172200

（三）设计公共空间建设

在西九龙文娱艺术区发展计划中，一幅位于西九龙填海区南端面积约40公顷的土地，将发展为综合艺术、文化及娱乐区，以促进香港的文化及艺术发展。计划中西九文化区包含10多个艺术活动场地，例如重点展示现代艺术、设计和建筑的视觉文化博物馆M+，为各类设计师提供发挥才华的理想平台，西九文化区料将成为区内艺术枢纽。此外，在2013年施政报告中，特区政府承诺支持文化及创意产业，向"创意智优计划"额外注资3亿港元。预期特区政府将继续通过各项资助计划，以及活化空置工厦等措施，支持香港设计业发展。例如，为向本地艺术及设计工作者提供更理想的创作环境，香港特区政府把石硖尾一幢空置的工厂大厦翻新，改建为赛马会创意艺术中心，内设艺廊及其他公用设施，为香港设计师提供更多空间，举办主题展览等活动。该中心现为100多名艺术工作者及多个艺术团体提供工作室及陈列室。此外，位于北角的前香港皇家游艇会会所已改建为艺术空间，名为"油街实现"（Oil），于2013年5月开幕，提供举办艺术展览、论坛以及其他艺术和创意活动的平台。另外，中环荷李活道前已婚警察宿舍已改造为标志性的创意中心"元创方"（PMQ），目的是为创

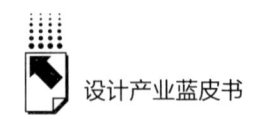

意产业培育设计人才、建立品牌及创造商业合作良机。元创方于2014年6月正式开幕，至今已有一百多名企业家进驻，汇聚各类文化创意产品及服务，有设计服务、时装、家品、饰物以及食品饮料等，不胜枚举。

三 设计人才资本

（一）设计人才培育

现在在香港提供设计及其相关专业本科及以上学历教育的大学有：

香港理工大学设计学院。

香港知专设计学院。

香港大学：主要是建筑设计方向，包括建筑学、景观设计、城市设计等。

浸会大学：设计专业主要是偏向视觉艺术管理方向。

岭南大学：2008年刚刚开设艺术专业，主要偏向于美学、国画、电影、数字媒体方向。

香港城市大学：创意媒体学院。

香港中文大学：社会科学院下属的建筑学院。

香港教育学院：文化与创意艺术学系。

过去几年就业人数大致显示从事设计业核心领域（主要设计学科）的职工人数稳定增长。2006~2009年的就业平均年增长率为6.7%，增幅较为显著。而支持产业在同期也取得0.7%的增长。增长趋势也表明近期劳动力市场增长的原因可能有两个：某些领域（尤其是房地产市场领域）的经济增长，为建筑和室内设计服务从事者创造了更多的就业机会。另外，设计公司的服务范围扩展到工商界，如银行和金融、零售、商业推广和网上业务等。零售业务更是创造了大量对市场推广、品牌推广、展览和安装设计人员的需求，让就业市场更加兴旺。

（二）设计人才需求

设计师是创造和创新的动力，把设计从一个业界应用到另一个业界。当设计师能够传授知识时企业才会受益，也就是说，大量高质素的设计人员有利于设计业的发展，而大量拥有技能、业务管理和企业家精神的人对一个经济体来说是十分重要的。同时在创意智优计划中，一项重点就是对于设计创业的培育，截至2015年，该计划已经培育了164家设计企业，并借此创造了780个设计及与设计相关的就业机会（见表3）。

表3 设计创业培育计划（Design Incubation Programme）

培育公司数目	164	培育公司创造的就业机会数目	780
已完成培育计划的公司数目	119	培育公司获取的本地及国际奖项数目	187
培育公司注册知识产权数目	276		

四　创新设计组织机构、职能范围及运行模式

（一）香港创新科技署（Innovation and Technology Commission，ITC）

创新及科技是经济增长的动力及增强产业竞争力的关键。香港创新科技署于2000年7月1日成立，以引领香港成为以知识为本的世界级经济体系为使命。创新科技署主要负责支持应用研究及发展、科技转移及应用；培养社会的创新科技风气；促进科技创业活动；提供科技基础设施；协助发展人力资源以支持创新及科技；并推广国际认可的标准和合格评定服务。创新科技署亦与其他政府部门、工商界、大专院校及产业支持机构紧密合作，支持不同科技范畴的应用研究及发展工作。创新科技署及下属研发中心成立后，一直与产业界紧密合作，进行以业界需求为导向的研发工作，并促进科技成果的商品化，借此协助大珠三角区内

的产业提升技术水准和竞争力。截至 2013 年 2 月底，研发中心批出项目 527 个，项目成本达 30 亿元。至 2016 年 3 月底，研发中心批出项目增至 907 个，项目成本达 48 亿元。

（二）创新及科技督导委员会

为统筹创新和科技政策的制定及推行工作，并确保在推动各项计划时能发挥协同效应，香港特区政府于 2004 年 1 月成立了创新及科技督导委员会。创新及科技督导委员会管理下列的资助计划，借此鼓励本港公司开发创新理念和发展科技业务。

创新及科技基金：香港特区政府于 1999 年注资 50 亿港元设立创新及科技基金，为有助于提升产业开发创新理念和提升科技水准的项目提供资助。基金设有四项计划，以满足不同的需要。该四项计划为：创新及科技支持计划、大学与产业合作计划、一般支援计划及小型企业研究资助计划。截至 2013 年 2 月底，已批出 3215 个项目，设计基金拨款 73 亿港元。在获拨款的项目中，与信息科技有关的项目占比最高（19%），其次为电气及电子（17%）、制造科技（11%），以及生物科技（10%）。

投资研发现金回赠计划：香港特区政府在 2010 年 4 月推出投资研发现金回赠计划，旨在提升企业的科研文化水平，并鼓励它们与本地科研机构加强合作。适用范围包括创新及科技基金资助的项目，以及企业与香港本地指定科研机构合作进行的应用研发项目。2012 年 2 月，现金回赠水平已由 2010 年的 10% 增至 2012 年 2 月的 30%，截至 2013 年 3 月底，获批的申请共 577 宗，涉及现金回赠额 4140 万港元。至 2016 年 3 月底，获批的申请增至 1303 条，涉及现金回赠总额 17000 万港元。

（三）香港科技园公司（HKSTP）

香港科技园公司于 2001 年 5 月成立，负责规划及管理科学园、创新中心等，致力于营造富有活力的创新及科技生态圈，培育科技人才及促进交流协作，带动创新发展，为香港以至整个区域创造社会及经济效益。自成立以来，通过发展重点科技领域，包括电子工程、资讯及通信科技、绿色科技、生物医疗、新物料及精密工程，带动香港成为地区的创新及科技枢纽。

进驻科学园的科技企业能够通过专业服务及科研设施，进行应用研究及产品开发；从事设计的企业可以在创新中心获得与设计相关的支援；而技术密集型的企业则可受惠于大埔、将军澳及元朗三个工业邨所提供的服务。创新中心是一幢重建的现代建筑物，楼高六层，位于九龙塘市区的核心地带，设有高级办公区，专门为从事设计的公司和培育公司而设，提供宽敞的展览厅、培训和会议设施，以及各式各样的宣传活动和支持服务。创新中心在2006年开幕，曾协助超过100家设计公司实现梦想。

培育创新科技企业成长是HKSTP的使命之一，因此其尽力提供一切可能的支持，包括全面的业务服务和计划、充满活力的环境和优良的基础设施，使得科技企业在促进创新时能够事半功倍。向科学园的企业提供若干重点服务和计划：创业培育计划、科技及实验室服务、企业支持服务、天使/创业基金、飞跃计划、内地合作、科技企业投资基金、科技企业家伙伴合作计划、SPARK。

香港应用科技研究院有限公司（应科院）于2000年1月成立，致力于从事高质素研究发展工作，并把成果转移给产业，以便转化为商品，借此提升香港产业的科技水准和促进以科技为本的产业的增长。该院设有信息及通讯技术研发中心，集中进行五个科技范畴的研究，包括通讯技术、企业与消费电子、集成电路设计、材料与构装技术及生物医学电子。

香港生产力促进局（促进局）通过提供横跨价值链的综合支持，协助香港工业提升生产力，从而更有效地运用资源，提高产品及服务的增值水平，以及增强国际竞争力。该局服务的重点行业是制造业，特别是香港的基础工业及相关的服务行业，其主要服务地域为香港及珠江三角洲地区。

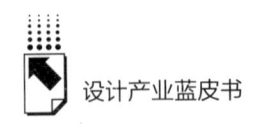

（四）香港设计总会（FHKDA）

香港设计总会于2000年成立，目的是联合香港各大设计协会及机构，其中包括香港设计师协会、香港设计委员会、香港时装设计师协会、香港室内设计协会、香港特许设计师协会、香港设计文化协会、香港各大设计院校代表等，以提升香港设计团体之间的专业水平。同时，香港设计总会亦参与香港设计中心的管理工作，为设计中心的营运及研发活动筹款及拨款。其他设计师协会组织包括：香港设计师协会、香港时装设计师协会、香港室内设计师协会、英国特许设计师协会（香港）。

（五）香港设计中心（HKDC）

向社会推广设计的精神是香港设计中心的主要职责。香港设计中心是2002年在业界支持下成立的非营利机构，担当政府策略伙伴，以推动香港成为亚洲设计之都为目标。其公共使命为：提倡广泛及策略地应用设计为企业和社会创造价值；推广及表扬杰出的设计；以及教育各界专业人士和公众，让他们加强通过设计与创新的思维，促进社会各领域可持续发展。香港设计中心主办颇具影响力的香港设计中心设计大奖，并获得香港商务及经济发展局创意香港赞助。本年度香港设计中心设计大奖包括六个奖项类别：分别是亚洲最具影响力设计大奖、亚洲最具影响力设计学生大奖、香港青年设计才俊大奖、设计领袖大奖、世界杰出华人设计师大奖及新设立的亚洲设计终身成就大奖。这些年度大奖嘉奖杰出的设计才俊和商界领袖，对业界卓越成就予以肯定，并提供学习和建立人际网络的良机，同时见证了香港设计中心和香港特区政府对本地设计界的全力支持，并有助于巩固香港成为亚洲设计之都的角色。

寻觅租金相宜的办公室或工作室开展创业之路，对很多香港设计师来说是一大挑战。2006年推出的设计创业培育计划，旨在鼓励设计和创意业界的创业者，培育和支持具有潜力的设计企业家。此为期两年的培育计划由香港特区政府创意香港资助，自2006年由香港科技园公司营运，香港设计中心从2012年5月起接手管理。参加者均来自不同设计范畴领域，包括产品、时装、品牌及包装、珠宝、视觉或空间艺术、媒体与传意、室内设计及建筑等。成功申请者（培育公司）在计划期间将获得多方面支持，包括可享有办公室的租金资助、业务发展的支持，以及参与量身而设的培训课程。他们还可定期参与交流活动加强人际网络，与业界组织、学术机构和专业团体会面，并接触潜在的商业伙伴。自2006年1月至2012年4月底，共有57家培育公司完成设计创业培育计划。香港设计中心接手管理后，本年度此计划下共有40家培育公司参与。

　　总体而言，香港的设计服务业因为发展较早且深受政府重视，因此一直保持着良好的成长状态。在其成为文化创意产业的一个重要组成部分之后，其和大众创新、创造，青年人创业、社会创新等议题广为结合，在促进产业设计应用和发展的同时，和大众生活日益紧密。另外，设计和科技创新密切结合，开创了从创意到研发、到创业、到产业化的完整路径。这两方面的发展既得益于香港自身成熟的市场和设计意识，也得益于政府在外部空间环境、基金、政策等方面的大力支持。

企业创新设计案例研究报告

Case Studies on Industry Innovation Design

B.15
小米科技创新设计案例研究

梁琦惟 *

摘　要： 本文主要以北京小米科技有限责任公司为研究对象，从其工业设计、互联网定位、创新模式三大方面进行深入研究。小米的工业设计有着自己独到的设计语言、理念及方法，而以互联网公司定位的科技公司，其在品牌定位、营销等方面也有着独有的特征。小米通过构建优良的企业创新生态系统，开启了企业创新3.0模式，为互联网企业持续创新发展提供了很好的借鉴。

关键词： 小米科技　工业设计　互联网　创新3.0模式

* 梁琦惟，点融网用户体验设计师，上海交通大学媒体与设计学院设计管理研究所兼职研究员。

一 公司简介

小米公司正式成立于 2010 年 4 月,是一家专注于智能产品的互联网创新公司,专注于高端智能手机、互联网电视以及智能家居生态链建设。

(一)公司愿景

"让每个人都可享受科技的乐趣"是小米公司的愿景。小米公司应用互联网开发模式进行产品开发,用极客精神做产品,用互联网模式去除中间环节,致力于让全球每一个人都能享用来自中国的优质科技产品。

(二)产品布局

小米公司自创办以来,业务保持了较快的增长,小米公司 2012 年全年售出手机 719 万台,2013 年售出手机 1870 万台,2014 年售出手机 6112 万台。

小米公司在互联网电视机顶盒、互联网智能电视,以及家用智能路由器和智能家居产品等领域构建了智能生态链,彻底颠覆了传统市场。截至 2014 年年底,小米公司旗下生态链企业已达 22 家,其中华米科技的小米手环、智米科技的小米空气净化器、紫米科技的小米移动电源、加一联创的小米活塞耳机等产品均在短时间内迅速成为影响整个中国消费电子市场的明星产品。小米生态链建设秉承开放、不排他、非独家的合作策略,和业界合作伙伴一起推动智能生态链建设。

(三)小米名字的由来

由图 1 可知,小米的 LOGO 是一个"MI"形,是 Mobile Internet 的缩写,代表小米是一家移动互联网公司。此外,小米的 LOGO 倒过来是一个中文"心"字,少一个点,意味着小米要让用户省一点心。

(a)

Mobile Internet

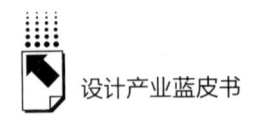

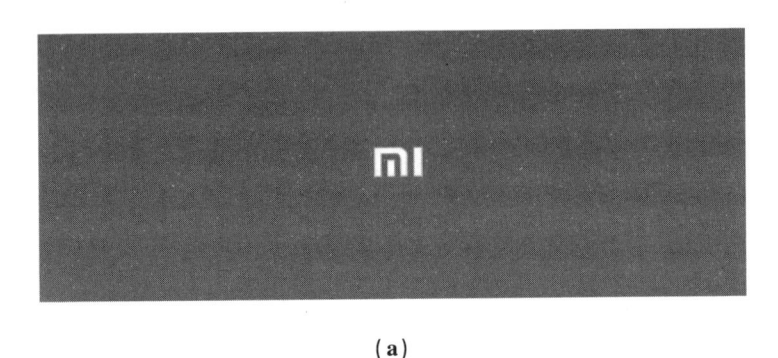

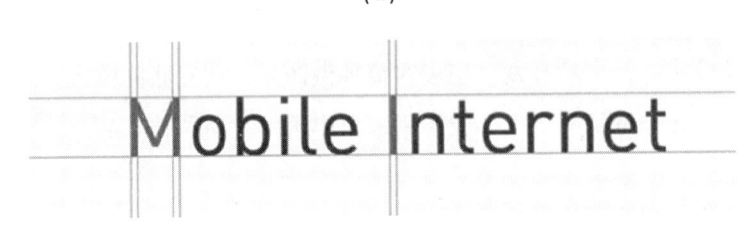

(b)

图1　(a) 小米的 logo；(b) Mobile Internet 的缩写

二　工业设计

(一) 团队构成

小米公司生态链业务和小米手机的工业设计由联合创始人、副总裁刘德直接领导。下分移动终端设计、CMF设计（色彩、材料和表面工艺）、生态链设计三大团队。

(二) 设计划分

按产品类型划分，小米设计可分为：高端智能手机、互联网电视、路由器等核心产品；手机保护套、耳机等手机附件；空气净化器、智能体重秤等智能家居。其中智能手机、路由器由小米科技公司自主研发，互联网电视、小米盒子等产品由小米科技的合作公司进行研发。

按工作类型划分，小米设计可分为：工业设计、CMF 设计两大块。移动终端设计团队、生态链设计团队管理各自业务线下的工业设计，CMF 设计则为所有业务线提供设计技术支持。

（三）设计方法论——合理的极简

在老牌公司面前，2010 年成立的小米公司虽然只是一只初生的牛犊，然而在短短的几年时间之内，其骄人的设计成就却不得不令人对其刮目相看。2011 年底第一代小米手机正式网络售卖，30 万台手机在 5 分钟内售罄；2012 年与 2013 年，小米二代、小米手机电信版、红米手机等系列产品陆续推出；如今，小米的业务更是拓展到电视、机顶盒、路由器、移动电源、耳机、随身 WIFI、服饰等多个领域。据统计，2012 年小米科技销售额（含税）达 100 多亿元，2013 年达 300 多亿元，2015 年将突破 1000 亿元。短短五年时间创造"跳跃式"的业务增长奇迹，小米科技异军突起，迅速进入人们的视线。

对于要求设计以"极致体验"的爆品为卖点的小米工业设计师来说，他们开发了一套独特的内部方法论——合理之后的极简，以应对公司高速成长之下的各种设计需求。极简，是一种经过思考、经过设计的返璞归真，小米产品以极简主义的线条、干净大方的现代工业设计与个性化为标准，工整的线条中包含有趣的创意，简约中注重精神文化层面的升华。也正是如此，使得小米一推出即受到大众的喜爱。在看似简单的设计背后，工业设计师们更是费尽心思在各种严苛的限制条件下做出合理的设计。在有限的设计时间内做出适合批量化生产的设计，在各阶段的生产过程中与工厂切磋为达到完美的工程效果，既要满足大众消费者的普遍需求又要能够彰显不同用户的个性需求，拥有高性能的同时也要不失高性价比，如何在这一条条的制约之下做出合理的设计，是每位优秀的小米工业设计师所追求的共同目标。

快前期重后期是小米工业设计过程中一个鲜明的特征。

相较于小米科技现有的产品线数量来说，小米的工业设计师都肩负着大

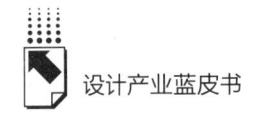

量的工作量。在产品设计旺季，几乎每位设计师均需要独立承担一项甚至多项产品的设计工作。设计师们在接到设计任务之后，会对该任务进行解析，从前期的设计研究到后期的具体设计均独立完成，并主导整个设计过程中所遇到的跨部门沟通、设计方案评审等各个环节。通常，在前期的讨论沟通时，主设计师即会召集相关的设计同事开展头脑风暴进行思维发散，没有花哨的报告和冗长的空洞之词，取而代之的是快速高效的手绘表达，是想法摩擦的火花碰撞。在前期的头脑风暴之后，设计团队获得了一个明确的大致方向，为后续的主设计师的独立工作开一个好头。在后期的具体方案设计时，小米的设计师不同于大公司惯常做法——花费大量时间成本在制作三维软件模型上，而是减少不必要的软件制作，直接制作更具直观性的手板。在实体的手板上进行进一步细节的推敲，包括外形形体、人机工程、具体尺寸、链接构件等。通常情况下，每一款新产品仅在推敲外观过程中就会制作不少于30个手板，仅小米手机2一项产品就制作了近百个手板。虽然制作调整一个手板的单次时间看上去比制作三维软件模型要长，然而在不同设计阶段，尽早地引入手板的设计探讨方式，使得每次的调整更有针对性，效果更直观，修改更到位，往往在一个手板上获得的反馈修改效果相当于十几次三维软件上的修改效果。此外，这也缩小了因为虚拟软件造成的现实实体效果差异的鸿沟，在每个阶段都省去了许多可以避免的迭代过程，从而大幅缩短了整个设计周期，节省了设计的经费、时间等各项成本，保证了高效优质的设计输出。

（四）专利统计

1. 专利类型统计

截止到2014年12月17日，小米申请的专利类型主要以发明为主，已公开的发明类专利申请数量为1542件，占总发明量的比例为92.78%；已公开的实用新型专利数量为45件，占总发明量的比例为2.71%；已公开的外观设计型专利数量为75件，占总发明量的比例为4.51%（见图3）。从各类专利的比例结构来看，说明小米专利意识比较强，申请多以发明为主，外

图 2　小米手机 2

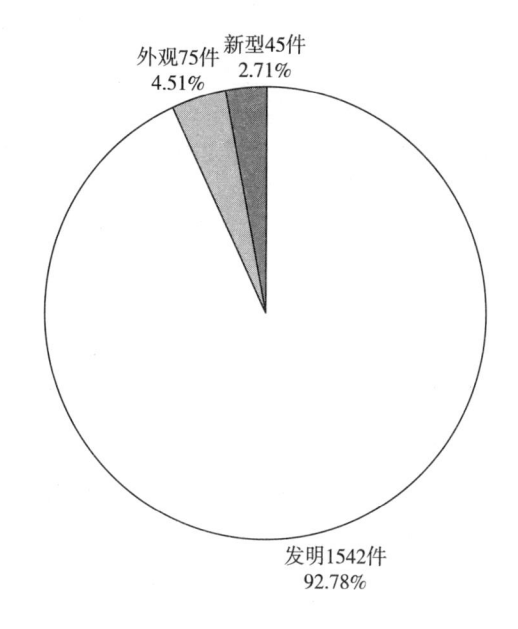

图 3　截止到 2014 年 12 月 17 日小米科技的
　　　专利情况（检索国别：中国 CN；
　　　数据来源：知识产权出版社）

观设计专利数量也不少。同时，这样的专利比例分配也符合通信行业的普遍情况。

207

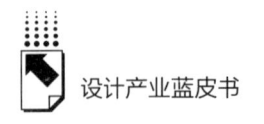

2. 专利申请与公开趋势统计分析

从2012年开始，小米的专利申请量和公开量快速上涨（见图4），可以预见未来随着小米产品线的多元化、自主研发能力的进一步提升，在专利申请与公开方面也将一如既往地保持较快的增长速度。

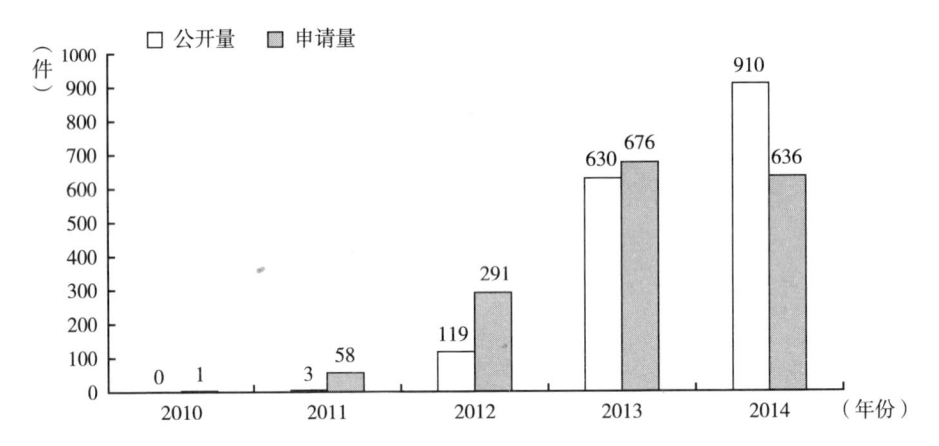

图4　小米科技的专利公开量和申请量（截止到2014年12月17日）

（五）设计奖项及案例分析

小米产品设计在国内外各大奖项中屡获佳绩，频传捷报，现已将国内各大设计奖项、国际四大工业设计奖项（Good Design Award；iF奖；Red Dot红点奖；IDEA）收入囊中。

· 小米手机2A荣获2013年度中国创新设计红星奖金奖。中国创新设计红星奖是国内工业设计领域的最高奖项。

· 小米盒子荣获2013年度中国工业设计大奖太湖奖、中国创新设计红星奖金奖、2014年度国际Good Design Award等奖项。国际著名工业设计奖Good Design Award是一个覆盖面极广的设计奖项，通过在各种演绎现象中选取好的设计作品，引领人们的生活和工业、社会等方面的发展。

· 小米活塞耳机荣获2015年度德国红点奖。德国红点奖由评审团在全球范围内选出，创新、严苛的质量、功能性、生态保护等是红点奖的几大基本评选标准,评选过程之严谨使得红点奖拥有工业设计界的"奥斯卡"的美称。

·小米手环荣获 2015 年度 iF 工业设计大奖。每年,iF 汉诺威设计论坛组织(德国历史最悠久的工业设计机构)评选出全世界最负盛名、最具价值的设计产品。

·小米路由器 mini 荣获 2015 年第 35 届国际设计优秀奖(IDEA ©,INTERNATIONAL DESIGN EXCELLENCE AWARDS)。IDEA 国际设计优秀奖是世界级的前沿设计比赛,旨在发掘并促进各行各业中的优秀设计,由美国工业设计师协会〔the Industrial Designers Society of America(IDSA)〕每年组织评选。

三 互联网基因

(一)互联网手机

用户在做购买决策时,通常都是先选品类,再挑品牌,这也是企业先品类后品牌的做品牌律例。做品牌,首要考虑点便是定位。经典的产品定位理论指的是开创并主导一个新品类,并在潜在用户的心智中做到有不同凡响的印象。小米科技做手机伊始,便定位于做互联网手机,即开创一个完全全新的品类;小米科技做电视,也同时开创了另一个新品类——定位于年轻人的第一台电视。互联网+产品这种新品类有何特点?首先是产品形态的变化,以手机为例,小米从系统到设计都是有生命的,产品的每一次演变都向用户打开了设计之门,从论坛的意见到用户深度的参与设计。其次是商业模式的不同,即使手机是硬件产品,但因为有着互联网的基因,主要盈利模式也是以移动互联网应用服务为主,而非现在普遍的硬件利润为主。

(二)参与感三三法则

在创业初期,小米便非常注重口碑建立,进而让口碑在社会化媒体上快

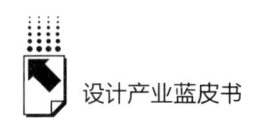

速引爆。在小米联合创始人、高级副总裁黎万强看来，"互联网思维核心是口碑为王，口碑的本质是用户思维，就是让用户有参与感"。

改革开放以来，消费者在决策如何选择商品时的心理已经从最早的选择功能，到后来的选择品牌，转而变为体验式消费。而小米则发现了全新的"参与式消费"，并积极践行。如何让用户对品牌更深入地了解，小米从产品设计伊始即让用户参与其中，甚至包括让用户参与到产品的研发过程之中。

如何让用户参与进来获得参与感？小米将做产品的全过程开放——从前期产品设计到中期产品销售到后期服务建立品牌，全面向用户开放，让用户参与进来，与用户一同建立可触碰可拥有且与用户共同成长的品牌。在这个不断实践的过程中，小米逐渐总结出了"参与感三三法则"（见图5）。

参与感"三三法则"

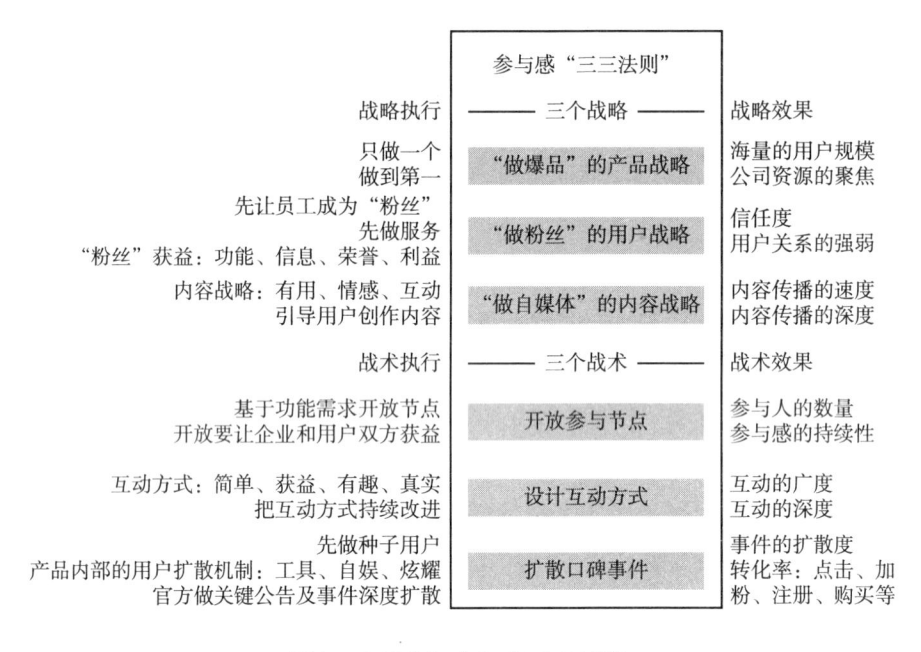

战略执行	三个战略	战略效果
只做一个 做到第一	"做爆品"的产品战略	海量的用户规模 公司资源的聚焦
先让员工成为"粉丝" 先做服务 "粉丝"获益：功能、信息、荣誉、利益	"做粉丝"的用户战略	信任度 用户关系的强弱
内容战略：有用、情感、互动 引导用户创作内容	"做自媒体"的内容战略	内容传播的速度 内容传播的深度
战术执行	三个战术	战术效果
基于功能需求开放节点 开放要让企业和用户双方获益	开放参与节点	参与人的数量 参与感的持续性
互动方式：简单、获益、有趣、真实 把互动方式持续改进	设计互动方式	互动的广度 互动的深度
先做种子用户 产品内部的用户扩散机制：工具、自娱、炫耀 官方做关键公告及事件深度扩散	扩散口碑事件	事件的扩散度 转化率：点击、加粉、注册、购买等

图5 小米参与感之"三三法则"

小米自成立以来，黎万强在不同层面践行着这套参与感法则，已从产品和营销，上升到全公司的经营，将参与感融入每一个员工和用户的血液。小米内部有着一套完整依靠用户反馈来改进公司产品的体系系统。小米没有传统公司的绩效考评系统，员工们的工作驱动力并非来自业绩考核亦非上级的单方面评价，而是来源于用户的真实反馈。员工不再被 KPI 等考评制度所束缚，相反，内驱的工作动力使得员工解放了更多的生产力，第一线的用户反馈使得最终产品更加符合用户需求与预期。而这样的参与感体系，也使得用户能够深度地参与到产品的设计全过程，用户的需求在消费品领域首次超出了产品本身，不再受到产品物理属性的禁锢，更多地延伸到了对产品社会属性的设计参与之中。

（三）新营销的第一步——自媒体矩阵

在"参与感三三法则"里，做自媒体是小米的内容战略，也是小米的品牌战略。小米做的是互联网手机这一新品类，使用互联网作为主要销售渠道，同时使用互联网渠道与用户保持交流。比起销售量，小米更看重产品所带来的用户活跃度。既然小米手机定位于互联网产品，所以小米同其他互联网产品一样，并不是靠硬件本身来赚钱，而是靠互联网带来的增值业务获利。

面对小米用户在互联网上高活跃度的属性，小米放弃了传统的广告、公关等营销手段，选择了新媒体。小米按照一个媒体的标准来要求自己的各个新媒体平台账号的内容运营，建立了依托微博、微信、QQ 空间、百度贴吧等社会化媒体平台的自媒体矩阵。小米基于这些平台发布的，不是传统意义上的广告，而是小米作为自媒体所运营的内容。在小米论坛，小米运作"学院"栏目普及手机的各种玩法，帮助用户成为玩机专家；"酷玩帮"、"随手拍"等栏目则提供了一个用户创造内容的场所，每天产生大量的原创内容，再经由微博、微信进行扩散。

做内容，不做广告，为小米节省了巨额的广告支出，也因此建立了拥有数千万用户的自媒体矩阵，与此同时，用户和小米之间的距离进一步拉近。

（四）微博运营案例——"我是手机控"造势营销

2011 年 8 月，小米在微博上做了第一次互联网营销尝试——"我是手

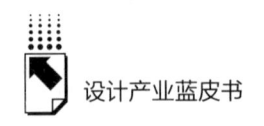

机控",在没花一分钱的条件下,这个活动在很短的时间内就有百万用户参与,竞相来秀自己玩过的手机,争相来炫自己的玩机经历。小米牢牢抓住了用户的需要别人认可和炫耀的心理需求,成功引爆活动热度。

在这场活动之前小米虽然已有50万的MIUI用户,然而硬件市场对于小米品牌尚处于全无所闻的状态。如何让用户在没有用过甚至没有见过小米手机的时候就对小米的品牌有所认知呢?小米从消费者心理出发,作为手机发烧友,平时最喜欢的不就是向朋友炫耀自己玩过的手机么?于是"我是手机控"活动应运而生,小米为用户提供了简单高效的小工具,方便用户整理自己所玩过的手机,也因此减少因高活动门槛而可能造成的用户流失,保证了传播效率的高转化,使得传播势能大大加强。

此次活动,是小米从纯内容传播向产品化传播转变的关键一步,同时也是小米自媒体传播的经典案例,这两点即是"小米式传播"的核心特征。

四 创新3.0模式

小米通过"为发烧而生"的产品理念对用户群进行精准定位——"米粉",同时通过建构两大生态系统建立小米科技创新生态帝国,进行科技、商业、文化等多方面的融合创新。小米科技是互联网经济时代的"中国制造"的优秀代表。

(一)"创新+研发+用户体验"的知识生态系统

"创新+研发+用户体验"的知识生态系统推进了商业模式的创新,同时也推进了由用户驱动的产学研用系统的创新。正如小米"为发烧而生"的核心理念,小米科技极度重视用户的反馈,积极邀请用户深度参与产品设计,小米手机的联通、电信版就是用户深度参与设计的成果。小米科技在设计研发和用户体验上投入了大量的资金预算,同时自己操盘进行设计与营销,这一切均有效保证了小米与用户之间的零距离沟通。小米科技约6成的员工会不同程度地与用户进行沟通交流(其中的一般员工提供每周7天每天 24 小时的呼叫服务），研发人员占到公司总人数的 35% 左右，如此大投入与用户沟通及研发确保了小米的用户能够深度参与小米产品的设计过程之中，他们既是小米的使用者，同时也是生产者。"米粉"在论坛上的帖子就是小米设计的用户基础，小米的设计师们也正基于此进行相对应的研发和改进；每周五被小米定义为"橙色星期五"，每周五下午 5 点，MIUI 会进行新的发布更新，紧接着的几个小时便是"米粉"积极下载、安装、使用、反馈的高发时间段，数万名"粉丝"会在小米论坛对新版本进行反馈，包括漏洞描述、体验优化建议等等。"因为米粉，所以小米"——小米科技成功建立"粉丝"文化，让"粉丝"不仅仅只是产品的使用者，更让"粉丝"成为产品的代言人。

（二）"芯片+代工+直营电商"的产销生态系统

"芯片+代工+直营电商"的产销生态系统，能够以最快的速度获得最新的科技产品。小米科技巧妙地通过公共化平台——富士康、英华达等制造平台；淘宝等公共化销售平台为自己建立了一条轻产销系统。同时，也正是这样的生产系统，使得小米科技水到渠成地选择了"饥饿营销"的策略。在"饥饿营销"的环境下，由于"米粉"数量远远大于产品的生产量，无形之中产生了更广泛的广告效应；对于小米科技公司来说，避免了库存积压这一通常被大公司忽略但后果可能极其严重的问题。通过互联网直接销售、按效果付费的销售模式使得小米的运营成本大大降低，最终降低了产品的销售价格，让利于"米粉"。

（三）创业3.0模式

信息革命之后科学技术进入更快的发展轨道，21 世纪之后信息通信技术大幅普及并快速发展，企业作为创新主体，其创新模式发生了一系列的变化。从企业创新 1.0 阶段（Closed Innovation——封闭式创新）到 2.0 阶段（Open Innovation——开放式创新）再到 3.0 阶段（Embedded Innovation——

嵌入式创新），企业创新模式不断升级演进（见图6）。1.0的封闭式创新的创新动力来源于企业内部，由企业自己建立内部研发机构进行自助研发，其创新需求源于商业需求及科学研究；2.0的开放式创新的创新动力来源于企业外部，侧重产学研三项结合的系统合作；而3.0的嵌入式创新的模式更加重视各方资源的整合与共生发展，侧重政用产学研多方结合，是在2.0的基础上的又一次深化，进一步强化用户在创新中的地位，凸显了以用户为中心、以市场为导向的特点（见图7）。

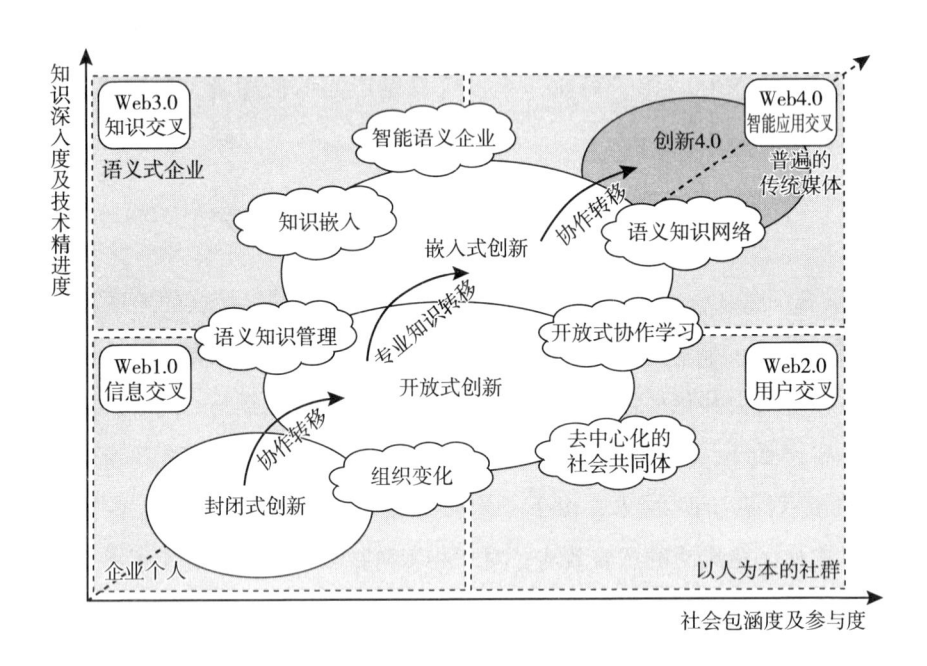

图6　企业创新模式的演进历程

小米科技正是通过自身多维度的创新的构建，进入了小米科技的企业创新3.0模式。体现在产品上，可以总结为：一是无生产工厂。产品主要由富士康等公共化制造平台代工，轻产业链高产出。二是无零售店和线下渠道。首创性地提出并运用互联网电商直接销售模式，最初吸纳"米粉"时并没有任何广告投入，依托网络和口碑的力量进行传播，从而最大限度地降低了产品的销售成本和产品价格。

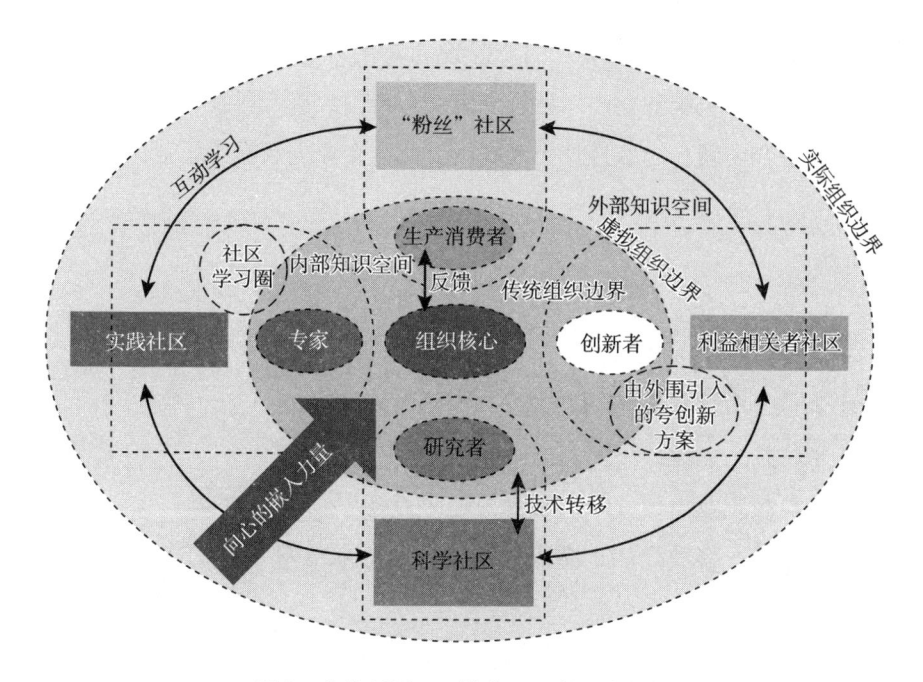

图7 企业创新3.0模式——嵌入式创新

五 结论

异军突起的小米科技公司是近年来互联网科技公司的典范，本文从其工业设计、互联网基因、企业创新模式三方面进行研究分析。小米作为新兴的科技公司，其工业设计虽然年轻，但却频频交上令人惊喜的答卷，获得多项国际设计大奖。在合理的极简的方法论指导下，设计师们设计出了一款款"爆品"——智能手机、路由器等核心产品皆由小米公司的工业设计团队亲手打造，此外，工业设计团队还负责生态链设计的工作，以同样的设计评审标准为小米科技的生态链建设选择并帮助孵化符合小米设计理念的各类智能硬件产品。作为以互联网自我定位的公司，小米科技在品牌定位、营销等各方面都展现出强大的互联网基因。小米发现并践行着"参与式消费"，通过互联网将用户与产品拉得更近，让用户参与到产品的研发、运营等各个过程

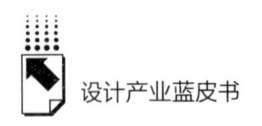

中。小米通过"为发烧而生"的产品理念对用户群进行精准定位,同时通过建构两大生态系统建立小米科技创新生态帝国,进行科技、商业、文化等多方面的融合创新。小米科技为互联网时代的企业创新提供了范例。

致　谢

感谢

小米空气净化器 CEO 苏峻博士

小米科技工业设计 - 生态链设计总监李宁宁

小米科技工业设计 - CMF 设计总监寻克亮

小米科技 - 移动终端首席设计师、总监刘航等对本文的大力支持（以上排名不分先后）。

参考文献

[1] http：//www.mi.com/about.
[2] 黎万强：《参与感——小米口碑营销内部手册》，中信出版社，2014。
[3] Joachim H, Markus S. Innovation 3.0：embedding into community knowledge – collaborative organizational learning beyond open innovation.
[4] Journal of Innovation Economics & Management，2011：55 – 92.

B.16
加意新品设计管理发展案例研究

郭宇 谢敏*

摘　要： 中国创新的号角正在吹响，人们对创意设计逐渐关注并对创意产品拥有购买意愿，在此环境下国内创意产品类垂直电商渐渐起步。加意新品，作为较早成立的创意电商，线上销售精选的创意设计生活用品，线下积极参与企业创意项目、承办各类创意产品展览。经过两年发展创新，加意已领先形成中国设计商品供应链，发展势头迅猛。本文主要介绍加意新品的商业模式，分析企业创新能力建设与发展战略，并根据企业发展的横向与纵向对比，提出中国创意产品类垂直电商发展建议。

关键词： 加意新品　创意电商　商业模式　发展战略

一　加意新品简介

加意新品，每天加一点创意。

加意新品于2012年8月网站上线，前期加意网主要分享来自世界各地的优秀创意产品，让中国人群及时了解世界前沿设计。随后加意创始人发现

---

* 郭宇，加意网CEO，前百度首席用户体验设计师；谢敏，上海交通大学媒体与设计学院设计管理研究所2015级学术型硕士研究生，研究方向为产品设计与策略、设计管理、用户体验驱动的创新。

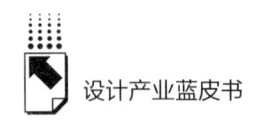

用户有购买创新产品的需求，因此加意网构建创意产品类垂直电商平台，让消费者可以优先购买到高性价比的创意生活用品。目前加意着力发展 D2C（Designer to Consumer）商业模式，设计师可通过加意网站与移动平台发布新品设计与设计服务，消费者可在此平台上与设计师直接互动，满足个性化创意设计服务需求。

二 加意新品发展历程

加意新品的创始人郭宇早期在百度空间开通博客——"疯狂的设计"，分享来自世界的各种创意产品设计，"疯狂的设计"成为当时中国青年设计师了解世界前沿设计的窗口。在分享优秀设计的过程中，郭宇发现很多用户喜欢创新的设计产品，然而寻找不到购买途径；而设计师有很多好的想法，却因生产销售等问题难以将设计落地。因此郭宇决定搭建创意产品销售平台，一方面用户可以在此平台优先购买创意生活用品，另一方面设计师也可将新品设计与设计服务在此平台上发布。抱着这样的想法，2012 年，郭宇启动加意新品这个计划。

2013 年，加意完成千万元人民币天使轮融资。2013～2014 年，加意积极与互联网公司合作创新，并多次承办创意设计展览，参与海尔多项互联网转型创新项目，主办 2014 ADM 亚洲设计管理论坛的"创新生活展"等。2015 年初，加意完成优酷土豆集团、新华都等数百万美金的 A 轮融资。2012 年成立至今，加意完成了从设计分享网站向创意销售电商的转型，并朝着构建设计师与消费者沟通互动平台迈步。

三 国内外创意产品垂直电商发展状况

（一）国外创意产品类垂直电商发展状况

自 2011 年开始，创意设计产品的闪购网站 Fab 在电子商务圈内迅速蹿红,成为业内瞩目的电商代表。2015年3月,Fab被PCH收购,收购价格为1500万美元。Fab曾吸引价值非常可观的多轮融资,并一度公司估值达到10亿美元,而如今却落得被出售收购的结局,出售的原因值得探究。

美国的Etsy是一个以设计师和手工工艺品为主要载体的电商企业,在线销售手工工艺品,手工工艺品设计师可在Etsy上开店、销售自己的手工作品,模式类似国内的淘宝网,这也是Etsy与Fab经营模式的不同之处。2015年3月,Etsy发布S-1注册上市声明,并启动IPO路演进程,计划融资1亿美元。

(二)国内创意产品类垂直电商发展状况

近年来,中国创新设计氛围日渐浓厚,创新的号角正在吹响。在国家号召创新改革之际,中国创新之风渐劲,而在这个风口上,创意产业抓住机会,致力于将创业商业化,并保持着良好发展态势。其中有代表性的有以下创意电商。

1. 趣玩网

2008年11月成立的趣玩网是最早开展创意电商的国内企业,趣玩网于2010年完成了一笔千万美元级别第二轮的融资。2013年2月,趣玩网将运营团队从北京迁到成都天府软件园,趣玩网负责人给出的原因是成本上涨。

趣玩网在国内创意电商领域起步较早,在品牌知名度上具有先发优势。目前网站推出了"我勒个趣""趣送礼"等个性版块,经过早期的运营探索和经验积累,趣玩网的各个模式版块逐步向更深层次方向发展。

2. 优集品

优集品创立于2011年8月,企业定位为中国最大的设计品牌B2C(Business to Consumer)电子商城,致力于为用户汇集全球知名设计品牌与产品,让消费者享受更加优惠的会员折扣,打造具有设计感与品质的生活。

优集品的整个团队提供包括家品、文具、首饰、配饰、电子数码、影音书画在内的设计产品。目前优集品上推广的品牌主要是国内外成熟的设计品牌,团队精心选择功能实用且性价比高的设计品牌,不断提升用户对于设计产品的良好体验,致力于改变中国用户对于设计产品的消费态度。

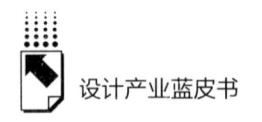

3. 加意新品

加意新品作为创意电商大潮中的一股新泉，与其他创意电商有着很多异同。与很多创意电商的相同之处是，加意新品也主打新品热卖，让国内消费者抢先体验来自世界各地的优秀作品。目前，加意新品与全球300多家优秀设计工作室进行合作，在加意网站上发布作品。加意新品希望自己成为下一个唯品会，只做创意新品特卖，并致力于完成创意设计的全产业链。

加意新品又不同于传统电商网站，加意网一年只推一百多个品种，这与一年推出成千上万种产品的电子商务网站有很大不同。加意对挑选的一百多个产品深入研究，在售卖时辅以图片、故事、视频等多方面展示产品。另外，加意网将设计师与消费者紧密联系在一起，消费者可以在加意网找到设计师提供的专属创意设计服务。设计师也可免费将自己的设计作品放到加意网上进行销售或者进行用户反馈测试。

加意新品不仅仅将自己打造成创意电商，更致力于通过设计师与消费者的思维互动与碰撞，将网站打造成一个开放创新的社区。加意新品凭借创意设计产品的市场洞察力和创新行业的号召力在中国创意电商大潮中站稳一脚，并朝着"成为全球最大的设计品电商平台，让每个人都可以享受设计的乐趣"的愿景大步迈进。

通过趣玩网、优集品、加意新品，以及销售原创产品的哇噻网、在线艺术品交易的HIHEY艺术网，我们可以看到，国内创意电商虽然起步较晚，早期模仿美国创意电商，但在不断的探索发展中，它们保持着较好的发展趋势，并且逐步探索出适合中国用户与设计师的商业模式。

四 企业创新能力建设

（一）企业商业模式

加意新品目前拥有B2C（Business to Consumer）商业模式，同时致力于打造D2C（Designer to Consumer）商业模式。

B2C 商业模式即加意本身是电商网站，为消费者提供最新的高性价比的设计生活用品。加意 CEO 郭宇曾表示，加意卖的产品不是设计创新，而是那些可以改变人们生活方式的产品。加意新品正在打造的 D2C 社交平台拥有大量设计师的产品方案，消费者可以直接在平台上进行互动，参与整个过程。设计师通过与用户的沟通互动，更容易获得来源于生活的设计灵感，积累生活洞察与用户影响力。而用户能更方便寻求到解决各类生活问题的丰富设计方案（见图1）。目前该平台在筹建阶段已收到大量设计师的入驻申请。

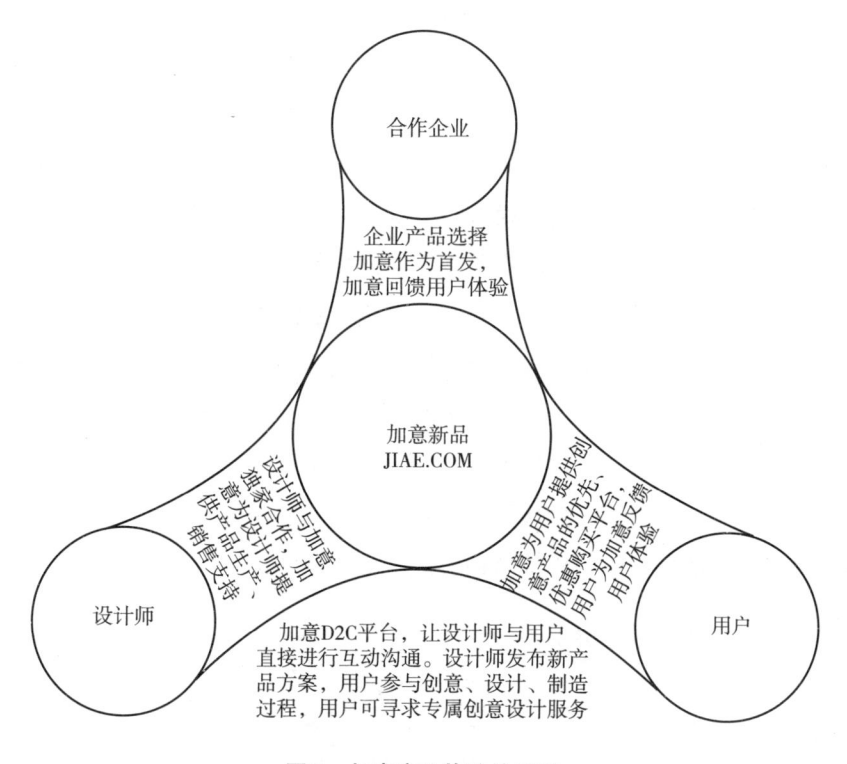

图 1　加意商业战略关系网

（二）企业设计创新战略

加意的愿景是成为全球最大的设计品电商平台，让每个人都可以享受设

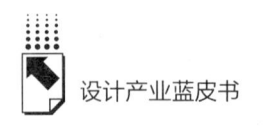

计的乐趣。为此加意制定了一系列设计创新战略。

一是产品战略。加意目前属于 B2C 商业模式的垂直类创意电商，创意产品是其网站的灵魂。加意团队严把商品关，精心挑选真正能改变用户生活方式的创意产品。同时与设计师独家合作，参与产品创新设计，为设计师提供用户资源、生产、销售、宣传等支持，帮助设计师将好的创意理念落实到产品。

二是企业形象战略。加意在成立初期是设计创意分享平台，线下积极举办各类创意分享会，积累设计爱好者用户群，形成创意、与时俱进、优质的企业形象。2013 年 8 月之后，加意成为 B2C 创意垂直类电商，销售来自世界的优秀创意产品，与此同时，加意寻求与企业合作进行互联网转型创新探索，并承办创意生活展、智能产品大赛等活动，在企业和用户中树立互联网转型创新的前进探索者与进步者形象。随后加意致力于打造的 D2C 移动平台将开创互联网产品创新的新模式。

三是创新推广战略。好的产品在互联网时代更需要好的推广，加意不局限于在本网站进行销售推广，在京东、天猫旗舰店等电商平台同时进行推广销售。加意也在积极寻求跨界联合资源，打造全新的新品推广模式。加意与互联网知识社群-逻辑思维合作共推节日产品，让多样化的自媒体参与到新品推广策略中。加意在获得优酷土豆的千万元融资之后，与优酷进行战略合作，研发视频与新品结合的用户互动方式。加意的跨界合作更全面地网罗目标用户，也让新品以不一样的营销方式被用户获知。

（三）企业产品战略

加意的 B2C 及 D2C 的商业模式决定其产品战略包含产品和服务两方面。对于销售的产品，加意团队精心挑选，深入研究，多维展示，产品划分为 A、B、C 三个等级进行销售和推广。对于服务策略，加意致力于打造社区交流平台，鼓励用户与设计师进行直接交流沟通，甚至是创意碰撞。正在打造的 D2C 移动平台也是为了架起用户与设计师之间的桥梁，为用户提供及时的个性化的服务，为设计师提供设计展示、交流与销售的服务支持。

1. 产品选择战略

加意网站一年只推出一百多个创意优秀设计,但这一百多个产品背后的选择过程是广泛且细致深入的。加意团队时刻关注着全球创意新品,精心为用户挑选改变生活体验、令人喜爱和惊喜的创意新品,包括日常生活用品、电子数码和智能硬件等热门品类。加意选择产品的标准之一是创新的功能,产品必须切实提供生活问题的解决方案;二是产品需具有设计感,让用户喜爱和惊喜。

加意在挑选产品时也会倾向于"话题性"的产品。"话题性"是为创意社区做铺垫,加意希望有大量未来型的产品能在加意平台形成话题性的讨论,形成创意沉淀,为用户和设计师提供产品设计走向的相关信息。同时通过消费者、设计师、工作人员等各类人员有聚焦性的话题讨论,一些好的改进意见和想法也会被激发出来。这使得加意打造的不仅是一个销售平台,也是一个产品再设计的平台。

2. 产品销售战略

加意将网站出售的产品分为 A、B、C 三类。A 类产品是加意与设计工作室重点研发或独家合作的产品。B 类产品是网站只做经销商,但能以低价出售的产品。C 类产品是概念产品,还未开始量产和出售的产品。加意将 C 类产品发布在平台讨论区,与用户进行深度讨论,让设计师与企业更深入了解用户需求,加速产品量产和出售。

加意新品已与全球多家设计工作室合作,每年有超过 1000 款创意新品希望选择加意为首发平台,加意会在这些产品中进行挑选优化,让用户抢先体验源头创意,购买真正有价值的创意产品。

A、B、C 三类产品的推广方式也有所不同。在加意新改版的网站上,加意团队对 A 类产品进行深入研究,通过图片、文字、视频等多方面介绍产品使用场景。加意的视频团队刚刚组建,目前正集中给 A 类产品拍摄介绍视频。对 B 类产品的推广主要是图片和文字描述。网站对 B 类产品按关联度进行分类,为用户提供创意礼品指南和购物组合推荐意见。C 类产品目前归类在"创意头条"版块内,等到加意 D2C 移动平台打造完成之后,相信 C 类产品会引发更多关注与讨论。

加意的分销渠道有三类：一是线上分销渠道，目前包括加意自己的官方网站平台和天猫旗舰店；二是线下精品店，加意已经跟几十家线下店铺进行合作，销售创意新品；三是大公司的礼品采购渠道，郭宇透露像"活力果意杯"这样的产品就已收到大公司超过 10 万个的订单。

加意目前主要的销售额来自 A 类产品，达到 80%，B 类产品销售额约占 20%。而加意目前主要的收入来源分两部分：一部分是产品的销售额，另一部分是来自如华为、海尔等企业的营销和推广服务费。

在节假日和周年庆典，加意会及时针对节日进行相关产品的惊喜特卖活动，新产品特价发布、旧产品降价促销，以及与其他平台共推特卖活动等。

3. 销售战略实例分析

（1）"活力果意杯"销售分析

活力果意杯是由缘诗道（Prof. Jan Sta l von Holstein）先生设计的一款柠檬杯。活力果意杯于 2014 年 5 月 20 日在加意新品首发。

加意新品果意杯形象图见图 2、图 3。

图 2　加意新品果意杯

图3　加意新品果意杯

活力果意杯属于加意 A 类产品，活力果意杯倡导一种更加健康的饮水方式，融榨果汁、泡果粒、净化水于一体。加意对其进行了视频、图片、新闻文案等多维度展示与推广，产品的优异加上多维度的综合展示、推广，使活力果意杯获得了用户的一致好评，销量已破十万，也为加意网带来了极大的声誉与收益（见图 4~图 6）。

图4　加意新品果意杯销售界面

225

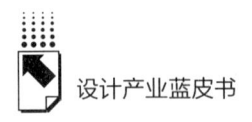

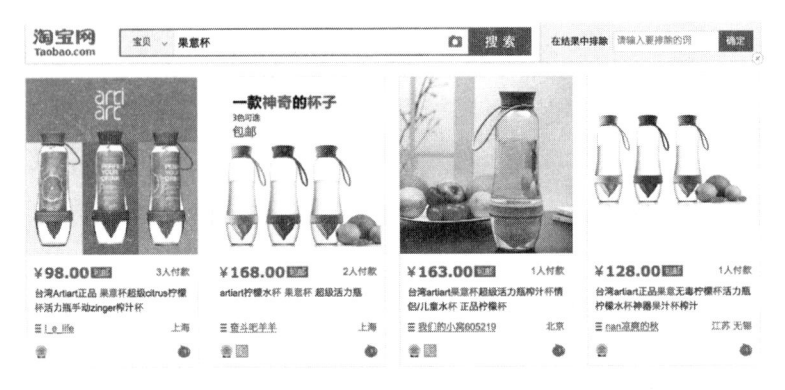

图 5　淘宝网果意杯搜索界面

图 6　活力果意杯官网 Artiart 销售界面

对比三家正规的电商网站，我们可以看到加意在果意杯的价格和正版方面拥有绝对优势。在加意网站上，还有很多像果意杯这样惊喜特卖的创意产品，加意让用户买得到、买得起真正的创意生活产品，让每个人都可以享受设计的乐趣。

加意网站上不仅有对果意杯的详细介绍，还详细介绍了果意杯官网Artiart，加意对合作者的这种尊重与诚意，也吸引了更多的商家与设计师与其合作（见图7）。

目前加意取得深度合作的创新设计团队约有 10 家，加意计划扩展到三十家左右。而加意作为经销商的合作伙伴目前有一百多家，未来也会维持这

图7　加意网站果意杯页面对果意杯官网 Artiart 的介绍

一数量。加意与设计团队的合作并不是一开始就获取他们的设计产品来售卖，而是在项目开始初期与设计团队接触，共同进行设计与创作，给予设计团队资金、市场营销等方面最大的帮助与支持。设计师专注于产品设计，加意负责资金支持与传播、销售。在这一核心价值链上，设计团队的产品能最终落地，加意能与设计团队进行独家合作，进行产品销售。

（2）节日特别活动

中秋节和国庆节临近时，加意也为此进行了节日特别产品宣传、销售活动。各类产品在节日期间均有不同程度的降价促销（见图8、图9）。

图8　加意网站中秋节特别活动

图9　加意网站国庆节特别活动

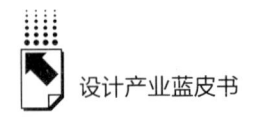

很多用户喜欢加意的产品，但还是对价格因素有顾虑，在节日特卖期间，各类降价产品让用户能满意地买到创意产品，加意也获得了很多的用户关注与好评，真正让用户买得起、用得了优秀的创意产品。

中秋节期间，不仅在自己的网站上进行节日特别宣传销售活动，加意与互联网知识社群——罗辑思维达成深度合作，共推中秋节特别产品（见图10）。

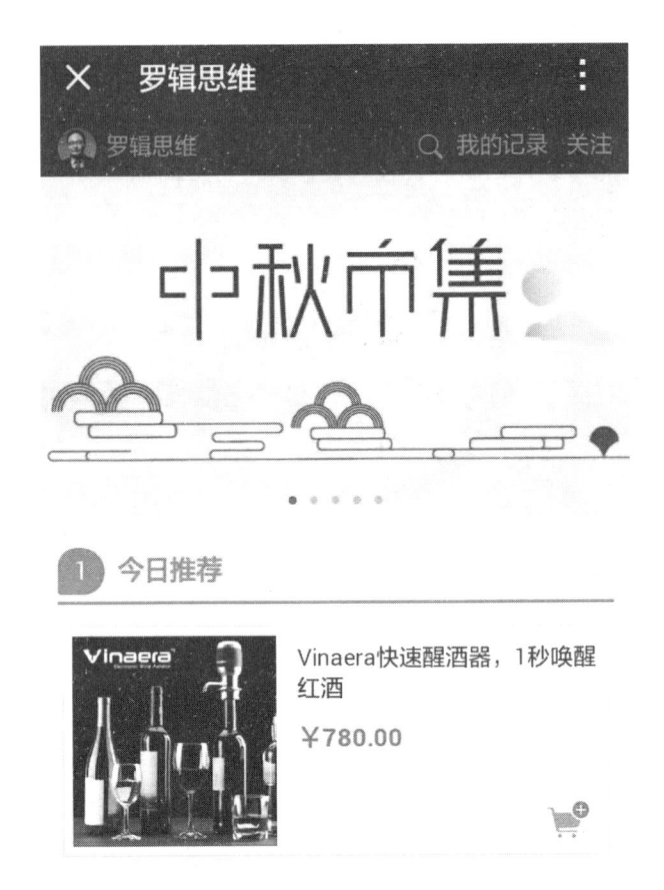

图10　罗辑思维"中秋市集"创意产品专题

罗辑思维，由知名媒体人罗振宇创办，是目前影响力较大的互联网知识社群，主要服务于"80后"和"90后"对知识、智慧、真理有强烈追求的群体。罗辑思维与加意有共同投资方——合一集团。

中秋节临近时，加意新品和罗辑思维团队合作策划，在加意官网和罗辑思维微信平台端上线"中秋市集"创意产品专题。与加意独家合作的 Artiart 城堡水具套装、Vinaera 快速醒酒器等产品首批推出销售。产品凭借高性价比及极具设计感的特点，一经上线，就被众多用户和"粉丝"青睐购买，好评不断。

4. 社区创新

在社区平台，创意爱好者可以与设计师和创意达人进行深度沟通交流，讨论极具创意的设计新品，分享创新产品的使用体验。

加意的创意头条打造的是一个创意社区，在这个版块中，细分出"运动健康"、"家居生活"、"数码科技"、"加意 NEWS"、"加意体验官"和"首席设计师"6 个模块（见图 11）。

图 11　加意"创意头条"界面截图

"运动健康""家居生活""数码科技"三个模块主要是介绍最新的创意生活用品设计。分享最新的创意产品是加意新品刚成立时的主要展示模式，改变商业模式后加意保留了原来的分享版块，继续让中国用户能及时了解国内外的创意设计。这些设计有的是概念产品，有的在生产开发中，有的已经在国外销售。在文章结尾，加意都会说明分享设计的销售状态及售价。若有网站在销售，加意也会附上电商链接。

"加意 NEWS"主要分享加意在线下参与主办的各类创意活动。

"加意体验官"可以说是加意社区里用户最活跃的部分，在这里用户可

以报名免费抢先体验各类创意产品,分享产品的体验心得。加意新品自成立以来一直注重用户体验。现在各类创意产品、智能硬件集中面世,但市场反应却不温不火,其中很大的一个原因是产品的用户体验度不高,不能形成用户黏度。加意想让用户购买的是真正解决人们生活问题的创意产品,这也是为什么加意新品专注于做生活用品类的设计产品,而不涉及服饰配饰等"风格类的东西"。体验官能提供产品详细的用户体验反馈,海尔空气盒子选择加意首发,也是想寻找早期用户测评,为改进第二代产品做准备。

"首席设计师"主要介绍加意的设计师团队及设计师的设计故事,用户对这些设计背后的人以及设计背后的故事表现出浓厚的兴趣,特别是文中的产品,用户都留言询问什么时候可以买到。

加意极力打造一个创意话题社区,目前来看整个社区的讨论较多集中在"加意体验官"和"首席设计师"两个版块。"运动健康""家居生活""数码科技"三个设计分享的版块中,运动健康符合目前健身潮流,话题度最高;与用户生活较贴近的容易实现生产的家居设计产品也容易吸引用户;而数码科技类话题度不高,究其原因,是目前智能硬件设计层出不穷,真正能落地售卖的不多,售卖中能真正改善用户生活体验的更是极少。用户在加意想找到的是改变生活的创意产品,因此对于还未落地的智能产品关注度不高。

五 企业发展战略

(一)商业模式发展

加意新品成立于2012年8月,在成立初期,是以分享创意设计生活为主题的信息平台上线。

随着用户点击量增多和关注度的提高,用户希望能有渠道购买这些创意产品的呼声也越来越大。加意团队高度重视用户反馈,经过市场研究和分析,从2013年8月开始,加意开始改变自身的商业模式,直接在网站上售卖团队搜集的优秀创意生活设计用品。

目前，加意新品还是 B2C 自营电商的模式，加意团队全面负责与设计师的合作、产品包装、客服以及销售的部分。同时加意正在全力开发 D2C 的移动平台模式，设计师在此平台上提供自己的创意产品和设计服务，用户可在此平台上直接购买所需的设计产品或设计服务。据加意 D2C 平台负责人介绍，加意将会从插画设计和平面设计入手，聘请插画和平面设计师在 D2C 平台上展示作品或提供相关服务，用户可通过浏览相关设计师的作品来寻找可满足自己个性需求的设计师，通过向设计师阐述需求，沟通监督进程来完成服务任务，用户获得所需作品，设计师获得相应报酬。

B2B、B2C、C2C 的商业模式中有阿里巴巴、京东、淘宝等成熟电商，其他网站很难跻身前列，而 D2C 模式则是开辟了一条全新的商业模式，消费趋势不可逆，用户个性化、创新化的产品服务必然会引导用户与设计师之间的更多互动，从而推动 D2C 商业模式的极大发展。

（二）融资情况

2013 年 5 月，加意新品完成晨兴创投等共千万元人民币的天使轮融资。获得融资之后加意开始改变自身的商业模式，从设计信息分享平台转变为 B2C 创意垂直类电商网站。

2015 年 8 月加意新品获优酷土豆集团和另外两家基金的数千万元 A 轮融资，无疑该投资对于加意和优酷土豆两家企业是双赢的，加意获得这笔融资之后，加快了企业能力建设，更新与改进了官方网站，并且致力于打造移动端的 D2C 平台。对优酷土豆而言，与加意合作将为其打造从视频到购物的商业闭环提供丰富优质的设计产品。优酷土豆平台的支持，使加意的设计师的才华得到更好的展示，创意产品得到更好的宣传，视频成为设计师与消费者互动的桥梁，社区创新的模式得到更好的实施。

（三）企业成长战略

2012 年 8 月至 2013 年 8 月，成立初期，线上加意分享来自世界的各种新奇设计，线下加意积极承办创意分享会，2012 年 11 月主办多场"极限分

享会",包括黄太吉创始人赫畅"世界的背面"、中国首席境外游专家张勇"疯狂的旅行"等。

从2013年8月开始,加意线上商业模式改变为B2C模式,线下积极参与各类互联网创新项目。2013年10月加意参与海尔多项互联网转型创新项目;2014年10月举办北京国际设计周751设计广场、创意生活展览;2014年11月主办2014 ADM亚洲设计管理论坛的"创新生活展",展示100款顶级生活设计新品;2014年12月参加中国传播领袖论坛主办创新产品展,受到多家500强企业高管关注。2015年3月加意携手国家体育总局举办第二届"中国运动与大健康产品大赛",3000人会场创国内之最。2015年5月加意新品入选《中国企业家》杂志"2015未来之星100强企业"。

随着线上各类创意产品的持续热卖与叫好,与创新企业的合作加深,以及创意展览的规模增大,加意已成功转变商业模式,并在国内创意电商领域产生越来越大的影响力与号召力。

六 总结与建议

从本文对加意新品设计管理发展的案例研究中,可得出关于国内外创意电商的发展状况,加意发展模式及战略等结论。同时加意虽然发展势头迅猛,但依旧属于商业摸索前进阶段,本文通过横向和纵向对比,针对国内创意电商的发展提出发展建议。

(一)总结

①曾经红极一时的美国创意电商网Fab由于管理和模式失误被低价收购,极大打击了国外创意电商的发展势头。同时其他如Etsy等创意电商还在继续发展。

②国内创新号角正在吹响,创意产品类垂直电商刚刚起步,发展势头良好。加意新品经过两年发展探索与创新,已领先形成中国设计商品供应链,并在创意电商领域不断推陈出新,开创适合企业本身、适合中国的创意电商

发展模式。

③加意新品成立初期以分享国内外创意设计为主要功能，随后发现用户购买创意产品的需求，改变为 B2C（Business to Consumer）商业模式，销售创意生活类设计产品。目前加意着力打造 D2C（Designer to Consumer）的商业模式，通过移动社交平台，设计师与消费者直接联系起来。

④加意销售的是能改善用户生活的创意生活类产品，这些产品由加意团队特别甄选，或者与企业、设计团队、设计师合作开发。每年会有上百种产品在加意首发或独家销售，保证了加意新品的创意性和独特性。

⑤加意在线下积极与创意企业合作以及与其他领域企业、机构进行跨界合作，承办各类创意项目，通过不同的渠道获得创意概念、设计师资源、产品宣传与销售平台等，并获得数千万元 A 轮融资，发展势头迅猛，企业影响力不断提升。

（二）建议

（1）注重产品实用性与用户体验

互联网经济发展浪潮中创意电商成为突破口，但真正能存活和发展的是能真正改善用户生活的创意产品。加意以每天加一点创意为口号，真正选择高价值的改变生活的创意产品，在选择产品时不仅考虑创意性，更考虑实用性与用户体验性。

（2）保证产品价格优势

加意的目标用户是"80 后"和"90 后"这些喜欢新鲜事物、追求品质生活的年轻人群。目前中国还未形成为创意高消费的购买习惯，20~35 岁的人群对价格仍然敏感，因此保证价格优势才能吸引更多年轻人群。

（3）激励用户社区活跃度

加意着力打造创意社区，营造话题，但目前官网上产品话题讨论度不高，建议采取一些奖励措施，比如依据讨论参与度奖励购物积分等，激励用户参与社区讨论，久而久之用户能从每天的创意了解中获得乐趣，逐渐养成时刻关注加意，参与创意讨论的习惯。目前用户对在加意上购买的产品不能进行点评，

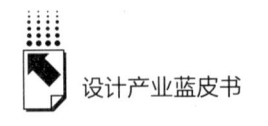

建议消费的用户可以对产品进行使用评价和讨论，鼓励用户发表改进意见。

（4）产品的情感推广

曾在社会化媒体上获得大批忠实拥护者，是 Fab 取得成功的重要原因之一。在中国，用户对于有故事、有灵魂、有情感的产品更加感兴趣，建议加意对于重点产品展示一些设计师及其创作故事，注重产品的情感式推广，可使创意设计类电商避免大肆推广的过多花费，可用情感传达和互动方式来培养自己的忠实消费者。

（5）优化产业链

加意致力于打造开放式的创意平台，此平台涉及加意本身、合作机构或企业、设计师与用户，此平台最重要的影响因素是各资源之间的联合。

加意与企业的合作不限于创意相关类企业，还一直寻求跨界合作。加意与国家体育总局合作举办大健康智能产品大赛，发掘创新产品；与中央美院和杭州市政府合作，举办亚洲设计管理论坛生活创新展，联合更多的设计师；与中国最大的自媒体联盟界面合作，让多样化的自媒体参与到新品推广合作中；与优酷战略合作，研发视频和新品结合的用户互动方式……加意需要寻找新品，更需要推广新品的方式，在跨界合作中，建议加意与容易获得企业资源的目标群体进行合作，同时提供与合作企业共赢的推广方案，吸引机构或企业主动与之合作。

设计师与用户的直接沟通交流能让用户拥有个性化定制的便捷入口，设计师也要让用户参与自己的设计过程，设计出更受用户喜爱的产品。但在设计师与用户的联合中，加意需要严把设计师质量关，如果不负责任、能力差的设计师充斥 D2C 平台，那么用户对于加意的期望值与体验度也会急剧下滑，进而影响企业的发展进程。

参考文献

[1] 加意网 - 百度百科，http://baike.baidu.com/view/9575356.htm。

［2］Esty－维基百科，https：//zh. wikipedia. org/wiki/Etsy。

［3］《让创新成为实现中国经济升级的强大动力》，《人民日报》2014 年 5 月 28 日。

［4］《坚定不移创新创新再创新，加快创新型国家建设步伐》，《人民日报》2014 年 6 月 10 日。

［5］趣玩网，http：//www. quwan. com/article－21. html。

［6］优集品，http：//www. ujipin. com/。

［7］《加意新品：下一个"唯品会"？》，动点科技，http：//cn. technode. com/post/2014－04－27/jiae－next－vip/。

［8］《柠檬杯同质化严重　加意新品力推"果意杯"》，光明网，http：//lady. gmw. cn/2014－06/11/content_ 11579452. htm。

［9］《果意杯全球首发》，凤凰网，http：//fashion. ifeng. com/a/20140618/40018879_0. shtml。

［10］《加意网如何吸引投资？》，《中国文化报》2014 年 3 月 22 日，http：//epaper. ccdy. cn/html/2014－03/22/content_ 120774. htm。

［11］《加意新品获数千万 A 轮融资　互联网创意经济势头迅猛》，环球网，http：//tech. huanqiu. com/news/2015－08/7210492. html。

［12］《2014亚洲生活创新展将开幕，加意首发全球 TOP 50 新品》，中青在线，http：//news. cyol. com/content/2014－10/28/content_ 10852950. htm。

［13］《加意新品第二届智能产品大赛完美收官》，中国网，http：//baike. baidu. com/redirect/e12a8r8aBIBH－hzOaYIJ6km1VTKbSOMqBZYe 0kNSqEEXpbr9m5C9gH3G ZzemcMeIaDJxlCAu_ 7j8tscIwL5Rc37xEIFd9Unk7cxerKX 6M9oaRQk。

［14］《加意新品入选〈中国企业家〉2015 未来之星 100 强》，http：//www. techweb. com. cn/news/2015－06－25/2167747. shtml。

B.17
华为创新设计案例研究

王晋 钟嘉明*

摘 要： 华为技术有限公司（以下简称"华为"）以通信设备起家，短短20余年，从一家默默无闻的企业成长为世界级的通信企业，坐稳全球通信设备市场的第二把交椅。在互联网时代下，行业环境发生了天翻地覆的变化，而华为也同样在寻求自己的转变。本文以企业设计管理层面为切入点，分别从设计政策、设计策略和产品策略三个方面，聚焦华为手机的设计，探讨华为在设计层面上的管理策略，研究总结设计管理在企业成功中所起的作用。

关键词： 华为 华为设计 设计管理

一 背景介绍

（一）公司简介

华为是一家生产销售通信设备的民营通信科技公司，总部位于中国广东省深圳市，华为的产品主要涉及通信网络中的交换网络、传输网络、无线及有线固定接入网络和数据通信网络与无线终端产品，为世界各地通信运营商

---

* 王晋，华为上海研发中心用户体验主任，设计师，研究方向为用户体验设计交互设计；钟嘉明，上海交通大学媒体与设计学院设计管理研究所硕士研究生，研究方向为交互设计，用户体验，智能硬件。

及专业网络拥有者提供硬件设备、软件、服务和解决方案。华为的产品和解决方案已经应用于全球170多个国家，服务全球运营商50强中的45家及全球1/3的人口。[①]

（二）企业战略

为客户服务是华为存在的唯一理由；客户需求是华为发展的原动力。华为的以客户为中心的战略是基于丰富人们的沟通和生活的愿景，聚焦客户关注的挑战和压力，提供有竞争力的通信解决方案和服务，持续为客户创造最大价值是华为的使命。而这一企业战略具体体现在：质量好、服务好、运作成本低，优先满足客户需求，提升客户竞争力和赢利能力；持续管理变革，实现高效的流程化运作，确保端到端的优质交付；与友商共同发展，既是竞争对手，也是合作伙伴，共同创造良好的生存空间，共享价值链的利益。

（三）产品运营

华为提供三类产品：云、管、端。云指丰富多彩的业务与软件、安全与存储、网络运维与管理系列产品，包括目前火热的大数据和云储存服务；管代表的是从接入、承载到核心，全面适应智能移动的发展趋势，其中有华为的主营业务——数据通信和基站建设；而端则是华为面向个人、家庭、企业用户提供的各种终端产品，像个人终端的手机、平板电脑，家庭终端的家庭媒体终端以及企业终端的智真和视讯等。本文着重介绍的是关于华为在第三类产品——终端建设的设计活动中从宏观设计政策到微观的产品策略所运用的设计管理方法。

二 华为的设计政策

优秀的设计是激活和管理好企业本身的创造性资源。苹果公司的成功很

---

① 华为官网，http://www.huawei.com/cn/。

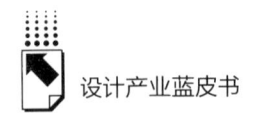

好地说明了这一点，它以传奇人物乔布斯为首，从上至下都对设计持一种非常高的重视态度。乔布斯一直推崇"伟大设计"的理念，通过一个名为"战略设计"的项目将苹果公司内部的设计产品有机地整合在一起。华为作为手机界的后来者，它也向领头羊苹果公司学习和借鉴。

对于以技术见长的华为来说，第一件要做的事就是扩充自己的设计团队。2011年，华为智能手机业务刚刚开始脱离低端市场，向高端消费者品牌转型。这个阶段大多的中国厂商处于转型初期，而到了2012年时，华为的全球智能手机市场份额达到4%，成为全球第六大智能手机厂商，然而，这还不足以挑战全球排名第一的苹果公司以及三星、诺基亚等老牌厂商。时任华为的终端首席设计总监哈根·芬德勒表示"希望在未来五年内成为三大智能手机厂商"，而他们也成功地在2015年实现了这一目标，位居行业第三名，排在三星和苹果之后。在短短的几年时间内，华为增长态势迅猛，其快速增长和在全球市场的份额在大环境减速的情况下让人刮目相看。

华为最关键的战略决策在于向高端智能手机市场的战略转型。前文提到，华为最初是一家电信设备供应商，而后拓展到终端业务领域，起初供应数据卡，后来又以ODM（原始设计制造商）的身份为运营商提供手机。2011年末，华为开始推广自主的品牌终端，包括智能手机和平板电脑。华为先后招募了Hagen Fendler、Mathieu Lehanneur等经验丰富的知名设计师作为自己的首席设计师来统筹研究开发华为的终端产品并广泛招募了世界各地的优秀设计人员。同时，企业内部对设计和设计人员也给予了足够的重视。在设计师的培养上，华为鼓励设计师走出国门参观国内外的各大展览——CES（国际消费类电子产品展览会）、意大利米兰设计周、UXPA（用户体验行业协会），参与业界的交流与活动。同时华为也会定期组织设计活动和WORKSHOP，加强设计师之间的互动。针对新的需求，为保证设计概念的产出，华为也会引入国内外的合作方，由合作方直接给予设计方案（引入优秀设计公司针对需求进行设计），同时培养自己的设计师。

在薪酬待遇上，华为拥有竞争力十足的薪酬体系。在企业初创期，实力单薄，一般没有达到市场平均水平的薪酬和福利，而华为依靠创业的动力以及股权的刺激得到了一群有抱负的人才。而到了华为高速发展、实力日渐雄厚时，进入快速扩张时期，对人才的需求越发巨大，这时的华为采用"压力＋补助＋加班费＋奖金"的薪酬政策。员工的薪酬结构大体包括基本工资＋股票＋福利，其中股权由最初的人人配股的固定股票分红逐渐转变为如今的"虚拟受限股"，从"普惠"走向"重点激励"。而华为体贴的福利待遇也让不少员工津津乐道，华为的福利不以身份和资历，而是根据贡献大小进行利益分配，除了一些普通福利发放形式如培训、分红外，有自己的特色待遇。例如员工福利采用货币化，即打到职工的"工卡"里，这笔钱可以用于购买车票、在公司食堂就餐、在公司小卖部购物等，同时还拥有基本工资15%的退休基金。在这种市场领先型薪酬策略中，薪酬体系中的各个部分基本上都处于行业领先水平，通过富有竞争力的薪酬待遇与竞争对手相比在人才吸引上占据上风。[1]

除此之外，华为的设计师还能通过自身的努力获得额外的奖赏。华为将奖金发放视为一种艺术。在华为的薪酬体系里，奖金数量可占到所有报酬的25%。华为对那些为产品线的用户体验或创新进行大幅改进的设计师进行专项的奖励。比较典型的有杂志锁屏（每次打开手机锁屏时会有不同的效果）、指纹设计方案（手机背板安装指纹识别功能，方便用户操作）等，这些贡献了优秀设计方案的设计师获得了公司给予的足够奖赏，无论是金钱还是名誉上都大获丰收。华为同时鼓励和支持设计师申请专利或是国内外知名奖项，例如德国的"红点奖"、"IF 奖"，还有国内的"红星奖"等，这些奖项无论是专业性、影响力还是知名度都是顶级的，如果能获得这些奖项对于设计师还有华为都能在产品和名誉上进行隐形的推广。[2]

在设计组织上华为基本上是对标的苹果体系，将 UI 与工业设计放在了设计部门之下，办公环境宽松，适合让设计师以自己的节奏来进行有效创作。而整体的组织架构中，华为建立了一种可变的矩阵结构。在华为每 3 个

---

[1] 雷燕、向俐双：《华为公司的薪酬管理及对战略薪酬设计的启示》，《现代商业》2007 年第 17 期。

[2] 赵建军：《华为技术有限公司员工培训体系构建研究》，兰州大学硕士学位论文，2006。

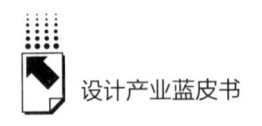

月就会有技术创新发生。这有点像创业团队，相应的部门会牢牢抓住机遇。公司的组织结构发生暂时性变形，但流程没有变化，只是部门与部门之间联系的次数和内容发生了变化。在阶段性的任务完成后，整个组织结构会回归常态。①

三 华为的设计策略

华为关注设计创新与技术创新有机结合，技术创新是通过华为自身强大的自研能力，由研发团队自发进行，在行业内做到了技术领先。而关于设计创新，华为更加注重所谓的微创新，包括设计创新和需求创新。需求创新由华为的设计规划部门进行，他们会寻找给用户和产品带来更好体验的新的需求，而设计部门会将技术部门与规划部门的创新进行有机结合，他们会把新的技术融合进产品设计中，不单独为了凸显技术，而是真正发挥技术带来的用户体验价值，同时，对新的需求经过分析和验证，来获取那些真正对用户有价值的东西，去伪存真。②

华为的产品 CEO 推崇建筑大师密斯凡德罗"少即是多"的设计理念。他们尊重用户体验。华为的设计部门同样追求的是系统的体验及创新，对他们而言，单独的视觉效果或是交互操作并不是产品优劣的决定性因素，外观、界面以及内外的协调统一才是让整个产品质量升华的关键所在。在外观上，包括视觉、材质、重量以及人机工程都是需要考虑的因素，而在界面上，交互、视觉、动效、音效以及机器反馈是用户接收信息并作出判断的主要来源。针对这些方面，华为为自己的终端量身定做了 Emotion UI（以下简称"EMUI"）。EMUI 是华为基于 Android 开发的情感化用户界面，围绕着EMUI，持续提升用户体验。

以 2014 年 8 月推出的 EMUI 3.0 为例，它是一套全新构筑的 ROM 设计

---

① 《国内六大著名科技公司组织结构图一览》，http://news.pedaily.cn/201412/20141224375768.shtml。
② 李晓琦：《设计策略引导企业发展——华为案例研究》，《东方企业文化》2015 年第 5 期。

版本，通过对竞品的分析、设计趋势的预估结合华为对用户体验的定位和理解，打造一套有华为特色的界面操作系统，这套系统首先要求基础用户体验友好，同时有华为的特色可以在体验上树立华为的品牌，此外还包含了一些容易被用户感知的体验设计亮点。与上一版本EMUI2.3相比，3.0版本首先在外观上有了华丽的转型，在欣赏程度上令人眼前一亮。设计师们对拨号界面、时钟、天气等系统进行重新设计，在保证美观的同时也将一些实用的选项做了明显的展示，同时在浏览器、下拉菜单等一些用户常用的功能中，对界面的外观和交互也进行了调整。[①] 而除了外观层面，在功能方面EMUI3.0主推的便是亲情关怀和懒人模式。亲情关怀的核心是远程协助功能，它可以实现华为/荣耀系列智能机之间的互相服务，以点对点的方式进行。懒人模式指的是通过传感器提升部分操作情况下的效率，例如开启懒人模式的重力键盘之后，在输入界面下只需将屏幕倾斜，键盘界面和虚拟触控键就能朝对应的方向倾斜，去除了单手模式需要再设置的环节。[②]

  对EMUI系统来说设计师通过设计规范来保证多个功能、界面之间的一致性和协调性。EMUI的更新一般是一年一个大版本，而在一年内会有多个小版本，而这些大小版本会在年度的需求规划中商议，由设计部门自身对设计趋势进行持续分析，规划不同的内容和更新到不同的版本上。而EMUI的完整设计输出一般会持续半年的时间。当落地过程中遇到技术门槛时，华为技术领先的优势就体现出来了，设计师可以与技术部门合作找到可实现的、保证体验的其他方案，而不必屈从于技术。每年EMUI系统都会经过若干小版本的迭代和大版本的升级。而EMUI与华为产品的匹配节奏是：华为旗舰类产品作为大版本的首发，后续的产品与小版本的迭代互为促进。在系统构建完善后，设计师将针对单项体验领域进行针对性建设，比如构建音效平台、系统性优化动效设计。在声音和动效方面会采用内外设计相结合的方式

[①] 《人性化的五大提升华为EMUI 3.0对比2.3》，http：//mobile.zol.com.cn/473/4733074.html。
[②] 《华为EMUI 3.0综合体验：改进小干货少》，http：//news.mydrivers.com/1/316/316843.htm。

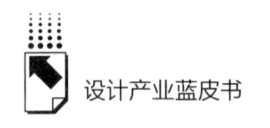

来建设，华为会挑选一些国际顶尖的合作方进行概念和方案的创作，同时会输出设计规范的标准和指导，以用于后续更加详细的方案设计。

四 华为的产品策略

在华为整体的"云、管、端"战略布局中，"端"是华为新兴业务的成长核心，华为目前的终端产品中，除去企业业务外主要是家庭和个体消费者业务。走向家庭，创造宽带家居和智能家居生活解决方案，是华为部署"端"的重要内容。而在智能家居生活解决方案中，智能手机是目前公认的重要接入口，也是大部分企业的必争之地。①

2012年时，苹果和三星占据了智能手机市场八成以上的份额，当时的国内手机厂商仍然在中低端市场拼杀得你死我活，"中华酷联"是当时国产手机的代表，经过多年耕耘，占据了一定的市场份额，但在品牌和产品形象上却裹足不前。这时，小米横空出世。作为一家成立不到几年的公司，小米在短时间内超过了"中华酷联"，风靡大江南北。除了2000元区间的亲民价格战略正中国人下怀，小米最为重要的是成功的品牌打造。小米摆脱了人们对国产手机的传统印象，将自己打造成了"为发烧而生"的高性价比手机。小米的CEO雷军作为乔布斯的忠实粉丝，模仿了苹果手机的一整套流程，例如他的产品发布会几乎跟苹果的产品发布会一模一样，包括自己的穿着和产品发布会的形式。同时借助互联网在中国高速发展的浪潮，运用互联网思维，借助电子商务和互联网营销，将小米包上了一层华丽的外衣，成功突破了国产手机的思维定式，一跃成为国内一流的手机品牌。

与此成为鲜明对比的是，"中华酷联"中的中兴、酷派和联想在之后的时间里逐渐销声匿迹，无法与小米以及魅族、OPPO等新兴厂商抗衡，只有华为挺了下来，而且还越做越好。那么华为是依靠什么产品策略来实现自身转变的呢？

---

① 《从任老板指向看华为手机战略走向》，http：//baigang.baijia.baidu.com/article/13762。

华为对自己"端"战略中智能手机实行了细分精品的产品策略。

2011年，以"中高端、自有品牌、智能手机"为主战略。华为开始从运营商贴牌向大众消费者品牌转型。

2012年，拓展"精品战略"。大幅削减机型数量，不做超低端，加大中高端产品的开发力度。

2013年，提出了"铁三角"概念，强化"渠道、品牌、产品"。在全球加大终端品牌营销力度，全球品牌认知度从2012年的25%提升到2013年的52%。走全渠道销售路线，包含运营商渠道、电商渠道和传统社会渠道。

2014年，开展"华为+荣耀"双品牌运作。荣耀在2013年12月推出，2014年实现了飞速增长，实现了销量2000万部的佳绩，并打造出荣耀6等一系列精品，创造了荣耀速度。荣耀品牌的互联网运作，与用户走得更近，也成为传统企业拓展互联网子品牌的标杆企业。[1]

在产品质量上，华为始终坚持精品的理念，打造极致的产品。华为在2012年从低端市场脱身而出，转型中高端产品后，首先是努力提升华为手机自身的口碑。过去，华为手机并没有得到用户的赞美，让人更多感受到的是运营商服务厅柜台里不入法眼的定制机。[2] 而华为在转型后相继推出了P系列、Mate系列、荣耀系列，成功迈入了中高端市场。打造极致的产品，保障持续的供应，是获得用户认可的根本。华为每年至少投入销售收入的10%用于研发。在全球拥有16个研发中心。而在内核方面，华为是国产手机中唯一一个有自己处理器的厂商，这也使其不用像小米等其他品牌那样需要和硬件供应商进行协调，在前置条件方面确立了至关重要的优势。

在华为的多条产品线中，公司认为不同的产品会有不同的硬件条件和目标人群定义，这些会带来UI平台之外的新需求，设计师需要针对产品的特质进行创新设计来呼应产品的硬件条件。在产品的特性设计中设计师倾向聚

---

[1] 《双品牌运作，为啥"华为+荣耀"最成功?》，http://mt.sohu.com/20150728/n417643082.shtml。

[2] 《2015重兵海外? 扯一扯华为手机的优势与隐忧》，http://www.huxiu.com/article/107313/1.html。

焦产品的目标人群和市场，寻找能够让这部分用户感知到并有很好操作体验、符合他们实际需求的设计方案。因此，华为对自己的产品进行了细分，将智能手机产品线分为华为、荣耀两大部分，分别应对不同的市场与需求。华为主打高端人群，在品牌上往高处走，而荣耀更加亲民，顺应互联网浪潮，从年轻一代去拓展市场和品牌认知。在这样两个不同的立场下，产品的属性也会产生差异和变化，尤其是在产品需求和视觉上，这种差异尤其明显。以华为典型的动效主题设计为例，华为是目前业界为数不多的提供多套预置主题，以及在线下载主题内容的厂商，在手机的内置主题上，默认的主题是承载品牌的识别度的主要手段，针对默认主题会有持续的发展和优化，而其他预置主题会更好地满足不同用户的喜好和需求，会根据设计趋势、流行色彩、视觉设计语言等不断更新预置内容。在华为的两大产品中，荣耀的用户年轻活泼，追求多彩时尚，因此设计师专门设计了一套3D立体动态的主题来满足他们的视觉需求。华为的动态主题则是偏向沉稳大气，不追求活泼时尚，而为了满足不同用户的喜好，这些风格迥异的动态主题都作为预置主题之一提供给了用户，让用户自行进行抉择。同样，在铃声上，会通过开机铃声和默认铃声在品牌上做区分。华为手机更多体现品质感，播放高端优雅的音乐铃声，而荣耀会更活泼轻快。这些直观感受能让用户在进行操作时隐形与品牌做呼应，用户在习惯了之后会在脑海中形成产品的固有印象，有助于品牌的建设。华为针对不同的产品会打造产品个性化的卖点，以手机的拍照功能为例，不同产品采用摄像头的能力各有特色，在设计上会基于平台的结构灵活的调整设计方案来保证该款产品的摄像头的特色功能更容易被发现和使用。

华为和荣耀的双品牌策略很好地满足了对内和对外的需求，对内而言，华为内部有竞争机制，允许产品与业务进行内部竞争并且鼓励这种内部竞争，因为这种良性竞争有助于发现产品自身的弱点。同时，华为内部拥有丰厚的技术资源，无论是华为主品牌还是分出去的荣耀子品牌，都能享受这些资源带来的回报，荣耀正是在得到了华为技术研发的芯片等技术支持的基础上，快速发展，迅速成型。而在荣耀形成一定规模之后，企业可以进行产品的重新定位和渠道资源规划，将两个品牌有机地结合起来形成一股强大的力量。这一灵活的体制也是华为企业结构带来的便利。对外，华为目前的竞品主要分为两个部分，国内手机品牌的小米、魅族等和国外的知名企业苹果、三星。华为旗下的华为、荣耀两大产品线也是分别针对国内竞争对手和国外竞争对手，荣耀系列尽管诞生时间较晚，但它很好地吸收了小米成功的经验，通过互联网进行快速迭代，并且打造了自己的"粉丝圈"："花粉"（取"华为粉丝"之意），在"花粉"的论坛上，用户可以与企业在EMUI为基础的平台上进行交流和互动，通过"花粉"这个用户平台，华为可以聆听到用户最真实的声音，同时，也能培养一批不输于"米粉"的忠实"粉丝"，荣耀系列以产品质量为核心竞争力，在互联网这个大舞台上与以小米为首的其他国内厂商展开厮杀。而作为全球市场份额的前两名，苹果和三星一直是华为想要追赶并超越的目标，华为系列就是为这个目标而打造的高端品牌。与荣耀系列不同的是，华为手机不会进行快速迭代，它有自己的目标和步骤，不仅仅专注在手机上，华为更注重的是打造生态链和云服务，这也是它在和三星、苹果竞争中的核心竞争力。

五　华为在设计管理上的缺陷

尽管华为手机目前逆势上升，成功占据了全球前三的智能手机市场份额，然而它依然面临一系列的设计管理上的问题。

首先是战略上的调整，华为作为市场的挑战者，面临市场领先者苹果、三星的压力，以及同为挑战者的小米的竞争。然而华为和它们最大的区别就在于华为本质上是一家通信公司，手机业务或者说智能终端业务尽管发展迅猛，但仍然不能取代其核心的通信技术公司本质。在这一点上，华为和三星相似，它们都是一个国家民族工业的象征，在此基础上，它们在智能终端领域的战略管理上难免会出现偏差，不像小米或者苹果。华为在做战略规划时考虑的更多的是整个华为企业的规划，其内部也容易因为部门利益的不同而产生分歧。华为与三星相比更加劣势之处在于华为是B2B业务起家，常年

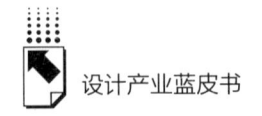

与企业打交道，而智能终端面向的是家庭以及个人消费者，属于B2C业务，华为不可能因为智能终端近些年的良好势头就放弃自己传统的B2B业务，这会打破华为的"云、管、端"战略体系，影响到三者的平衡。所以华为在智能终端的设计战略是不稳定的，它时刻受到公司内部资源分配以及企业管理人员战略调整的影响。

在设计决策的机制上，对设计师缺乏足够的重视，方案决策是由研发人员而非设计人员进行。这是由于华为本身是一家技术导向型的企业，其重视技术的氛围十分浓厚，尽管最近几年设计师的地位有所上升，但是还是没能改变技术人员拍板的结果。而由非设计人员进行设计决策的结果就是设计产出质量无法得到保证。这是研发和设计两者不同的思维模式导致的，研发人员注重的是技术可行性，设计师注重的则是用户体验，两者的冲突在研发人员做决策的前提下最后必定是研发人员的意见压倒设计师的意见。这也会导致产品在视觉、体验以及其他设计层面变相遭到削弱。

在产品的设计创新上，华为提倡的是微创新，这一点有利有弊，好处在于华为不需要投入大量的资源在研发层面上，但劣势则是华为始终处于追赶者的角色，因为它无法从目前手机同质化的环境下脱颖而出。苹果的iPhone当年就是通过其独创的IOS系统以及UI打破了诺基亚、摩托罗拉等老牌厂商的垄断，华为在微创新的环境下很难重现苹果的这种成功模式，这也导致华为目前还是以价格战为主来争夺国内和国外市场。

六 结语

本文通过设计管理层面分别探讨了华为手机的设计政策、设计策略以及产品策略。由上至下从大的战略层面到细致的实施层面详细阐述了华为手机作为华为智能终端的重要环节如何通过设计管理应对目前的市场和竞争对手。华为虽然是一家以技术为导向的企业，但其意识到了设计所能带来的全新竞争力。比起技术创新所需要的大量研发投入，设计创新更关注用户体验，用户对设计创新所带来的产品拥有更高的认同感和归属感。华为在设计创新中强调微创新，这是由目前的时代大背景决定的，尽管微创新无法让华为成为下一个苹果，但能让华为紧跟苹果和三星的脚步，国内的市场环境很难有效地保证创新结果，这也是华为没有选择全力追求设计创新的原因。

华为目前在智能终端已经取得了不错的成绩，要想在现有的程度上百尺竿头更进一步还需要在设计管理上进行优化。一是加大设计团队的话语权和决策权，让设计师主导自己设计的产品，这是以技术为导向的华为必须要走的转变之路，也是华为获得用户认可和支持的最佳途径。二是对苹果、三星的模仿和借鉴要有度，华为的创始人任正非先生在此前也谈到"在大机会时代，千万不要机会主义，要有战略耐性，希望在将苹果、三星、小米作为目标时，不要迷失自己，学习其优点，但不要盲目对标他们。"将目光一直放在他人身上就会使自己的定位模糊，忘记自身的初衷。三是华为的云、管、端三大业务在战略上的资源分配将决定华为手机在未来的走向趋势，目前，华为在终端产品上除了智能手机外还向智能手表、智能手环等其他可穿戴设备以及平板电脑等领域进军。华为是否会在智能终端进行更大的布局，下一盘大棋，华为手机的未来将何去何从，值得我们继续关注。

参考文献

[1] 雷燕、向俐双：《华为公司的薪酬管理及对战略薪酬设计的启示》，《现代商业》2007 年第 17 期。

[2] 赵建军：《华为技术有限公司员工培训体系构建研究》，兰州大学硕士学位论文，2006。

[3] 李晓琦：《设计策略引导企业发展——华为案例研究》，《东方企业文化》2015 年第 5 期。

[4] 李慧群：《华为的管理模式》，海天出版社，2006。

B.18
厦门东太集团创新案例分析与研究

胡清林 梁 田*

摘 要： 在提倡经济可持续发展的时代背景下，资源消耗体量大的传统建筑行业转型势在必行。本文以厦门东太集团为例，分析建筑领域的企业在面临转型时如何运用创新思维进行产业升级与创新。一方面企业通过转变发展模式，运用多元化发展战略，深化建筑相关产业链，整合资源，控制成本，优化质量，巩固自身市场优势；另一方面企业应用绿色建筑设计思想，在建筑设计和建筑施工上节约资源能源，迎合时代发展趋势，创造经济效益和社会效益。

关键词： 建筑行业 多元化发展 绿色建筑

一 建筑行业发展背景

（一）建筑行业发展规模

我国国民经济一直保持快速稳定的发展势头，城镇化建设也随之加速。

---

* 胡清林，厦门东太集团董事长；梁田，上海交通大学设计管理研究所硕士研究生，研究方向：设计管理战略、用户体验、用户研究。

根据国家统计局发布的2014年经济数据,2014年中国城镇化率为54.77%,比上年提高了1.04个百分点[①]。3月16日发布的《国家新型城镇化规划(2014~2020年)》,提出了稳步提升我国城镇化水平和质量的发展目标,预计到2020年底,我国常住人口城镇化率将达到60%。

我国城镇化建设将持续较长一段时间,这无疑会带来一个巨大的建筑市场。建筑业、房地产等相关行业,将在城镇化建设的带动下继续保持增长趋势。在生产规模方面,2014年我国国内生产总值为636463亿元,同比增长7.4%。2014年我国建筑业总产值为176713亿元,约占国内生产总值的27.76%。而2014年我国建筑业实现增加值为44725亿元,生产总值同比增长8.9%,增速比国内生产总值增速高1.5个百分点。在市场投资方面,2014年我国房地产开发投资95036亿元,同比增长9.9%(排除价格因素),其中住宅投资占总开发投资的67.7%,增长9.2%[②]。生产总值高、市场体量大的建筑行业,仍是我国国民经济的支柱产业,在我国国民经济健康持续发展的进程中发挥着举足轻重的作用。

(二)建筑行业发展趋势

建筑行业一直是我国能源消耗的大户,其能耗约占全社会总能耗的30%。在国家推行可持续发展战略的背景下,传统建筑模式因其对生态环境产生的恶劣影响以及资源能源的过度消耗,转型势在必行。而象征节能、环保、健康、高效的绿色建筑,是满足社会发展要求和人类生存需要的必然产物,是传统建筑转型的首要战略选择。

2011年8月18日住房和城乡建设部公布的《建筑业发展"十二五"规划》中明确提出,深入贯彻落实科学发展观,以建筑节能减排为重点,以技术进步和创新为支撑,促进建筑业可持续发展。规划还指出发展绿色建

---

① 国家统计局:《2014年国民经济和社会发展统计公报》,http://www.stats.gov.cn/tjsj/zxfb/201502/t20150226_685799.html,2015年2月。
② 国家统计局:《2014年国民经济在新常态下平稳运行》,http://www.stats.gov.cn/tjsj/zxfb/201502/t20150211_682459.html,2015年1月。

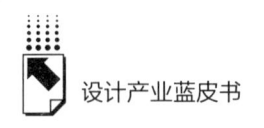

筑，应加强工程建设全过程的节能减排，严格履行节能减排责任，实现低耗、环保、高效生产；应加强建筑业技术创新、管理创新，鼓励采用先进的节能减排技术和材料，推进绿色施工，应用现代化的生产方式，使节能减排成为建筑行业发展的新增长点。

之后的系列政策强调，加强建筑业节能减排，督促建筑业节能减排相关工作的落实，推进绿色建筑发展战略的实施。一系列的"十二五"规划中也不断提出对应目标。从相关政策中可以发现，国家在大力提倡建筑行业朝着资源节约、环境友好的方向迈进，未来建筑行业发展的方向性要求之一就是实施绿色建筑。

二 厦门东太集团介绍

（一）企业简介

2005年3月，厦门东太集团正式成立。十年来，东太集团已由最初的单一房地产开发企业发展到如今包括房地产、建筑、金融、贸易等事业的综合性企业集团。目前，东太集团由八个事业部组成——金融证券事业部、房地产事业部、能源事业部、贸易事业部、信息科技事业部、建筑设计事业部、建筑装饰事业部、建筑智能化事业部[①]。集团一直重视和坚持优质房地产业务的开发，陆续开发了几个福建地区比较有影响的重点项目。

东太集团在房地产领域发展稳健，社会和经济效益明显。随着集团规模的不断扩大以及多元化发展的战略需求，东太集团也进军其他领域，如金融证券、能源开发、对外贸易等。此外，集团在保持已有优势业务的基础上，还横向深化拓展业务范围，在建筑设计、建筑装饰、物业管理等方面有所涉足，取得的成绩可观，给集团发展带来了显著效益。

---

① 厦门东太集团官网：http://www.dongtaigroup.com/。

东太集团的管理团队以"诚信、务实、求精、创新"为企业价值观，将创新始终贯穿于企业管理理念中，深化团队精神，凝聚团队力量，推行高效的管理模式，推动企业可持续发展，成就企业价值。

东太集团在集团上下齐心高效运作的支持下，创新性地实施纵向产业链深化与横向多元化拓展相结合的发展战略，企业自身获得了有利的发展空间。

（二）企业发展战略

东太集团的企业发展战略是纵向一体化与横向相关多元化的组合式战略布局。纵向一体化战略就是公司根据市场趋势和自身发展的状况，选择适当的时机和切入点，向上游和下游扩展建筑业务的发展战略[1]。横向相关多元化是在原有业务的基础上提供相关的产品与服务，优化全产业链布局的战略。采用多元化的发展战略，是为了提高规模化的生产能力，集中整合生产所需的各种资源，提升项目内部运作效率，来获得更高的回报，并通过面向销售终端的方法战略来获得直接来自市场的信息反馈，促进产品的改进和成本的降低，从而在行业竞争中获得优势。

建筑行业的产业链上有不止一个主体，而这些均是产业链上的支持力量[2]。而东太集团的战略部署使其占据了这条产业链上企业机构所能担当的所有角色。

1. 发展战略制定背景

自2009年12月开始，国家通过土地、信贷、税收、廉租房、经济适用房、限价房等方式对房地产行业进行调控。2013年2月国务院出台的房地产调控"国五条"，表明政府对楼市调控进一步升级。对于以房地产起步发展的东太集团来说，其难免会受到国家相关调控的影响，企业在房地产方面的利润有所下降。在行业利润增长减速时，企业需要通过寻找新的业

---

[1] 贾彦明：《企业纵向一体化战略研究》，《科技视界》2014年第22期。
[2] 菅卿珍：《绿色建筑产业链构建与运行机制研究》，天津城建大学硕士学位论文，2014。

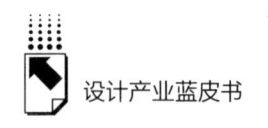

务领域和利润增长点来提高自身发展的多元化水平,从而获得高于行业平均利润率的企业收益①。

国家的宏观调控,对房地产市场而言,无疑是一剂猛药,粉碎了大量的投机性住房需求泡沫。大部分的购房消费者是刚性需求者或是希望改善居住环境者,房地产市场回归理性和正常。在消费者对住房环境的高标准要求下,企业也需要通过整合资源、合理控制成本,为消费者提供优质、性价比高的房屋项目。

由于房屋建设相关行业进入门槛不高以及其高额利润的诱惑,行业竞争者不断涌入。截至2014年底,全国与建筑业直接相关的企业就有81141家,比上年增加2222家,同比增长2.8%②。面对竞争激烈的建筑行业发展现状,东太集团转变企业发展思路,采取多元化发展战略,扩大市场规模,强化品牌优势,在房地产市场保有一定优势。

2. 发展战略创新分析

(1) 前向一体化战略——发展金融业务

建筑行业是受经济发展周期影响显著的行业,当宏观经济进行调整时,建筑企业往往首先受到冲击,受到的影响最直接、最明显。国家对房地产市场的宏观调控力度逐渐增强,资本市场如履薄冰,东太集团迎难而上,重视自身财务战略布局,在自有资金满足建筑施工业务需要的基础上,提高集团财务管理水平和拓展公司融资渠道,努力提高集团的资金使用效率,保证集团资金稳定有效的流通。东太集团通过成立金融事业部,着重在股权投资和金融等领域发展。集团的投资领域包括银行、证券、科技、能源等,效益显著。2013年,东太集团出巨资入股创办厦门首家、规模最大的小额贷款公司厦门思明双润小额贷款股份有限公司(以下简称双润小贷公司)。双润小贷公司服务的企业来自不同行业、不同阶段,针对各企业自身的发展状况,

---

① 杨鑫金、占明、李鲲鹏:《多种行业因素与多元化战略的关系研究——基于中国上市公司的实证研究》,《南开管理评论》2010年第6期。
② 赵惠珍、程飞、王要武、王楠、王承玮、周景梅:《2014年建筑业发展统计分析》,《工程管理学报》2015年第3期。

为其提供个性化的服务项目，例如，针对工业园客户提供"园区贷"，针对品牌加盟连锁企业提供"加盟贷"，针对合作银行的客户提供"联合贷"等等。"小额、分散、快捷"是双润小贷公司遵循的经营原则，以量身定做的贷款产品激发中小微企业的发展活力是双润小贷公司秉承的经营使命。创新式的定制化贷款服务，为初期创业企业提供了可靠的资金支持，帮助初创企业渡过资金困难时期。

（2）后向一体化战略——组建贸易公司

东太集团下设有自己的贸易公司——轩奈进出口有限公司，主营澳大利亚优质的农副产品。通过后向一体化战略，利用贸易渠道的优势，东太集团可以对各类农副产品的质量、供应和成本有较大的控制权和自主权，节省的部分成本直接转化为利润。2013年5月8日，轩奈进出口有限公司组建了"轩奈酒业"市场部，在澳大利亚拥有自己的酒庄，经营葡萄酒的进出口业务等等。

（3）相关多元化战略——组建建筑设计公司、装饰公司、物业公司等

在国家对建筑行业的管理越来越严格的背景下，单一的施工承包运作模式的经济效益和利润在逐渐降低，这促使企业建筑业务逐渐向前期的项目策划和设计阶段以及项目建成后的营运管理阶段拓展，从而加强产业链中各个环节的关联性，实现高效的管理控制，提高项目整体的附加值，提升项目的优良品质。在相关多元化的发展战略指导下，东太集团的业务形态正在从单一的施工承包模式向集设计、施工、管理为一体的综合性总承包模式转变，企业的触角已扩展到项目的策划、可行性研究、设计、装饰、物业运营、智能硬件等方面。

东太集团下设建筑设计事业部，其既为企业自身房地产项目服务，也为其他建筑项目提供设计服务与指导。其设计团队在竞争激烈的勘察设计行业，依靠自身较强的技术服务力量，秉持可持续发展的设计理念，高质量地执行绿色施工与建造的行业新规范，团队参与的工程项目广受好评。

东太集团在同样竞争激烈但发展潜力巨大的室内设计领域，也投入了一

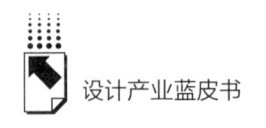

定的精力，成立了建筑装饰事业部。该事业部，在设计、施工和管理方面有经验丰富的优秀人才，从设计到施工各个环节，推行科学的管理模式，严格把控项目质量，逐步完善服务体系，自始至终贯彻"绿色环保"的理念，赢得了业内和客户的一致好评。

东太集团的建筑智能事业部，主要是为信息化的物业管理提供智能硬件系统等支持，利用先进的科学技术，践行"以人为本"的发展理念，在信息化发展的时代背景下，针对物业管理相关方面，提供一系列与建筑配套的人性化智能化管理系统，保障人们居住环境的安全和舒适。

三 企业创新设计案例研究——滨海公寓保障性安居工程

（一）项目背景

厦门同安滨海新城，在2014年厦门市政府发布的《美丽厦门战略规划》中被列为政府开发建设的重点区域，在"一岛一带多中心"的城市空间发展格局的建设进程中扮演着重要角色。同安滨海新城作为环东海域重要组成部分，拥有规划基础条件好、海洋生态环境优越等有利条件。

在交通配套方面，同安滨海新城已经具有立体化的城市交通系统。一是滨海西大道作为主干道，将同安与厦门市中心相连接，使其进入"厦门半小时经济生活圈"；二是沈海高速、国道324线、海翔大道等多条重要公路横贯同安，完善了同安交通运输网；三是城市轨道交通BRT快速公交也进入同安交通系统，增加了交通系统出行方式的多样性。如今，同安滨海新城在交通配套上已经拥有了立体化的现代化交通网络。

与此同时，相关的基础设施和配套设施建设也加快了进程。教育配套方面，东海一中、东海一小均已在该区域建成，厦门工学院附属中学已动工，多所社区幼儿园也已动工或已获批，同安滨海新城将打造完整的九年义务教育体系。公共服务设施配套方面，与行政服务相关的政务中心、市政公共服务中心,以及与市民生活相关的医院和各类文体场馆等设施正在加快建设,这将把同安打造成"政务中心+公共服务中心"的双中心城。商业配套方面,综合性商业购物中心和商业步行街也逐步开展建设,丰富市民休闲娱乐生活,带动同安新城区安居指数增长。

随着一系列有利于市民安居乐业的配套设施的建成与完善,同安新城区已逐渐为购房置业市场所认可,这也带动了一系列房地产项目在同安新城区纷纷落地建设,未来同安新城区将成为厦门市购置住房的重点选择,同时这个东部崛起的新势力,其发展潜力不可小觑,将会影响厦门人的生活观念和发展选择。

(二)项目简介

1. 总体概况

厦门东翔设计工程有限公司(即东太集团建筑设计事业部)承包的滨海公寓保障性安居工程项目位于厦门市同安滨海新城中部,南北分别贯穿西洲路和滨海大道两条交通干线,东临埭头溪,西临思明工业园。该项目总占地面积约9.83万平方米,总建筑面积约26.25万平方米,最高建筑层数达32层,保障性住房共计5304套,容积率达2.25。在公共配套设施方面,该项目配套建设有社区服务中心、幼儿园、商业圈、生鲜超市、公共食堂、环卫设施等。[①]

2. 设计理念

厦门东翔设计工程有限公司的设计团队基于基地的特征及规划设计要点,通过对规划布局的多方案比较研究,充分挖掘基地特质,力求规划设计形成一个"生态环境优美,具有都市文化气息和鲜明个性特色的现代保障性安居工程环境"。

该项目的总平面规划(见图1)是通过一条南北向中心景观主轴,将三

---

① 厦门市建设与管理局:《滨海公寓保障性安居工程项目全面封顶》,http://www.xmjs.gov.cn/jsdt/201308/t20130827_96298.htm,2013年8月27日。

个组团串联起来,而幼儿园、社区服务中心、商业等公共配套设施,则集中设计在中心位置,方便使用。

图1 滨海公寓工程项目总体规划布局

建筑立面设计采用现代的建筑风格元素,通过不同色彩及材质相互穿插,创造出简洁大气的建筑风格。

该项目实行"绿色建筑"的设计理念并通过住建部绿色建筑一星级设计标识认证。特别是在节水方面做了比较多的节能创新,增设雨水回收系统,在景观植物用水上采取滴灌,节约了大量的淡水资源。[1]

(三)绿色建筑理念分析

滨海公寓"绿色建筑"遵循节约资源、节省能源、回归自然的设计原则。

节约资源就是要求在建筑材料和建筑设计的选择过程中,充分考虑资源的合理使用和消耗,尽量少占用资源,力争使资源可再生利用。节省能源就是要求在建筑能源供给规划中,充分利用太阳能和自然通风等可再生能源,减少电能、热能等不可再生能源的使用。回归自然就是要求绿色建筑外部与周围环境和谐统一,动静相宜,自然融合;而绿色建筑内部的建造与装潢需使用无害的材料,为人们提供舒适健康的居住生活环境[2]。

---

[1] 刘开敏:《我国绿色建筑设计的特点和必要性》,《城市建设理论研究(电子版)》2015年第3期。

[2] 朱益民:《绿色建筑设计分析与探索》,《城市建筑》2015年第3期。

滨海公寓项目中，整个社区增设了雨水回收利用系统，用于绿化和冲厕等，节约了水资源。该项目也利用遮阳、隔温等一系列物理措施，进行无能源消耗的温度调整。同时充分利用太阳能这一无穷尽的天然能源，为社区日常活动提供电能和为居民用水提供热能。在社区规划和建筑设计中，设计团队充分考虑居住者对于居住环境的多样化需求和心理感受，同时也兼顾了建筑与城市环境的融合，力求达到人、建筑、环境三者的和谐统一，使建筑融入城市，城市包含建筑，两者相辅相成。①

1. 雨水回收利用系统

城市居民社区增设雨水回收利用系统是建筑节能环保的一项重要举措。加强雨水回收、处理及重新利用，既能有效节约地下水资源，改善社区用水紧张状况，提高水资源的利用率，又能改善城市社区的生态环境，降低城市局部热岛效应，为城市居民提供一个舒适的居住环境。

低成本、低能耗、可持续性、切实有效的雨水回收利用系统应用是东太集团工程设计团队在滨海公寓保障性安居工程项目设计中的一大亮点。

在滨海公寓项目建设规划过程中，东翔设计团队最初就将雨水回收设施考虑进去，这不仅使得节水工程能与社区建设统一规划，节约成本，减少重复性投资，而且使得该社区雨水利用达到安全实用、绿色环保、经济节约等要求。安全实用，就是要求在保证社区居民人身安全和建筑的自身排水安全的前提下，雨水回收利用系统能够稳定有效运行。绿色环保，要求雨水处理系统相对稳定，能保证净化处理后的雨水水质符合国家标准，同时消毒及处理过程中采用绿色、环保的物理法进行相应处理，减少二次污染。经济节约，要求系统采用高性能、高标准、低耗能的相关设备，使雨水回收利用系统的投资规模与收益达到经济节约的目标。

滨海公寓从建筑物屋顶、社区绿化带和硬化路面等方面收集雨水。

（1）屋顶收集。滨海公寓建筑物特意增加了屋顶檐沟的宽度，并增设了雨水漏斗，将其与收集管道、连接管道、落水管道以及雨水汇集管道等相

---

① 张璐：《绿色建筑设计之我见》，《城市建设理论研究（电子版）》2013年第9期。

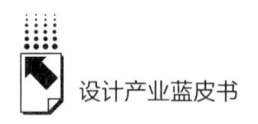

接，最大化地将建筑物屋顶雨水收集到统一的储存设备中。

（2）绿化带收集。滨海公寓绿化率高达70%，保证了较高的植被覆盖率，并且在绿地设计时合理搭配乔冠草本植物，增强绿地的入渗能力，提高绿化质量，有助于调节社区空气湿度及室外温度，改善生态环境；另外，在社区绿化带中使用有效的保湿层、排水层、防水层等绿化手段，将绿地无法使用的雨水汇集到相应的储存设施中。

（3）硬化路面收集。滨海公寓项目中，采用了透水性能良好的建筑材料铺设地面，与此同时，相应区域附近设立雨水汇流设备，将雨水导引到透水区进行汇集。

滨海公寓雨水回收处理系统中应用了一套相对完备的雨水处理工艺，对汇集的雨水进行分阶段、有针对性的处理。通过蓄水池的自洁过滤装置，排除雨水中大的杂质。之后，对初步过滤后的雨水采用重力沉淀与过滤结合的处理方式，进行进一步沉淀。最后雨水会通过压力滤池，被最小剂量的消毒加药处理。经过净化处理的雨水，只有满足所需用途相应的排放指标后才可以使用。处理后的雨水将在绿化灌溉、冲厕、消防、循环冷却等方面使用[①]。雨水回收处理系统在居住社区中的应用，具有一定的经济、社会和环境效益。

2. 空间布局的优化

（1）布局规划系统化

海滨公寓在总体规划设计中强调各建筑之间的连贯性以及其与城市的融合性。滨海公寓社区建筑群分为三个群落，都向城市开放，区域内的沿街建筑后退约15米，空出的空间设计成宽阔的休闲绿化带，并且三个建筑群落内都建有较大面积的社区公园，与城市共享资源，一条南北走向的中心景观主轴将三个相对独立的建筑群连通，增强各建筑群的互动连通性。每栋建筑间都留出足够的距离以保证采光和视觉心理的舒适性，并通过庭院景观将建筑群落里的每栋建筑相互连通并与城市空间相互贯通。在

---

① 杨青云、韦军：《城市住宅小区雨水利用系统初探》，《工程与建设》2011年第1期。

中心景观主轴上安排社区服务中心、幼儿园和中心商场等低层建筑，避开了高层住宅之间的对视以及对道路形成的压迫感，可以让更多的人享受稀缺的山景资源，极大地提升了住宅小区的生活品质，并将自然景观留给城市。

（2）房型设计人性化

东翔设计团队在项目的本身定位和档次的约束下，通过房型设计和配比，来控制房间面积大小，以保证内部空间分区的合理性以及房间内部动线的流畅性，并注重"以人为本"的设计价值理念，满足消费者生活的实际需求，通过个性化的建筑内部空间设计，对未来人们的生活方式进行引导。此外，项目的房型设计也考虑到外部造型的整体性，紧密结合建筑外部的立面设计和景观设计，使大道与周围环境和谐统一。

滨海公寓是厦门市同安新城区的第二个保障性住房建设项目，也是工业园区周边唯一的保障性住房区，紧邻湖里工业园，为工业园区员工及周边群众解决了住房需求。滨海公寓除了配置满足普通居民家庭生活基本需要的一房、两房和三房通常的户型外，还配有四房型，用作外来务工人员的集体公寓。

为了充分合理地开发建筑用地，滨海公寓采用32层的高层建筑设计。为给住户提供良好的居住体验，滨海公寓采用了改良版的蝶式建筑设计。滨海公寓的蝶形建筑（见图2）使东西朝向的房间向外伸展，使处于翅膀位置的四户拥有良好的采光和通风效果。两梯四户的设计，有效压缩了电梯间的面积，保证了较高的建筑使用率，同时也避免了使用弯曲的走廊。传统的蝶式建筑有一个通病就是房间的边角多，而此次滨海公寓的设计就对此做了较好的改善，从而保证了户型的方正。

满足多样化居住需求的人性化房型设计，在经济效益最大化的同时，也凸显了人文关怀。

3. 能源的节省与利用

（1）建筑遮阳一体化设计

同安滨海新城位于我国东南沿海地带，属于亚热带气候，夏季室内光照

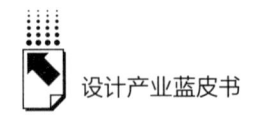

图 2　蝶式单元宿舍式房间规划

过强，必须拉上窗帘，空调尖峰负荷迅速上升。而滨海公寓建筑采用遮阳一体化设计，可以大幅降低空调等能耗，同时强化室内采光效果。

（2）隔热材料的应用

滨海公寓在建筑围护结构中采用新型隔热材料，隔热性能达到国家规定标准。首先，建筑物屋顶均加建隔热层，以减少太阳辐射对室内温度的影响。再者，建筑物外墙所贴的瓷砖，是以蒸压加气混凝土砌块作为填充物，隔热效果更加明显。其次，建筑物屋面采用28厚聚苯乙烯保温板，导热系数$\leq 0.05w/m^2 \cdot c$，高效保温的新型材料，加强建筑体的隔热保温，减少热损失。最后，房屋窗户统一采用断热铝合金节能窗，增强隔热保温效果。一系列隔热保温措施，都有利于营造适宜的室内环境温度，从而减少空调等控温设施的使用，达到节省能源的目的。

（3）太阳能的应用

滨海公寓所有建筑物都采用太阳能供能一体化技术。太阳能作为一种稳定可靠的可再生能源，一直被认为是发展绿色建筑事业的重要依托。太阳能可以为绿色建筑常规运营提供热能和电能，且能够持续开发利用。滨海公寓将建筑屋面、阳台、外墙等地方有机地结合使用太阳能集热器，充分收集太阳能，为建筑日常运营提供电能和热能，减少了其他资源的消耗，同时也丰富了建筑物的外观形象，减少了装饰投资。

四　总结

作为我国国民经济的支柱产业，建筑行业的发展事关国计民生。在强力推行绿色经济的当下，建筑行业也应当顺应时代发展的潮流，推行绿色环保节能的发展模式。厦门东太集团创新的纵向一体化和深化产业链的横向组合发展模式为其他正处于发展转型的建筑企业提供了新的思路。多元化的发展模式，能更好地整合资源，为创新设计提供服务，实现经济效益和社会效益的最大化。而在具体项目实施中，践行节约资源、节约能源、回归自然的绿色建筑设计理念，也是创新设计思维的具体体现。创新思维贯穿于东太集团管理理念之中，这不仅使企业自身发展保持经久不衰的生命力，同时也能真正服务大众，造福全社会。

参考文献

[1] 国家统计局：《2014年国民经济和社会发展统计公报》，http：//www.stats.gov.cn/tjsj/zxfb/201502/t20150226_685799.html，2015年2月26日。

[2] 国家统计局：《2014年国民经济在新常态下平稳运行》，http：//www.stats.gov.cn/tjsj/zxfb/201502/t20150211_682459.html，2015年2月11日。

[3] 贾彦明：《企业纵向一体化战略研究》，《科技视界》2014年第22期。

[4] 菅卿珍：《绿色建筑产业链构建与运行机制研究》，天津城建大学硕士学位论文，2014。

[5] 杨鑫、金占明、李鲲鹏：《多种行业因素与多元化战略的关系研究——基于中国上市公司的实证研究》，《南开管理评论》2010年第6期。

[6] 赵惠珍、程飞、王要武、王楠、王承玮、周景梅：《2014年建筑业发展统计分析》，《工程管理学报》2015年第3期。

[7] 厦门市建设与管理局：《滨海公寓保障性安居工程项目全面封顶》，http：//www.xmjs.gov.cn/jsdt/201308/t20130827_96298.htm，2013年8月27日。

[8] 刘开敏：《我国绿色建筑设计的特点和必要性》，《城市建设理论研究（电子版）》2015年第3期。

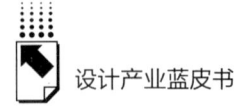

［9］朱益民：《绿色建筑设计分析与探索》，《城市建筑》2015 年第 3 期。

［10］张璐：《绿色建筑设计之我见》，《城市建设理论研究（电子版）》2013 年第 9 期。

［11］杨青云、韦军：《城市住宅小区雨水利用系统初探》，《工程与建设》2011 年第 1 期。

设计组织案例研究报告

Case Studies on Design Organizations

B.19 中国创新设计产业战略联盟

张彦敏 刘惠荣*

摘　要： 中国创新设计产业战略联盟（以下简称"联盟"）作为推动我国创新设计能力提升的组织机构，成立于2014年10月11日。《中国创新设计产业战略联盟专题》全面介绍了联盟成立的背景、宗旨及目标、任务及分工、组织机构和工作重点。

关键词： 创新设计　联盟　机构组织

一 "创新设计"一词的由来

目前，我国已成为制造大国，但经济增长主要依靠投资驱动和人力成本

---

* 张彦敏，硕士，中国机械工程学会副理事长兼秘书长，教授级高级工程师，研究方向为焊接技术研究、学会管理；刘惠荣，硕士，中国机械工程学会项目主管，中级经济师，研究方向为设计管理。

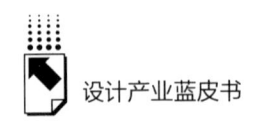

优势。科技创新能力仍较薄弱，自主创新设计制造的产品少、技术体系少，缺乏自主著名品牌，产品、服务的附加值低，还不是制造强国。虽然我国从20世纪90年代起积极推动科技创新，但是更多的是关注制造技术创新和管理创新，而对于设计的创新重视不够。我国制造业大而不强，多数制造企业及产品停留在模仿、跟踪阶段，长期处于全球产业链中低端，其根本原因是缺少原始独立的设计创新。

设计是制造的起点，是制造的第一道工序，是制造产业链的龙头。设计也是一切创造性实践的先导和准备，是"创新之母"，是创造力的集成综合。大力发展创新设计，对于全面提升我国产业国际竞争力和国家竞争力，提升我国在全球价值链的分工地位，实现科技支撑、创新引领、跨越发展具有重要战略意义。鉴于此，2013年8月中国工程院启动了"创新设计发展战略研究"重大咨询项目，组织近20位院士、100多位专家，分为10个课题组，历时两年多在全国各地方、行业和企业开展广泛调查和深入研究，研究创新设计在我国制造业以及社会经济发展中的重要作用，阐明创新设计的内涵、发展趋势及关键要素，通过剖析制造装备、新兴材料等领域的若干典型创新设计案例，探索推进创新设计的路径，提出创新设计发展战略和路线图，为国家有关部门制定重大战略和规划提供决策依据，为企业、科研机构和大学开展研发和生产活动提供指导性意见和建议，形成了阶段性成果和建议。

"创新设计发展战略研究"项目组研究提出：经历了农耕时代传统设计和工业时代现代设计的进化，设计正跨入创新设计阶段。创新设计面向知识网络时代，以产业为主要服务对象，以绿色低碳、网络智能、共创分享为时代特征，涵盖工程设计、工业设计、服务设计等各个设计领域，有力支撑和引领新一轮产业革命。

二 联盟成立背景

为提振对设计的科学认知，提升创新设计能力，建设创新设计文化，推动实施国家创新驱动发展战略，探索在市场经济体制下，通过联合各成员单位，整合资源，搭建创新设计多元化平台，在中国工程院的指导下，由中国机械工程学会、浙江大学倡议发起，于 2014 年 10 月 11 日在浙江杭州成立了中国创新设计产业战略联盟（联盟的英文名称为 Innovation Design Alliance of China，简称 IDAC，以下简称"联盟"）。联盟的发起得到了多家国内大中型企业，以及高校、研究院、媒体、行业协会、基金会等单位的积极响应。

联盟是围绕中国创新设计产业技术发展，由产学研、媒用金各重要行业发挥特色作用的企事业单位及社会团体自愿组成的平等互利、开放性交流协作平台。联盟是在中国工程院等有关单位与部委的指导下开展工作。实现创新设计成果推广、产业对接、商业化运作等，引领和推动创新制造、创新服务、创新品牌、创新价值，促进产业结构调整升级、发展方式转型，提升国家创新设计能力，促进创新驱动发展战略实施，为提升中国制造的竞争力和附加值，建设创新型国家服务，助推中国从"制造大国"向"创造强国"转变，为打造中国经济升级版、加快创新型国家的建设做出积极贡献。

联盟的成立不仅在制造行业和设计界产生了巨大反响，还引起了社会的广泛关注，中央电视台在联盟成立大会的第二天即 2014 年 10 月 12 日的《新闻联播》中播报了联盟成立大会的盛况，这充分体现了国家层面对创新设计的高度重视。此外，全国各大主流媒体也纷纷在第一时间报道和评述了联盟成立大会，其中网易新闻报道时评价说"中国创新设计产业联盟在杭州正式成立，这标志着中国开始迈进创新设计时代"；新浪科技报道时强调"设计创新与科技创新一样，都是现代经济与社会发展的重要驱动力……中国创新设计战略联盟以制造业、创新设计企业和区域支柱产业的创新设计需求为导向，以形成产业核心竞争力与影响力为目标，创新设计要素向企业聚集"。联盟成立引起了社会的广泛关注，这不仅反映了社会各界对创新设计的迫切需求和广泛认可，也表达了对联盟发展所给予的殷切期望和厚爱。

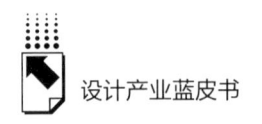

三 联盟的目标、任务及分工

（1）联盟的目标：以制造业、创新设计企业和区域支柱产业的创新设计需求为导向，以形成产业核心竞争力与影响力为目标，促使创新设计要素向企业聚集，落户企业，促进民族品牌产业和区域经济发展。

（2）联盟的任务：

①向政府反映行业及会员的愿望和要求，向行业及企业会员传达政府的有关政策、法律、法规并贯彻落实；②以创新设计理念引导整个技术研究一直到产品实现过程，促进研究、设计、制造各领域的创新资源整合；③积极发展同国内外相关领域及组织的联系，开展交流与合作；④推动中国好设计竞赛、评选、发布、推广和应用等工作；⑤推动中国设计竞争力评估和发布，进一步建立创新指数的评估体系；⑥组建创新设计大数据平台，实现创新设计资源合理配置；⑦组织以创新设计为主题的活动，包括召开中国创新设计大会等；⑧接受政府部门、国内外企业及其他社团的委托，开展技术咨询、项目论证、标准制定、专业培训等项目合作；⑨开展其他有益于创新设计产业发展的活动等。

（3）联盟成员的任务分工：

联盟成员单位按照单位类别属性大体可以分为以下几类：企业、设计机构（包括大学、科研院所）、学会/协会等社团组织、媒体机构、设计产业园区、金融机构等。按照联盟工作任务范畴，以及依据联盟各单位自身的技术优势、区位优势、资金优势、商业管理和市场优势，以"实现优势互补、合理分工"为准则，联盟成员任务分工大体如下：

①企业成员：提出目前企业在转型升级中，产品及制造过程遇到的重大创新设计关键需求问题；提供成功专利与科研生产成果分享；形成产业核心技术标准；②设计机构，包括大学、科研院所：提供成功专利与科研成果分享，提供针对性的创新设计咨询与服务；③学会、协会等社团组织：发挥科技社团在人才、技术、信息等方面的综合优势，发挥行业组织中立、公平、

公正的特殊作用，负责产学研媒用金各机构之间的组织、联络、沟通与协调；④媒体机构：广泛宣传提升创新设计能力的重要性和创新设计成就，营造创新设计社会氛围，宣传推介好设计作品、推广好设计成果、宣传优秀设计人才、举办学术会议和论坛，开展奖励及表彰活动、举办展览展示活动等。营造全社会重视创新设计、尊重创新设计的大环境等；⑤设计产业园区：推动地方特色产业、支柱产业的创新设计，树立品牌；⑥金融机构：支持创新设计的商业化运行，向联盟及联盟成员单位提供融资支持和金融服务。

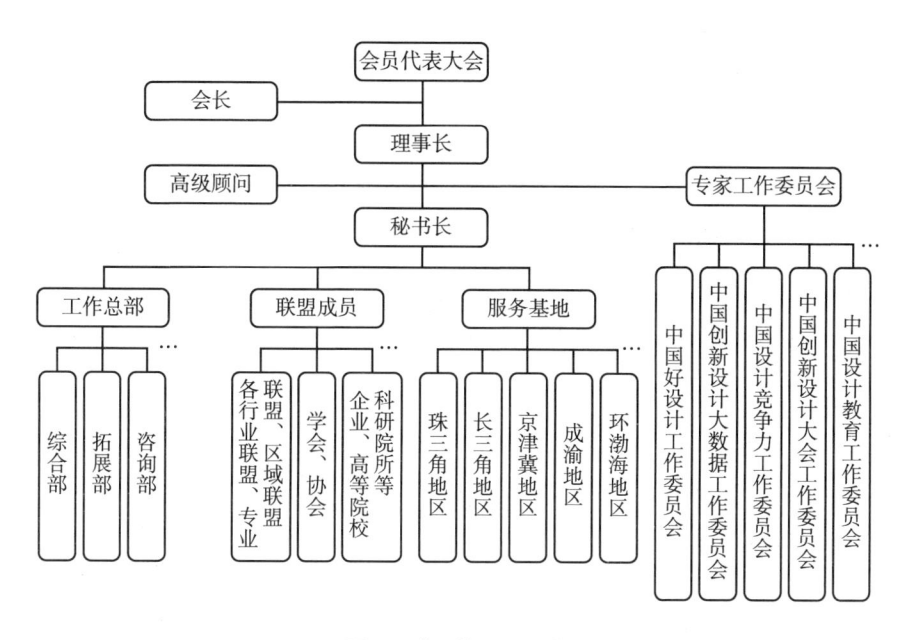

四 联盟组织架构

图 1 联盟的组织架构

（1）如图1所示，联盟的最高权力机构为联盟会员代表大会，会员代表大会由参加联盟的会员单位共同推举代表组成，实行一人一票表决制。为加强对联盟工作的推动，特设立联盟会长、副会长最高层级，负责全面把握与指导联盟的宗旨、目标、任务，主持联盟重大会议或决议并监督实施，其

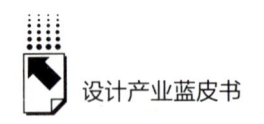

人选由会员代表大会聘请对创新设计有深度研究的德高望重专家担任。

（2）联盟设立理事会，理事会是会员代表大会的最高决策机构，在闭会期间领导联盟开展日常工作，对会员代表大会负责，联盟设立理事长一职并施行理事长负责制。

（3）联盟设立秘书处和专家工作委员会，并聘请若干高级顾问。其中，联盟秘书处负责联盟日常事务和项目的协调、管理工作，秘书处依托单位是浙江大学现代工业设计研究所。秘书处下设有工作总部、联盟成员以及联盟服务基地，工作总部分为综合部、拓展部、咨询部等，具体负责联盟各项工作的开展；按照联盟成员单位所属专业领域和服务对象又可分为企业联盟、区域联盟、专业联盟等，根据联盟服务对象所在的区域划分，可分为珠三角地区、长三角地区、京津冀地区、成渝地区、环渤海地区等。专家工作委员会共设有五大部门，分别是中国好设计工作委员会、中国创新设计大数据工作委员会、中国设计竞争力工作委员会、中国创新设计大会工作委员会、中国设计教育工作委员会，专家工作委员会常设机构设在秘书处，主任成员由理事长提名，理事会聘任。

五 联盟第一届理事会

（1）会长

联盟实行理事长负责制，同时为加强对联盟工作的推动，联盟设立联盟会长、副会长，全面指导联盟工作的开展。第一届联盟会长由两院院士、全国人大常委会原副委员长、中国科学院原院长、中国机械工程学会荣誉理事长路甬祥院士担任，联盟副会长由中国工程院院士、中国工程院原常务副院长、全国政协常委、政协外事委员会主任潘云鹤院士担任。联盟秘书长由浙江大学现代工业设计研究所所长、浙江大学设计学学科学位委员会主任、国务院学位委员会设计学学科评议组成员、教育部高等院校设计学类专业教学指导委员会委员、中国机械工程学会工业设计分会副主任委员、国际设计联合会执委、北京光华设计发展基金会副理事长孙守迁教授担任。

六 联盟五大工作委员会

（1）中国好设计工作委员会

中国好设计工作委员会的工作定位是以"中国好设计"评奖为基础，集展览展示、成果推广、项目对接、人才表彰、科学普及、国际交流等系列活动为一体，搭建产学研、媒用金协同创新平台，实现联盟提升国家创新设计能力，提高国家竞争力，推动"三个转变"的实现。

中国好设计工作委员会主要工作包括通过依托联盟专家顾问团队建立面向设计3.0战略思想的"中国好设计"评选标准，构建科学、公正、公开的评审流程；开展"中国好设计"评选活动并召开颁奖仪式对社会广泛推广；设立"中国好设计"评选活动的官网、微博、微信等自媒体平台；与日本好设计奖，韩国好设计奖，新加坡好设计奖，泰国好设计奖，美国IDEA奖，德国iF奖、红点奖等国际知名奖项建立广泛的联系，建立互认机制，推动设计成果传播应用；成立专家库、评委库、获奖作品库、参评企业库、参评人资料库；编制和发布"中国好设计"案例集、年鉴；建立中国好设计博物馆和企业园区合作建立创新园区；成立中国好设计奖获奖人员和志愿者俱乐部等。

（2）中国创新设计大数据工作委员会

中国创新设计大数据工作委员会的主要工作是从联盟单位、相关学会以及研究机构中组建创新设计大数据专家委员会；定期召开创新设计大数据发展战略和技术研讨会，议题包括研究大数据对创新设计发展的意义，研究创新设计大数据的基础构成与关键技术，以及相关行业和领域实施创新设计大数据发展战略的路径与举措等；组织学术机构与行业开展创新设计大数据课题研究，组织行业实施创新设计大数据应用示范工作；开展创新设计大数据咨询服务工作，包括编写行业创新设计大数据发展报告和为企业创新设计大数据项目实施提供咨询服务；促进创新设计大数据资源共享与合作，包括推动创新设计知识服务中心与行业领域的紧密合作，推动各行业成立创新设计

大数据研究中心等。

(3) 中国设计竞争力工作委员会

中国设计竞争力工作委员会的工作定位是依托中国工程院重点咨询项目"设计竞争力研究",开展高水平的中国设计竞争力研究,并将研究成果在发布年度分类设计竞争力白皮书上发布。通过连续多年的评价和发布,逐步形成具有中国特色和国际影响力的设计竞争力评价体系,引导中国的产业转型。

设计竞争力研究力争站在国家的高度,以企业为主体,产学研结合、媒用金协同,以实现"三个转变"和提升国家竞争力为目标,基于我国现有国情系统,研究和建立适应知识网络时代中国社会经济可持续发展战略需求的国家设计竞争力综合评价体系,为我国实现创新驱动发展的战略目标提供有效的评价依据、参考和建议。通过对企业、产业、区域和国家进行客观的设计竞争力评价,以"企业－产业－区域－国家"的形式多维度评价设计竞争力,其中企业是创新和创新设计的主体,也是设计竞争力评价的最重要对象。形成一个"设计竞争力"的高端智库,囊括国际国内的顶尖专家,其分别来自政府、产业、大学、研究机构、媒体和金融界。支持在设计竞争力方面表现优异的企业,形成"设计导向"的企业联盟。通过设计竞争力研究,逐步建立相关数据资源平台,形成权威的中国设计竞争力数据库。

(4) 中国创新设计大会工作委员会

中国创新设计大会工作委员会的工作定位是围绕中国创新设计产业发展,由"产学研、媒用金"各重要行业发挥特色作用的企事业单位及社会团体等自愿组成平等互利、开放性交流协作平台。通过定期举办以创新设计为主题的活动,普及和提升全社会对创新设计的认知和重视程度,为联盟会员搭建全方位多层次的交流平台,活动内容包括定期举办高端学术论坛、企业与专家对接会议,行业联盟、专业联盟和区域联盟会议,以及召开联盟五大工作委员会工作会议及专题项目工作组会议,搭建联盟内部沟通渠道。

(5) 中国设计教育工作委员会

中国设计教育工作委员会的工作定位是探索设计3.0时代创新设计的学

科内涵和教育体系，从学科建设、人才培养和社会服务等方面支持战略联盟目标的实现。主要工作包括依托国内一流的设计教育和学术机构，借鉴国际先进设计教育模式和体系，借助中国创新设计战略联盟的综合要素和资源，围绕"设计3.0"时代创新设计理念与内涵，创新设计学科体系，推动国内创新设计教育新一轮的改革探索，联合国内外学术和产业资源，开展学术交流与研讨，推动国内设计学科和教育的改革发展，培养新型的创新设计人才，提高公众创新设计意识和能力。

七 总结

正如会长路甬祥院士所说，创新设计能引领和帮助加快我国经济发展转型，走向中国创造。中国创新设计产业战略联盟的职责和使命就是，以"两个一百年"目标为指引，以提升创新设计能力、促进"三个转变"为使命，团结各方力量，提振对设计的科学认知，建设设计文化，推动参与实施国家创新设计战略，提升创新设计能力。

B.20
德国设计委员会

于炜 姜鑫玉 王亚运 袁淞*

摘 要： 蜚声海外的德国设计委员会是一个独立的国际性理事机构，以确定优良的德国产品形式为首要任务，为各种设计组织提供信息的交流并以联合国际优秀品牌企业，推动商业领域设计风潮为宗旨，有力地推动了德国的经济建设，使德国成为世界上工业发展最快的国家之一。本文首先介绍了德国设计委员会的成立背景、主要职能和发展进程，然后分别分析了该委员会的相关发展要素、历史经验与影响以及未来的发展趋势，旨在为我国设计行业的发展提供可借鉴的理论指导和政策依据。

关键词： 德国设计委员会 现状 发展 趋势

一 德国设计委员会简介

（一）成立背景

"二战"之后，德国满目疮痍，战后的重建任务艰难而困苦。工业的复

---

* 于炜，博士，华东理工大学艺术设计与传媒学院副教授，硕士生导师，研究方向为工业设计视觉传达设计等；姜鑫玉，博士，东华大学机械学院工业设计专业讲师，硕士生导师，研究方向为工业设计、公共设计；王亚运，华东理工大学艺术设计与传媒学院设计学专业，硕士研究生，研究方向为产品设计；袁淞，华东理工大学艺术设计与传媒学院设计学专业，硕士研究生，研究方向为视觉传达设计。

兴，经济的发展，一切都需要从零开始。同样，战后德国的设计界也面临着许多艰巨而复杂的任务，主要体现在四个方面：第一，如何通过设计迅速地促进国民经济的发展，提高德国产品的水准，以满足国内外市场的需求；第二，如何将设计与生产相结合，来恢复德国的制造业；第三，如何避免战后美国大工业化和一些国外设计风格的影响，而设计出具有德国本土风格的产品。最后，大量优秀的德国设计人员在二战中受纳粹政府的迫害流亡美国和其他国家，造成了德国设计人才的大量流失，因而如何重新培养设计人才成为德国的重要任务。

在此背景下，德国亟须成立一个权威的设计机构来引领德国设计的发展，同时也肩负着恢复德国经济的任务。因此在德国联邦议会的倡议下，德国在1953年成立了德国设计委员会。成立之初，主要是为了恢复包豪斯现代主义的文化遗产，培养和吸纳一部分优秀的设计师，于是在巴登-符腾堡州的乌尔姆市建立乌尔姆设计学院。至此，乌尔姆设计学院与德国设计委员会一起成为德国最重要的设计机构，力图倡导优良的系统设计原则，培养出新一代的工业、平面、产品、建筑等领域的设计师，担负起重振联邦德国优秀设计的使命。联邦德国如此加大力度寻求自身独立美学的设计风格，因为它所要重建的不仅仅是设计业，还有经济、民族自信心以及在世界人民心目中的形象。

（二）主要职能

德国设计委员会一直致力于德国设计，努力促进和加强民族和文化、媒体和政治、企业和设计师之间的思想交流，以及教学、科研和实际应用之间的合作，而且在欧洲委员会的提议下牢牢扎根于欧盟创新设计政策上。德国设计委员会主席，安德烈—库普茨解释，"德国设计委员会作为一个称职的合作伙伴，伴随着欧洲走在创新联盟的道路上。为此，作为代表德国文化和经济实力的设计必须把重点放在欧洲创新政策上，以寻求经济上增长和繁荣。"为了突出设计作为未来的经济发展和推动商业的重要因素，德国设计委员会会关注大学和企业间设计相关的研究项目。所以该委员会的目标不是

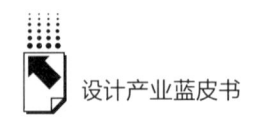

简单地推进将产品研发转化为设计，而是力求使其更加方便，以至于行业利用它来生成实际的经济利益。

德国设计委员会的另一个重要的职责，即鼓励卓越的设计人才推出更优秀的作品。该项目在这些新秀设计师的本科学习期间，就鼓励他们并给予那些杰出的新秀设计师一些技术和经济上的支持，以促进他们在将来发展得更加职业化。

（三）德国设计委员会的发展进程

1. 发展历史

德国设计委员会的历史开始于1949年纽约出口贸易博览会，在那次展览会上德国战后产品的整体设计受到强烈批评，随后德国联邦议院开始创建独立设计机构"德国设计委员会"。因此，基金会于1953年以德国设计委员会的名义成立，这一时期也是德国设计委员的萌芽期。其后从20世纪50年代后半期到20世纪60年代末是德国设计委员会的成长期，这一时期德国设计委员会主要寻求与欧洲各国的设计合作，参加各种设计展和会议，也与欧洲其他国家举办设计竞赛来鼓励优秀设计，通过这样的形式不断地向欧洲展示德国的设计。进入20世纪70年代后，德国设计委员会随着国家经济的快速发展开始进入其飞速的成长期直到上世纪末。这一时期的德国设计委员会开始寻求跨洋合作，尤其是北美和亚洲一些发达国家，通过举办各种设计展、会议和战略咨询来拓展国际设计合作，把德国的设计带向世界。当然从21世纪初开始到现在，随着经济全球化、信息互联网的发展，国际合作变得更加密切，因而德国设计委员会也进入其成熟期，这一时期的德国设计委员会十分重视国家软实力的创新，通过国际设计合作将德国设计转化为一种高品质、高质量设计的代表。在这四个时期该委员会一直奉行"设计的实行既是一个经济因素也是文化因素"这一目标，不断地推动着德国设计的发展。

2. 发展现状

德国设计委员会是一个独立的国际性理事机构，旨在支持企业间设计资源的有效沟通,加强设计理念向公众的传播。经过60年的不懈努力,如今的德国设计委员会已成为跃居于世界领先地位的设计机构。该委员会通过各种赛事、展览、会议、咨询、研讨会和出版物等方式,为那些优秀企业和设计学科的代表们提供了新的视角。据统计,迄今为止,德国设计委员会拥有来自各个领域的200多名成员,包括著名的设计师、优秀的企业、专业的协会和机构等,它们一致坚持的原则就是设计已不再是一个流于形式的表面设计,而是成为商业、文化成功和独特的销售主张(USP)的一个关键因素[①]。

二 德国设计委员会的发展要素

(一)政策扶持

1.《德国高科技战略》的制定

现如今全球经济在快速发展的同时也迎来了许多新的国际挑战,首先体现在全球的知识竞赛上,由于经济发展的速度加快,国际知识人才、科学技术和市场也竞争得更加激烈。另一方面也带来了气候变化、人口增长问题、常见疾病扩散、粮食短缺问题、不断减少的化石燃料和新型能源的替代等一系列重大全球挑战。为了能够应付德国在未来几年内可能面临的这些经济、财政和环境问题,德国需要从经济层面上去深层次地挖掘现有的潜能和开拓新的发展视角。首先要发挥科学研究的潜能、加强新技术的研究和创新、推进一些创新战略等举措,来应对其他国家挑战的方案,使其继续保持世界领先地位。其次需有计划有目的地挖掘德国科学和经济两个方面的潜在力量,同时通过两股力量的创新融合,才能应对国家甚至全球性的挑战,才能保障德国在未来几十年的物质、文化与社会的繁荣。

鉴于此,德国在2006年就推出了关于"高科技战略"的报告,该报告汇集了当时德国许多专家学者的智慧和共识,拟定了各大重要领域的创新目

---

① 德国设计委员会官网,http://www.german-design-council.de/en/gdc-english.html。

标，确定了一些创新性的举措。此后，在2010年，德国又通过了汇集了当时最新研究成果和一些创新性举措的《德国2020高科技战略》，把工作的重点转移到关注气候和能源、健康和营养、交通、安全和通信五大需求领域，同时还关注国家面临的全球挑战、关键技术、普遍问题/条件、知识和创新对话等新领域的探索。并于2014年提出了"新高科技战略"，目的在于将一些最新的理论成果迅速地转移为具体的创新活动，从而促进德国经济的发展[①]。

2. 整合资源，发挥多元主体作用

随着欧洲债务危机影响以及全球经济的激烈竞争，发展创新驱动型经济就需要上升为国家战略高度，这也就需要德国加强资源整合，发挥多元主体作用。德国实行的是对内整合创新体系、对外聚合创新资源的资源整合机制，因此德国拥有世界上最为密集的科研机构和高校体系，并且这些科研机构配套齐全，人员分配和分工也十分合理。其最具代表性的就是德国四大科学联合会。德国创新政策的制定重视发挥多元主体的作用，在新形势下将学术界、产业界、政府以及社会其他力量全部融入创新体系中，通过密切合作和信息共享实现创新技术向产品的转化。

此外，随着国际人才与技术的不断流动，德国政府则采取广泛的科技合作来吸引那些创新资源。一方面继续加强与其他欧美国家的合作，合作的内容则以一些尖端的科学技术、大型科研设施、青年人才的培养与交流为主；另一方面，扩大与新兴国家的合作，目的在于挖掘这些国家的潜在力量，通过一些优惠政策吸引这些国家的优秀人才赴德留学，同时也有助于德国形象的宣传，促进与他国之间的技术合作与转移。

3. 推进国际合作

随着全球化趋势的不断深入，世界各国开始不断地寻求政治领域经济领域以及文化领域的合作；作为德国较为权威的设计机构——德国设计委员会也在不断地加强与欧洲其他国家，乃至世界各国的合作。合作的方向主要

---

① 黄群：《德国2020高科技战略：创意·创新·增长》，《科技导报》2011年第8期。

体现在两个方面,一方面通过举办国际设计大赛来促进国际科技与文化交流;另一方面,不断促进国际企业与设计机构的合作。德国政府设立了许多部门用于促进这些合作,比如德意志研究联合会、国际事务办公室、德意志学术交流中心,作为国际科技合作的主要实施部门,不断开展国际科技合作活动,比如德国海外商会(简称CCA),在世界各国拥有120个办公地点,超过1700名员工,该商会旨在帮助德国中小型企业的研发和发展,同时推广德国的商业兴趣[①]。

(二)教育支撑(双元制)

德国是"二战"的战败国,在战争中国家的经济遭受巨大损失,可在短短几十年间德国已经成为世界经济强国,德国的产品成为高品质、高质量的代表,这在很大程度上源于德国的这种学校教育与企业培训相结合的双元制教育模式。

德国现在的设计教育模式大体是源于20世纪30年代的包豪斯的教学体系。一方面要求学生需要学习一些与职业技能相关的理论知识,另一方面也需要学生去一些企业或校外公共事业单位等校外实训基地,接受一些职业技能方面的专业培训。这种双元制的教育模式是一种校企合作的教学模式,所以除了学校担负起培养人才的任务外,企业也需要承当一些专职培训的任务,这种按照企业需要培养人才的教育模式在德国企业中全面推崇。

德国双元制的教育模式实际是一种将学校基础理论教育与企业技能培训结合起来的职业教育模式。因此有其自身的独特性,主要包括4个方面:第一,以职业为基础,在德国的教育体制下,比较注重"职业化"的教育,在德国的学校资源配置上,职业学校就占有较大的比重,而且德国人在文化程度上不存在职业歧视的社会偏见。第二,以企业为主导,虽然德国双元制的教育模式是学校教育与企业培训二者的结合,但是在地位上是不对等的,

---

[①] 李小华:《德国促进中小企业科技创新与国际研发合作的措施》,《农业机械》2010年第29期。

其中企业起主导作用，而学校教育则起着辅助的作用，这也反映了德国教育是以实践为导向，而非理论教育。第三，以学生为中心，这种教育模式在欧美国家较为普遍，在课堂上的教学以学生为中心，而老师的职责只是指导学生去主动地获取知识和技能，而非硬性地知识输入。还要注重学生的个性化的培养，针对不同的学生，需因材施教，从社会需求与人格培养两方面考量，不能只偏向于专业知识和专业技能的培养，而忽略学生的个性和人格的完善。第四，以就业为导向，德国双元制教育模式强调学校与企业是一体的，学生在学习期间是按照一个明确的就业岗位去培养的，培养其岗位专业技能，包括岗位的技术能力、沟通交流能力、与人合作能力等综合能力[①]。

德国前总理科尔曾经说道："发达的职业教育是德国战后崛起的关键。"正是这种教育模式为战后德国培养了大量高水平的技能人才，为战后德国经济的腾飞注入了新的血液。正如美国经济学家舒尔茨曾经说过："现代经济中，知识和能力等人力资本的提高对经济增长贡献值远超物质资本和劳动力数量增加。"据统计，从20世纪70年代至今，德国像这样高水平的职业技术人才已经达到了几百万甚至几千万，他们通过职业教育，改变着自己的生活，同时也改变着德国。

（三）工业4.0的推动

德国工业4.0是《高新技术战略2020》的重要组成部分，早在2010年7月就被德国列为十大未来项目之一，其后在由以德国学术界和产业界的联合推动下形成，并升级为重要国家战略，旨在提高德国工业竞争力，在第四次工业革命中取得优势。

德国工业4.0的内容核心：一个网络、两大主题、三大集成。所谓一个网络是指建立一个信息物理融合系（简称CPS）网络，实现网络与不同分工、不同层次生产设备的融合；两大主题是指智能工厂和智能生产，也是德

---

① 王成荣：《德国双元制职业教育的特点及其启示》，《北京财贸职业学院学报》2010年第4期。

国工业4.0的核心，在CPS系统的基础上，智能工厂的重点在于研究生产系统/过程的智能化，以及生产设施的网络化分布。智能生产则关注企业的生产流程，使其更加灵活富有个性化。三大集成则包括：一、在产品的生产过程中通过联网建成生产系统纵向集成；二、在产品的设计、开发、生产、销售等不同阶段间通过信息共享实现端对端的数字化集成；三、从整个社会价值层面看，要实现企业与企业的横向集成[①]。

工业4.0的推动对与德国经济、政治、文化、教育都有重大意义。德国虽有先进的制造业，但是德国国内的劳动力成本却普遍较高，这就需要德国不断地寻求能够替代高成本人力的智能生产技术，借此来提高德国生产制造业的自动化程度。而工业4.0的推动则完全从一个新的高度提高德国的经济水平。另外，工业4.0的推动可以使德国摆脱自身经济规模的限制，以新技术、新业态去争夺"互联网经济"的领导地位。工业4.0的推动可以充分发挥德国制造业的原有技术优势，加强同信息技术的结合，重点研发和运用智能装备，使德国在国际互联网商业竞争中处于领先地位。

三 德国设计委员会的探究与借鉴

在当时，像德国设计委员会（The German Design Council）这样涉及各个设计领域的综合性设计组织还鲜见于国际社会，就德、英、美、中四国而言，德国虽于1907年在慕尼黑成立德国历史上第一个设计组织——德意志制造同盟（Deutscher Werkbund），但该同盟只是一个推进工业设计的舆论集团。此后不久，英国就以此为蓝本开展了类似的实践，建立设计与工业协会（DIA），而美国于1965年才设立美国工业设计师协会（IDSA），相比之下，中国设计机构的建立则更为落后。及至今日，中、美、英三国仍未成立支持商业设计各个方面的设计组织。所以，德国设计委员会的建立不仅对德国本土设计业产生了重要影响，对其他国家的设计建设也具有一定的借鉴意义。

---

① 赵秋艳：《德国工业4.0启示录》，《装备制造》2015年第5期。

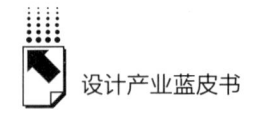

（一）对德国的影响

德国设计委员会由联邦议会决议成立，以支持德国经济在设计中的实现增长、增强德国工业的竞争力为目的，它的成立，是推动德国BDI（国际波罗的海综合运费的简称，该指数是反映国际贸易情况的领先指数）的决定性因素。作为全球领先的专业设计机构之一，德国设计委员会为会员提供量身定制的服务范围。所有加入委员会的成员都享有直接进入委员会关键决策者网络信息空间的权利。目前，委员会拥有200名成员，包括设计师、企业、协会和机构。他们始终坚持一个原则：设计不仅仅是着眼于一个光鲜的表面，更是实现商业、文化成功和明确销售主张的关键因素。德国设计委员会的目标一方面在于通过设计，给客户带来竞争优势也使它们得到相应的回报。另一方面则是培养年轻的设计人才，它不仅为在读的本科生介绍新锐设计师，帮助他们交流学习，还为他们提供通信和经济支持，以帮助他们顺利进入设计职业生涯。60多年来，该委员会以展览、竞赛、会议、出版物和战略咨询服务等各种方式支持和奉行这一目标，对德国经济建设的推动和设计品质的提升产生了积极的影响。

1. 对经济的推动作用

"二战"前，德国已经形成了强大工业体系和设计基础以及包豪斯确立的机器美学。战后，德国设计委员会的成立在此基础上大大刺激了工业生产的发展和复苏。在极短的时间内，德国创造了"经济奇迹"：从20世纪50年代到1964年，西德的国民生产总值增长明显快于欧洲其他国家；在这些年中，其工业产量翻了6倍；出口贸易从1949年到1950年翻了1倍，从1954年到1964年翻了3倍。由此，德国迅速跃升为世界上工业发展最快的国家之一。

20世纪末，德国设计委员会除了靠增强工业设计的竞争力刺激经济复苏，还设法加强与相关设计机构进行设计研究项目，促进创新经济的增长，同时创造就业机会。设计委员会的宗旨不是简单地加快设计研究的进程，而是设法使其可以与工业接轨，以便用它来产生一个实际的经济效益。主要包括以下几个合作对象①：

（1）国际工业设计协会（ICSID）

（2）欧洲设计协会局（BEDA）

（3）欧洲黑森州网络企业－欧洲黑森州外贸咨询与威斯巴登投资有限公司

（4）联邦生态设计

进入 21 世纪后，德国设计委员会已逐渐发展成为全球设计界联系与交流的领导中心。德国设计委员会成功将 200 多家世界顶级产品设计公司揽于旗下，成为其会员。设计委员会除了以展览、竞赛、会议、出版物和战略咨询服务等各种方式为会员量身定制解决方案外，还为会员提供以下优惠政策②：

（1）有权访问专业技术制造商的独家网络

（2）享有独家活动的邀请

（3）有权参加委员会创始人会议，并对会议内容享有决策权

（4）减少所有德国设计委员会活动的报关手续

（5）对于所有德国设计委员会出版物降价

（6）公司链接可关联到德国设计师委员会官方网站

（7）允许采用德国设计委员会标志

德国设计委员会对会员优惠政策的实施更大程度上提高会员的竞争优势，使它们获得较大利润，以大众集团旗下品牌奥迪汽车和大众汽车为例，2010 年，奥迪作为德国设计委员会的会员，享有参加行业活动的邀请，其 A5 Coupé 双门轿跑车以优雅与运动气质相结合的外形高调亮相法兰克福车展，并参与角逐年度"德国最佳设计奖"，最终，奥迪 A5 Coupé 双门轿跑车继奥迪 A4 Avant、奥迪 A3 和奥迪 A2 之后第四次荣获德国这项最具权威

---

① 德国设计委员会官方网站公告，http://www.german-design-council.de/en/gdc-english.html。

② 德国设计委员会官方网站公告，http://www.german-design-council.de/en/gdc-english.html。

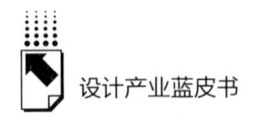

性的官方设计大奖。① 这一荣誉的获得,对奥迪汽车的销售产生了积极的影响,自A5Coupé发布至今,在全球市场已创下超过11万辆的佳绩。到2012年,奥迪以150万辆的销售额刷新了往年纪录,比2011年增长了120万辆,经营利润增长0.6%,达54亿欧元(2011年53亿欧元),经营销售回报率为11.0%(12.1%)②。

同样作为德国设计委员会会员的大众汽车,在委员会的政策优惠和量身定制的解决方案下,也呈现出势如破竹的气势。2011~2014年,整个大众集团的销售收入呈上升趋势,其中2012年销售收入达1927亿欧元,同比增长20.9%,比2011年增长334亿欧元,而2014年销售收入较2013年同比增长2.8%,高达2025亿欧元。与此同时,大众集团近四年的营业利润也持续走高,营业利润非常可观。除此之外,根据大众集团官方公布数据,2013~2014年,大众集团汽车业务流动净资金、普通股每股股息以及优先股每股股息都出现不同程度的增长,其中,值得一提的是普通股每股股息计划增至4.80欧元,优先股每股股息计划增至4.86欧元,创大众集团历史新高③。

从大众集团近年的经济情况就可以看出德国设计委员会力图将设计作为经济增长的驱动力,对德国国家经济的发展起到了非常积极的促进作用。

2. 对设计品质的提升

德国设计委员会作为各种设计组织联系的媒介,以确定德国产品的优良形式为首任。经过60年的不断努力,逐渐成为国际设计界的领导核心。委员会通过组织设计竞赛、展览等方式,鼓励优秀的设计人才进行自由创作,并为企业的发展提供有效的支持,旨在提升国际设计

---

① 《最美的双门轿跑车A5获德国最权威设计大奖》,搜狐汽车,http://auto.sohu.com/20091105/n267998510.shtml。
② 《大众汽车集团2012年实现多项战略目标》,凤凰汽车,http://changsha.auto.ifeng.com/xinwen/2013/0319/2653_2a.html。
③ 《大众集团公布2014财报销售收益均创新高》,搜狐汽车,http://auto.sohu.com/20150302/n409269118.shtml。

水平。

德国设计委员会对设计品质的影响首先表现在其对会员的选拔上。一直以来，委员会都以联合国际优秀品牌企业，推动商业领域设计风潮为宗旨。只有设计领先前沿、实力出众的品牌才被认定为其会员。以德国Küppersbusch为例。2015年，德国设计委员会在其官方网站上正式公布：德国Küppersbusch——拥有140年历史的顶级厨房电器品牌成功加入德国设计委员会。Küppersbusch厨房电器品牌总部位于德国盖尔森基兴，是国际顶级厨房电器制造商，拥有非常丰富的产品线，从烤箱到水槽一应俱全。百年来，Küppersbusch品牌始终走在行业的前沿，作为高端技术工艺的先驱，它坚持进行创新设计，努力进取，力图成就现代嵌入式厨电科技新基准。其厨电产品制作工艺精良，形态设计出彩，先后获得国家和国际级别设计类大奖60多个[①]。而今，委员会将Küppersbusch收归旗下，一方面是对其品牌百年高端品质追求的褒奖，另一方面也是对其日趋成熟的设计实力的高度肯定。

其次，德国设计委员会对设计奖项的设置也大大提升了设计行业的品质。目前，委员会已创立了5项国际设计大奖，分别是：德国设计奖、标志性奖、内政部创新奖、黑森州国家设计奖、VDA奖。1969年初，委员会设立德国设计大奖（German Design Award），是目前德国官方最具权威性、竞争最激烈的顶级设计奖项。参赛者的遴选要求非常严苛，所有参赛者首先要获得德国州经济部、立法部或德国联邦经济技术部的提名才能初步入选，同时，入选者必须是获得过国家级奖项或国际大奖的公司。另外，此奖项最终的评审并不完全由专家委员会决定，对于公众选择奖，所有的设计爱好者都可以进行投票。因此，该奖项又被设计界冠以德国"设计奥斯卡"的美誉。以全球知名的卫浴产品制造商Duravit为例，2015年由法国设计师Philippe Starck设计的首款一体式智能座便器Duravit SensoWash荣获2015年德国设

---

① 《Küppersbusch加入德国设计委员会》，Neeu.com优网新闻，http://www.neeu.com/news/2015-04-20/55351.html。

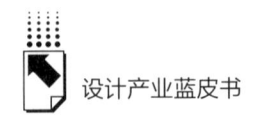

计奖,赢得了卫浴和养生类别的"杰出产品设计奖"①。这位来自法国的设计大师一直秉持极简设计的创作热情,以简洁的线条将陶瓷和哑光拉丝不锈钢完美地呈现出整体造型。它既能在卫浴空间中单独成为一个设计体,又能与现代卫浴系列融为一体。这一产品将最佳的实用性与极致的几何美学融为一体。因此,它获得了 2015 年"德国设计奖",而且 Duravit 自身也是德国设计委员会的会员。

另外,举办高标准的设计竞赛也是德国设计委员会提升设计水准的重要举措。根据官方提供的数据,目前委员会承办的设计类赛事有汽车品牌大赛、优秀人才竞赛、费斯托挑战。其中,汽车品牌大赛(Automotive Brand Contest)素来被认为是国际上唯一的中立性设计类评选活动,大赛于 1953 年成立,旨在提升汽车行业的设计能力,并通过设计强化企业的品牌价值。现已成为全球范围内在杰出设计评判方面最具权威的奖项之一。②

(二)分析德国设计委员会经验与不足

德国设计委员会的成立,重振了联邦德国优秀设计的辉煌。它的经验与不足对其他设计机构有着深刻的借鉴意义,主要表现在以下两个方面。

首先,德国设计委员会为推动商业设计风潮,极力联合国际优秀品牌企业作为旗下会员,并向会员提供自由访问专业技术制造商的独家网络和设计过程的领先广告的服务,加强各会员之间的专业设计交流;给予会员参与独家活动的特权,减少参加所有德国设计委员会活动的报关手续,最大限度地提高公司设计成果的曝光度;各会员公司的链接都可以关联到德国设计委员会的官方网站,并允许采用委员会的标志,增强会员的认同感以及设计委员会与会员之间的凝聚力。德国设计委员会对旗下会员的政策,帮助会员增强

---

① 《SensoWash 荣获 2015 年德国设计奖》,网易家居,http://home.163.com/14/1222/11/AE2M44B100104JV9.html。
② 《德国设计委员会评选创佳绩,起亚设计令人惊艳》,起亚 K5 论坛,http://bbs.pcauto.com.cn/topic-2697824.html。

自身竞争力，满足企业自身的各种需求，为企业提供量身定制的解决方案，大大刺激了德国经济的快速增长。

其次，委员会创立的一系列国际性设计奖项和竞赛活动，以其高标准的入选要求和严格公正的评选规则有效遏制了德国设计界的不良之风，帮助设计行业提升设计品质督促设计师对自己严格要求，从而营造独立的设计美学风格。它所设立的设计学院，善于引导年轻的设计人才从新角度观察事物，并为在读的本科生介绍新锐设计师，帮助他们交流学习，激发他们的灵感和想象。而委员会图书馆更是传输设计相关知识的重要工具，其文献资料涉及各个设计领域，包括国际产品、工业设计、视觉传播、室内设计、建筑和艺术等。力图培养新一代的设计师，为德国设计界注入新鲜的血液，加快设计业的前进步伐。

德国设计委员会虽然将设计作为刺激经济的驱动力，极大地推动了现代设计的发展，但它仍有些许不足之处，主要表现在与相关机构的合作上。委员会之所以加强与其他设计组织的合作，其目的是想在进行设计研究的同时，提高创新经济。然而，目前的五个合作对象，均是非营利性机构，它们虽然能够很好地促进设计研究的运行，但其所产生的经济效益并不十分乐观。此外，德国设计委员会并不重视与中小型企业的合作，设计行业的发展应是百花齐发的，只有不断缩短龙头企业与中小型企业间的差距，才能确保设计行业有条不紊地发展。

四　未来发展趋势

分析德国设计委员会的发展趋势只有在对德国设计的发展趋势进行分析的基础上才有意义。德国未来设计的发展主要集中在两个部分，其一是企业自身的设计部门，其二则是独立的设计工作室[①]。这两种设计职业类型的发展趋势对未来德国设计的发展具有重大的影响。

---

① 王受之：《世界现代设计史》，中国青年出版社，2002。

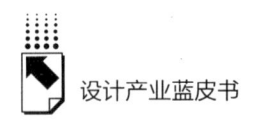

（一）从企业自身设计部门的发展探讨德国设计委员会的趋势

德国的设计发展经历了战前包豪斯的辉煌，战中设计行业的萎缩，战后的绝地突起到设计成为国家经济主力的过程。未来企业对设计部门的需求将不再局限于设计产品的形态和解决产品的程序问题，它更加需要为企业进行市场调研、顾客研究、设计效果追踪、人体工程学研究等相关的配套服务。全球活动的能力即企业的设计既能够符合本土市场，同时也能够满足世界各地，越来越被客户所需要。对企业而言，这一现象将不断刺激他们进行改变。未来的设计企业体制将越发趋于完善，但这并不意味着，德国设计委员会就没有用武之地了。相反，设计委员会应随着德国设计企业的发展步伐不断扩大设计服务范围，超越传统设计领域，目前委员会虽已拥有超过200家龙头企业成为其会员，但这还远远不够。未来，设计委员会的服务范围必须最大限度地拓宽，积极适应社会发展、经济需要、科技进步以及环境的变化。加强会员公司间的集体合作和跨学科交流，在全球相互依存的经济环境下，认识到多元化的重要性。

（二）从独立设计工作室的发展探讨德国设计委员会的趋势

至于独立设计工作室，德国早在1907年由现代设计奠基人、建筑家Peter Behrens成立了现代意义上最早的独立事务所。就与企业的关系而言，大部分的设计工作室都与企业的关系较为密切，与企业内部的设计部不同的是，设计事务所专业分工趋向明显，有丰富的经验，做工精细，设计的作品专业度较高。因而，一旦企业需要设计，还是倾向于选择独立设计事务所。这就容易造成企业被设计事务所垄断的情况。未来，作为以推动商业设计风潮，极力联合国际优秀品牌企业为目标的专业设计组织，德国设计委员会应加强与独立设计事务所的合作与交流，维持独立设计事务所、企业、企业内部设计部三者之间的平衡关系，为德国设计行业的健康发展保驾护航。

参考文献

[1] 德国设计委员会官网，http://www.german-design-council.de/en/gdc-english.html。
[2] 黄群：《德国 2020 高科技战略：创意·创新·增长》，《科技导报》2011 年第 8 期。
[3] 李小华：《德国促进中小企业科技创新与国际研发合作的措施》，《农业机械》2010 年第 29 期。
[4] 王成荣：《德国双元制职业教育的特点及其启示》，《北京财贸职业学院学报》2010 年第 4 期。
[5] 赵秋艳：《德国工业 4.0 启示录》，《装备制造》2015 年第 5 期。
[6] 《最美的双门轿跑车 A5 获德国最权威设计大奖》，搜狐汽车，http://auto.sohu.com/20091105/n267998510.shtml。
[7] 《大众汽车集团 2012 年实现多项战略目标》，凤凰汽车，http://changsha.auto.ifeng.com/xinwen/2013/0319/2653_2a.html。
[8] 《大众集团公布 2014 财报销售收益均创新高》，搜狐汽车，http://auto.sohu.com/20150302/n409269118.shtml。
[9] 王受之：《世界现代设计史》，中国青年出版社，2002。

B.21
SVID瑞典工业设计基金会

姜鑫玉 于炜 陈欣 李燕巧*

摘 要： 当代瑞典的设计在国际舞台上享有盛誉，成为北欧设计的重要代表。瑞典工业设计产业的发展与其特殊的地理位置和自然环境、高度民主化的社会制度以及政府的大力支持密切相关。SVID瑞典工业设计基金的建立，加快了瑞典工业设计的发展进程，致力于将设计作为国家发展的动力和提高竞争力的有力武器。瑞典设计在追求产品可行性的同时，还主动融入了使用者的情绪、心理和切实的使用需求，将人文主义与功能主义有机结合，为新时期的设计注入了新鲜活力。

关键词： 民主 人性化设计 家具设计 产业化

一 SVID瑞典工业设计基金概述

（一）SVID瑞典工业设计基金成立背景

瑞典，地处北欧斯堪的纳维亚半岛的东南部，是北欧地区国土面积最大

---

* 姜鑫玉，博士，东华大学机械学院工业设计专业讲师，硕士生导师，研究方向为工业设计、公共设计；于炜，博士，华东理工大学艺术设计与传媒学院副教授，硕士生导师，研究方向为工业设计视觉传达设计等；陈欣，华东理工大学艺术设计与传媒学院研究生，研究方向为工业设计、公共设计；李燕巧，华东理工大学艺术设计与传媒学院在读研究生，研究方向为艺术设计。

的国家，素有"森林王国"、"湖泊王国"和"北欧雪国"之称。瑞典向来以温暖的设计风格闻名，这与北欧特有的植被环境和寒冷气候有关系。地处北极圈附近的瑞典，有着独特的"极夜"以及日不落的美丽风光，独特的美景环境也影响着瑞典的设计，作为北欧设计的中坚力量，瑞典简洁的设计基调、带有人情味的风格一直备受关注。

瑞典是典型的"福利国家"，富裕、社会平和、拥有高度民主的社会制度。1936年，瑞典民主党执政后，瑞典建立了较为健全的社会福利制度，并努力普及至每位国民，在瑞典，每年国家收入的30%左右被用于社会福利支出。社会福利的项目十分广泛，重视教育，普及程度基本覆盖全体国民，只要想读书，就能接受高等教育。瑞典的高税收政策也使得人民有了社会平等意识，在瑞典人眼里，这也是一种"透明文化"。

日本名作家村上春树形容北欧是没有夏夜、冬日，连上帝都要为之垂泪的北欧国度，却能够孕育出H&M、IKEA、人气手机游戏Candy Crush、利乐包，还有全球成长最快音乐串流平台Soptify等创新产品。瑞典国家小、人口少，资源匮乏，能够有效保障国家经济快速增长，国富民强的核心之路是依靠科技创新，提升设计水平，开拓国际市场。这使得瑞典人的忧患意识较强，政府决策层更是关注国际动向的一举一动，把高度科技创新能力摆在国家发展的重点上，使瑞典在国际舞台上发光发亮。

瑞典根据国家经济格局愈加转向知识密集型产业，提出并实行了"创新瑞典"的战略，瑞典教育、研究机构、企业间紧密互动合作，国内创新型中小企业的数量逐年递增。为促进瑞典创新产业体制的发展，政府部门建立了创新局，隶属于瑞典工业、能源与信息部，政府为其研发项目提供20%的经费。[1] 自2005年，瑞典创新局开启了帮助提高中小型企业生产力和创新力的"研发与创新"项目，并持续每年投入1.2亿瑞典克朗用于创新科技的研发，以期稳步提高中小企业的市场竞争力。瑞典工贸大臣乌本·

---

[1] 陈湛匀：《瑞典中小企业发展模式（下）》，汇通网，http://www.fx678.com/C/20140609/201406091521321817.html，2014年6月9日。

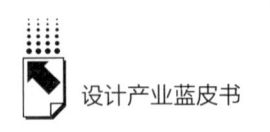

安德森曾经在出国访问时说过："瑞典的出口是设计。"由此可见瑞典的工业设计在国家经济中的特殊地位。

在瑞典社会民主的政治背景下，人们更注重表达自己的观点，提出具有创意的设计来诠释自己对新生活方式的理念和态度。瑞典工业设计基金会的成功建立，与当时政府对创新技术，特别是在工业设计方面的重视、鼓励与投入密切相关，这也是瑞典设计产业迅速发展，确立设计风格，并最终提升为国家重点发展战略，形成地区产业特色的先决条件。

（二）SVID 瑞典工业设计基金简介

1. SVID 瑞典工业设计基金介绍

Swedish Industrial Design Foundation（简称 SVID）是由工程科学瑞典皇家科学院（IVA）、SIND（现称为瑞典经济和地区发展，或经济增长和区域发展机构）、瑞典工艺设计协会（瑞典设计）共同建立于 1989 年。建立初期，SVID 重点是工业设计，发展至今，SVID 的成就在很大程度上表明了设计是私营部门和公共部门发展的重要推动力。它的目标群体包括了商业家，国家政府，地方政府，设计师以及专业院校和学院，旨在帮助提升社会众多机构将设计作为一种竞争手段。此外，SVID 地区办事处与部分当地组织共同合作，在全国范围内开展业务。[①]

SVID 的愿景是致力于积极地创建可持续发展环境，并努力塑造成为将设计视为发展动力并提高瑞典人们生活质量的领导者。设计是基于客户需求不断发展的过程，无论是否包括了产品、服务、流程、消息或正在开发的环境。SVID 努力将设计融入所有有待提升和创新的工作之中，将用户置于发展的重心意味着这能带来更具有吸引力的优质服务，也造福于企业、公共服务、社会和瑞典，最重要的是可以给用户带来福祉。

SVID 把工作重点放在他们认为有发展需求的重要领域上，国家地区计划与区域活动紧密相连。在这些计划领域里，SVID 通过运行项目、建立会

---

① Linas Alsenas：《品牌观点》，www.atlascopco.com，2011。

议场所、阐述一些优秀案例等，着重强调设计在发展中的重要作用。

2. SVID核心人物介绍

SVID董事会由瑞典经济和区域增长（经济增长和区域发展机构）的代表、工程科学瑞典皇家科学院（IVA），瑞典工艺品设计协会（瑞典设计）以及瑞典工业设计基金会的支持协会共同组成。

罗宾·埃德曼（Robin Edman）是瑞典工业设计基金会总裁。罗宾毕业于罗德岛设计学院，是一名著名的工业设计师。纵观罗宾的整个设计生涯，他致力于整合有效信息来说明设计的重要性，平衡设计与功能间的矛盾，注重情感价值与社会价值在设计中的体现。他参与的设计相关活动层面宽，并且在众多国际评审团的会议中（瑞典、挪威、芬兰、德国等），担任顾问委员和董事会的职位。此外，他还拥有丰富的设计研究工作经验，包括曾出任美国弗瑞吉戴尔公司（Frigidaire Company）工业设计部副总裁，在1997年返回瑞典，担任AB伊莱克斯（AB Electrolux）设计部副总裁一职，并于2001年获委任为瑞典工业设计基金会行政总裁。

罗宾认为，"随着服务和产品越来越无法分割，为公司产品、服务的各个方面做好设计显得尤为重要。"他的设计理念深刻影响了瑞典当代工业设计的发展，是瑞典工业设计界杰出的代表人物。他采用"设计阶梯"来划分不同层级公司的设计成熟程度，针对性提高企业内部对设计的重视程度。

伊娃-卡琳·安德曼（Eva-Karin Anderman），SVID项目经理。伊娃致力于用户研究，同时关注社会、政策和生活的设计与创新。她提出了"必须创造条件使人们使用他们的设计"，是SVID的重要领军人物。

二 瑞典工业设计基金发展及成就

（一）瑞典工业设计基金的重点工作

1. 计划和项目

SVID的工作重心是使设计尽可能在所有创新和改变的工作中发挥重要

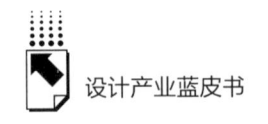

作用。瑞典工业设计基金会经营的业务包括公共服务和研究，这不仅能将参与者联系到一起，还可以有效传播新技术，增强社会发展动力。瑞典工业设计基金会还将额外注意力集中于一些可见的、有重要发展需求的地区，并使得瑞典国家发展计划和区域活动在国家层面上紧密联合到一起。

（1）健康计划

在研究以用户为导向的健康、护理和医疗护理解决方案的领域中，设计发挥重要的作用。设计可以帮助重新定义人类面临的种种问题，提出改善和创新的可能性，以创新方式来制定新的医疗和护理制度。众所周知，瑞典高福利模式已经被称为"瑞典模式"，每个人均享受近乎免费的医疗服务，极高的人文情怀融入设计里，使得健康计划与人民福祉紧密衔接。

"为更好的健康而设计"是SVID的关于设计与健康的重要主题，通过有吸引力的服务设计，来解决未来健康和福利方面的问题。在设计支持下，建立共同创造机制，在技术、设计层面尽量提高患者/用户在健康治疗和福利服务的体验，这在一定层面上有效影响了医疗结果和经济支出。与此同时，经过全方面设计，也可以为医疗保健与医疗福利的工作者提供新的工作方式，提高工作效率。

（2）目标计划

人们通常在哪些场所会产生愉悦心情？为什么人们时常想访问特定城市或区域的问题，促使设计成为区域发展目标的驱动力，如何利用设计来帮助开发有吸引力的地区、场所和环境，以及在这些领域中的生活、工作等。通过目标计划，SVID希望通过各种引导性方式来设计与开发这样的地区、场所、环境等。

2. 夏日设计工作室

自2001年以来，SVID每年都会在整个瑞典范围内组织夏日设计工作室活动，通过共同协作、交流来驱动设计发展。公司、市政当局和企业需要深入了解设计的实际意义，设计可以为社会做出怎样的贡献。与此同时，设计专业的学生需要了解到，他们将成为未来发展的主力军，因而必须深入了解，具备设计能力。

（1）旨在提高设计视野

夏日设计工作室提供与公司、组织以及众多市政机构协作的机会，为提升学生创造力提供了有利条件，其主旨是为大学生提供高质量的工作经验，通过参与公司、组织以及众多市政机构协作来提高自己的视野，感受设计的广度和作为社会发展工具的重要性。过去几年，工作室进行过各种各样的主题课，例如健康、环境等等。

（2）学生的教育背景多样化

夏日设计工作室一般是由4~8名来自不同的大学或瑞典高职的学生组成，经常由从事设计、室内设计、景观建筑、经济学及各类工程领域的学生组合在一起。

工作室的目标是培养创造性的环境，令学生掌握不同种类技能，并融会贯通使用。另外，每个办公室都有一个本地的项目经理和经验丰富的设计师作为指导老师，每一届夏日设计工作室都会总结并且举行一个开放性演讲，邀请企业，公众和媒体参加。

3. 迈克尔@泰斯库（Michael Treschow）奖学金

迈克尔@泰斯库奖学金成立于2003年，奖学金的总金额为10万瑞典克朗，每年颁发一次，目的是鼓励学生们能够继续深造并不断提升个人的设计能力，该奖学金还有利于学生毕业后申请工作等。

4. 人类塑造未来

SVID和部分合作伙伴制定了设计领域的策略研究计划和创新议程，来研究瑞典是如何通过设计创造影响力，提升供货及竞争力。这项工作要在VINNOVA（Sweden's 创新机构）所要求的策略研究和创新议程框架内完成。结果表明，除去其他因素，为了满足在设计领域中成为有意识的领导形象的需求以及提升设计工作，是一项需要持续不断地努力创造性的工作进程，这与创新有着极为密切的关系，此次合作也引发了战略创新设计的需求（SIO项目）。为了打造人类塑造未来共同体，此项工作在进行的过程中正在与地方、区域和国家的利益相关者密切合作。

（二）瑞典工业设计基金的现状

瑞典工业设计基金会致力于让人们逐渐认识到，设计作为一种提高竞争力的工具的重要性，并努力将设计融入商业活动中。

1. 设计研究

设计研究是多学科交叉和跨部门的。设计研究可在多所大学和学院为一个不断变化的领域。设计研究可以涉及设计过程本身，而且也与用户/应用程序等许多不同领域的新业务和新知识的需求相关。

SVID 确定新的研究需要，确保在设计、研发活动达到一个阶段，SVID 可以将结果传送到贸易和工业，公共部门和学术界，另外，协会还每年发布两次学术期刊《瑞典设计研究杂志》。

2. 环境政策

SVID 的最大的环保贡献在于它与专业设计师和他们的客户所完成的环保项目作品，这些设计包括环保主题的宣传、教育和项目活动。SVID 的内部环保工作所带来的环保贡献必须与其自身的商业利益达到某种平衡。我们在环保领域所进行的投资能够直接节省开支，并增加了企业内部的知识量，提高了企业美誉度并降低了风险。SVID 的 CEO 有责任确保该组织完全遵守当下的环境法律法规，而员工通过信息和教育手段参与环保工作。

（三）瑞典工业设计基金的社会贡献

瑞典设计走向全球性成功的重要原因，离不开政府和国家的各种扶持和资助，同样，SVID 也投资和参与了许多瑞典设计大赛，为促进瑞典设计的发展做出了巨大的贡献，同时通过参赛者的作品展现了瑞典设计发展进程。

1. SVID 瑞典工业设计大赛（SVID DESIGN OPEN）

瑞典工业设计基金会由瑞典政府资助，旨在"使私营企业和公共部门进一步意识到设计作为一种具有竞争力的工具的重要性"，同时"鼓励将设计方法论融入企业的生产活动之中"。

SVID 工业设计大赛（SVID DESIGN OPEN）是瑞典针对学生们举办的

规模最大的比赛，竞赛的目的是促进社会的可持续发展，加强设计和设计专业的作用。大规模的比赛有效挖掘学生的设计潜力，激励新锐设计师的成长和发展培养环保理念思想和绿色思维。

2. 瑞典国家设计奖（Design S）

瑞典国家设计奖（Design S）由瑞典工艺和设计协会（Svensk Form）以及瑞典工业设计基金会（SVID）共同设立，两年一届，参赛者包括设计师和生产商，赛事关注于提出"如何解决可持续性发展问题"的可行性设计方案。[1]

三 瑞典工业设计发展

（一）瑞典工业设计产业发展现状

瑞典人口仅900多万，然而曾连续四年被评为最具创新力欧盟国家，在设计史上，瑞典设计通常被认为是斯堪的纳维亚设计的最高水平体现，这与其本土设计产业的茁壮发展密不可分。随着社会进步和人们生活方式的变化，在瑞典，产品设计逐渐代表着人们全新的生活方式，随着设计产业的蓬勃发展，瑞典设计特征凸显。

瑞典设计的多样性在于其源于北欧大环境，却独立于北欧设计，在二战期间形成了极简抽象派设计风格，适宜瑞典设计自身发展的方向。瑞典的设计还具有地域性特征，鉴于瑞典独特的地理环境特征、民主的政治策略、悠久的设计传统等，共同交织成瑞典所独有的设计发展状态和特征。瑞典高度民主化政策背景下，设计中的人文思想极为突出，不同于美国设计中浓烈的商业化，也不同于德国设计中过分凝重的沉静与谨慎，也没有日本设计中繁杂的细节。同时，瑞典设计在追求个性化的同时，也并没有忽略功能和结构的关联性，这些特征可以从瑞典的家居产品、公共空间、设计组织等多方面

---

[1] 瑞典对外交流委员会：《瑞典设计，永无止境》，www.sweden.cn，2013年5月。

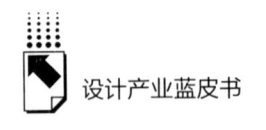

来体现。

瑞典设计产业，在二战后六十多年中经历了多重设计理念的影响和风格的转变。作为几次战争的中立国，在经济发展的带动下，瑞典设计开始关注人民的生活方式和舒适度，与此同时，家具设计从室内设计中独立出来，并发展成为瑞典工业设计领域核心力量之一。20世纪中旬，瑞典的工业设计师们开始在世界舞台上崭露头角，试图通过自己的设计来制定更美好的生活规则。在60年代，瑞典经济发展迅猛，现代主义风格对设计界产生了巨大影响，新材料的运用将瑞典设计引向新方向。70年代瑞典的工业设计界充斥着"自然价值观"、"绿色运动"以及"怀旧主义"等多种风潮的影响力，工业与艺术间的矛盾升级。然而这一矛盾直至80年代才得以平复，年轻一代的瑞典设计师们受到后现代主义风格的影响，追求更自由化的设计，瑞典工业设计业盛况空前。但是，时至90年代，全球性经济低迷促使瑞典工业设计师们重新定位他们的设计思想，设计重点转向实际生活的需要。21世纪来临后，设计需求全球化带动瑞典工业设计再一次飞跃，设计师们在设计中极力体现人文关怀和社会需求。[①]

而今，瑞典工业设计发展中所强调的可持续化发展也从理论上升到实践阶段，可再生资源的运用已然成为瑞典工业设计的重要标识。瑞典工业设计在保持多样性的同时，也越来越注重可持续发展，材料与技术相融合，设计与情感并重，朴实而亲民，从而展现出瑞典工业设计的非凡魅力。

（二）瑞典工业设计相关政策法规

20世纪四五十年代，瑞典工业设计的兴起和发展离不开政府对设计的重视和扶持。战后瑞典为提高国家工业设计水平成立诸多专业部门，来控制产品的质量和生产状况。瑞典中小型企业的迅速发展，与政府机构和非政府组织重视并推进工业设计发展密切相关，例如瑞典的工业联合会、工业设计基金、总商会、全国贸易局、私营企业联合会、工作与社团同盟、增长政

---

① 包文瑞：《看瑞典的家居设计》，《文艺生活》2011年第8期。

策研究院、工业发展基金等为促进中小型企业的发展制定了一系列经济、就业、设计等调控政策。瑞典政府还出台了"增长协定"产业政策，合理规划区域现有资源，结合设计手段，激发区域发展潜能，加大企业调控空间，促进国家经济稳定增长。在瑞典政府的大力支持和投资下，瑞典工业设计基金（Swedish Industrial Design Foundation）的成功建立，并逐步发展壮大，帮助提高瑞典工业设计教育、发展等问题，成为世界上领先的设计组织之一。

20世纪60年代晚期，瑞典率先提出了"全民社会（A society for all）"的概念，在此社会政治背景下，瑞典工业设计与北欧设计界之前提出的"设计为民"的概念有着异曲同工之处，从而进一步将设计提升到对环境、人机工学、老年人、残障人士等多维度的领域高度。瑞典高度民主政策也促进了设计产业成为全民享受设计带来的福利的保障。

另一方面，北欧环境优美宁静，长期以来的寒冷和黑夜令瑞典等国家均十分注重保护自然环境，因而各种国家政策更是强调环境保护和社会的可持续发展，然而要实现这些政策法规，提高国家工业设计水平是关键。

（三）瑞典工业设计教育发展

瑞典有许多享受国际声誉的设计、艺术院校，在瑞典设计院校的教学理念中，特别注重课程设计的实践性，以人为本、教育平等的教学理念在院校教育中均有体现。随着社会的进步，瑞典工业设计教育注重对学生设计能力的全面培养，而越来越多的学生也更愿意用自己的实际作品来表达对设计的理解，并逐步建立自己的设计风格。

1844年创立的瑞典国立艺术与设计学院（Konstfack University College of Arts Crafts and Design），是瑞典历史最为悠久的艺术设计院校之一，属于公立美术、工艺和设计学院，并设有学士、硕士学位。学院主要教授专业包括有平面设计、工业设计、室内设计、家具设计、织物艺术设计等。学院教学体制采用学分制，教学流程主要分为三个阶段：艺术培训、专业培训、工作室培训，为保障教学质量与世界设计与时俱进，学校经常开展与欧、美、亚

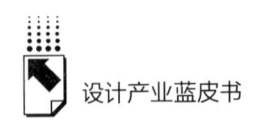

各国设计院校间的交流。① 瑞典国立艺术与设计学院于2012年成功举办了瑞典"历史在进行"展览，主要展出了2012年瑞典DesigNu的获奖设计和提名作品，以促进设计专业学生的交流，提高人们对工业设计的兴趣。

贝克曼斯设计学院（Beckmans College of Design）成立于1939年，该学院的教学理念是鼓励学生发挥自己的想象力和创造力，注重团队合作，并在合作过程中逐渐形成个人设计风格。成立于1989年的于默奥设计学院（The Umea Institute of Design）是一所专业从事工业设计及其相关学科教学的艺术院校。另外，还有哥德堡大学的设计与工艺学院（The School of Design and Crafts）也设立了珠宝、纺织品等相关设计课程，重在培养学生的艺术美感和手工技艺的掌握。瑞典纺织学院是一所纺织设计类专业院校，该学院开设的设计、工艺、技术、生产等系列化纺织领域的课程，为学生提供了专业系统的设计教学。

除了建立的众多优秀的设计类院校，瑞典部分组织还制定了一些重量级的设计奖项，以鼓励瑞典工业设计师们取得的成就，促进更多优秀设计的诞生。除了SVID工业设计大赛，瑞典国家设计奖（Design S）旨在鼓励设计师和生产商们提出更多具有创造性和创新性的设计，提高产品的市场竞争力。瑞典设计青春奖（Young Swedish Design）是瑞典工业设计界另一项富有极高荣誉的赛事，先由专家评审团评选出优胜作品，再参加瑞典作品巡回展，该展览鼓励年轻设计师们为设计所做出的杰出贡献，并注重社会可持续发展和环保意识。DesigNu奖项发起于2006年，旨在帮助有才华和潜质的年轻设计师们提高知名度。

（四）瑞典著名工业设计师

瑞典早期产品设计风格的形成，取决于当时一大批杰出设计师们对设计的完全付出，尤其是家具设计发展史上，涌现了一大批优秀的家具设计师，

---

① 《世界著名设计院校：北欧篇》，百度文库，http://wenku.baidu.com/view/6b38f3a8dd3383c4bb4cd264.html，2015年5月2日。

例如约瑟夫·弗兰克（Josef Frank，1885-1967），他将织物等传统手工艺运用到家具设计中，并赋予色彩明艳的自然风光，一度成为瑞典设计的典范。卡尔·马姆斯滕（Karl Malmsten，1888—1972）是世界公认的瑞典"现代家具之父"，研究民间艺术和手工艺的开发和再设计是他设计生涯中最重要的部分，其设计理念注重人性化，反对过分机械化，提倡"适度永存，极端生厌"原则。斯文·马克利乌斯（Sven Markehus，1889-1972），是瑞典现代主义设计重要代表之一，作为一名建筑师兼设计师，他的设计作品虽然装饰简洁，但不同于包豪斯功能主义的机器美学，而是更多地融入了人本主义需求。布鲁诺·马松（Bruno Mathsson，1907-1988）的弯曲木椅已然成为瑞典乃至整个北欧家具的经典之作，他设计的最大特点是家具结构优美而简单，并率先考虑人机工学的应用。[1]

如今，瑞典新生代家具设计师中涌现出，例如设计了"弹性"家具的尼尔斯·史特瑞宁（Nils Strinning）、史文·凯伊·拉尔森（Sven Kai-Larsen）设计的家具充满鲜活力量、约翰·坎德尔（John Kandell）擅长挖掘木材本身的潜力等，他们将设计与生产紧密相连，设计了更多个性化、现代化的产品。

瑞典除了家具设计领域取得的杰出成就，在汽车、家用电器、通信等领域同样也有着长足发展。西克斯·盛萨松（Sixten Sason）是瑞典工业设计领域的先驱，他将美学与技术相结合，他的设计造型语言极富现代气息，他设计的小汽车将空气动力学与形式、性能完美结合。工业设计师乔·威斯加德（Jan Wilsgaard）设计的"亚马逊"型小汽车，整体外型简洁大方且富有人情味，满足了瑞典人的审美需求。

当代瑞典设计界拥有众多享誉国际的优秀人物，例如莫妮卡·福斯特（Monica Forster），她将新技术与形式相结合，设计作品涉及多领域。托马斯·伯恩斯特朗德（Thomas Bernstrand）的设计时尚而人性化，例如格博衣架和人体扶手椅等。另外，瑞典设计师克莱松·卡尔维斯托·卢恩

---

[1] 王受之：《世界现代设计史》，中国青年出版社，2002。

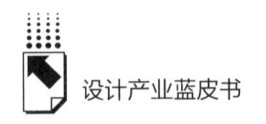

（Claesson Koivisto Ruen）和托马斯·桑德尔（Thomas Sandell），以及尤莉卡·海德曼-瓦莱安（Ulrica Hydman-Vallien）等，他们都建立了自己的品牌。在瑞典工业设计发展史上，这些优秀的设计师们以设计为力量，努力构建更美好的瑞典生活。

不论是家具、移动电话，还是电子消费产品方面的设计上，瑞典设计师强调人文关怀，对材料、技术的创新及应用充满热情，大胆地尝试合成材料来实现设计结构与功能的突破。除了在设计中借助电脑来快速建立和评价虚拟产品模型，瑞典的设计师还借助数字技术在手工制作和机器生产之间寻找两者的平衡。

（五）瑞典企业工业设计的发展状况

1. 瑞典主要家具设计产业

瑞典家具的设计、品牌、质量、人文等多方面都取得了卓越的成就。瑞典家具设计包括四大特点：一是用料环保，将新技术应用于家具材料的突破，复合型、混合型、可再生型材料的运用融合了科技与美感。二是简约设计，产品极简化、线条化风格明显，不盲从于"机械主义"，也不依赖于材料和手工艺。三是功能至上，产品基于现实，服务需求，追求更高的生活品质。四是工艺卓绝，传统手工艺技术与新技术有机结合，创造出更多优秀的瑞典家具。

瑞典家具中著名的宜家IKEA，IKEA代表了瑞典家具的出口水平，堪称全世界最大的家具制造商与销售商，在售产品囊括了家用桌椅、沙发、儿童家具、卧室系列、厨房系列，以及办公用品等一万多种产品。IKEA家具之所以风靡全球，被大众所广泛接受和欢迎，正是因为IKEA将充满北欧时尚感的设计融入平民化的产品需求中，并以亲切的价格和服务，令人们享受到来自设计提高生活质量的福利。IKEA的设计理念与以人为本相契合，将平等观念通过设计传到切实的生活中，同时致力于环保与社会责任。

除了IKEA，瑞典卡勒莫公司（Kallemo）作为IKEA的对手公司，共同发源于瑞典斯马兰，该公司创始人斯文·隆德（Sven Lundh）提倡反传统设计，为瑞典的家居设计界打开一丝新的曙光。[1] 戴维设计集团（David Design）的设计作品风格简洁朴实，表现出细腻的人文关怀，为瑞典的设计复兴做出了卓越贡献。瑞典的拉姆霍尔茨家具公司（Lammhults）旗下产品恰当阐释了美学和实用功能的结合，成为了北欧设计的典范。

位于斯玛兰德斯卡登大街的斯德哥摩尔设计工坊（Design House Stockholm），他们的产品色彩鲜艳，充满了前卫性，与IKEA类似的是，他们在店中直接摆出了产品供顾客直接体验和实用，增强了互动和趣味性。

A&E Design成立于斯德哥尔摩，公司的设计理念是将设计倾注于产品的实际应用中，而非大众化的流行趋势。A&E Design的创始人之一Hans Ehrich为斯德哥尔摩的国家博物馆设计了一款轻巧便捷的折叠椅"Stockholm II"，广受赞誉，并获得了杰出瑞典设计奖"Excellent Swedish Design Award"、"Red Dot Design Award，The Best of the Best"等多顶级设计奖项。[2]

2. 瑞典通讯设计产业

通讯"革命"同样也给瑞典的工业设计界提供了较大发展空间，设计师们通过利用科技和设计来改变北欧地理位置、环境气候等恶劣条件的生活现状。瑞典的爱立信抓住科技革命带来的市场契机，实现了品牌创新和产品设计创新。1876年，爱立信（Telefonaktiebolaget LM Ericsson）成立于斯德哥尔摩，早期主要生产电话机，并始终专注电信行业，秉持着"构建人类全沟通世界"的理念，不断推进产品发展进程，后期发展成为全球综合性的通信解决方案和服务提供商。2000年初，爱立信业务亏损严重，直至2012年，全盘被日本索尼（SONY）公司收购。爱立信在瑞典工业设计史上仍然扮演着重要的引导角色。

3. 瑞典沃尔沃汽车公司

瑞典沃尔沃汽车公司（VOLVO）是瑞典工业设计领域的另一核心产业，

---

[1] 米兴栋：《浅析瑞典家具设计的简约风格》，山东轻工业学院硕士学位论文，2011。
[2] 姚晶晶：《北欧设计的现代精神》，《艺苑》2009年第3期。

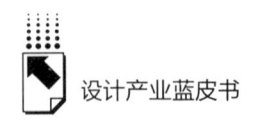

如今也是北欧地区规模最大的汽车公司，创建于1924年。沃尔沃汽车被称为世界上安全系数最高的汽车，公司主要生产不仅包括轿车、客车、货车这些日常生活用车，还生产建造业机械、航天及航空设备、汽艇及工业用引擎等高端。[1] 在20世纪90年代之前，沃尔沃汽车的整体造型设计比较方正，之后，在现代主义风格的影响下，沃尔沃车身线条趋于流线型、圆润化，第一代沃尔沃S40车型正是这个时期汽车设计的代表作，大多的棱角和直线被圆润的线条所代替。沃尔沃在90年代末通过"无铬工艺"的皮革材料来设计和制作内饰，这种工艺技术有效降低皮革材料中的有害成分，也更加环保和健康。2004年，沃尔沃迎来了史蒂夫·马丁（Steve Mattin）时代，他为沃尔沃带来了全新的设计风格，并成功在世界汽车市场赢得一席之地。而今，沃尔沃重新回归彼得·霍布里（Peter Horbury）时代，在材料、色彩、格栅等结构上均有着明显设计改善。

四 瑞典工业设计未来发展的趋势

瑞典的工业设计普遍涵盖了环保、简约、功能至上以及工艺一流等几大特点，在全新的环境中瑞典的设计已经在不断地革新和改变，对于瑞典人来说，现在的瑞典设计更为兼收并蓄，展现了截然不同的新一面。

未来瑞典的工业设计会更加着重本土品牌的建立和推广。以用户为中心来设计优秀的产品只是品牌建立的基础部分，更大需求是如何更加完善地为用户提供全方面服务，而不仅仅是售出产品。品牌的建立基于产品和服务，以及更多附加价值的体现。

在未来，新锐瑞典设计师将更多的是突破传统风格，呈现鲜活的、不拘小节的日常设计，设计朝着赋予产品生命力的方向发展，设计师更多地能摒弃思维惯性的产物，突破常规，设计出渗透着生命力，给人无限遐想的产品。

---

[1] 《诠释"斯堪的纳维亚"沃尔沃设计解析》，汽车之家，http://www.autohome.com.cn/tech/201304/511686.html，2013年4月19日。

参考文献

[1] 陈湛匀：《瑞典中小企业发展模式（下）》，汇通网，http：//www.fx678.com/C/20140609/201406091521321817.html，2014年6月9日。

[2] Linas Alsenas：《品牌观点》，www.atlascopco.com，2011。

[3] 瑞典对外交流委员会：《瑞典设计，永无止境》，www.sweden.cn，2013年5月。

[4] 包文瑞：《看瑞典的家居设计》，《文艺生活》2011年第8期。

[5] 《世界著名设计院校：北欧篇》，百度文库，http：//wenku.baidu.com/view/6b38f3a8dd3383c4bb4cd264.html，2015年5月2日。

[6] 王受之：《世界现代设计史》，中国青年出版社，2002。

[7] 米兴栋：《浅析瑞典家具设计的简约风格》，山东轻工业学院硕士学位论文，2011。

[8] 姚晶晶：《北欧设计的现代精神》，《艺苑》2009年第3期。

[9] 《诠释"斯堪的纳维亚"沃尔沃设计解析》，汽车之家，http：//www.autohome.com.cn/tech/201304/511686.html，2013年4月19日。

Abstract

Blue Book of Design Industry-Report on The Development of China's Innovative Design is a comprehensive, systematic and in-depth study report onnational and international innovative design development. Based on the study of the "new normal" economic background, this report explores the major issue about how to drive industrial transformation and upgrading through innovative design. By standing on the viewpoint of crucial theoretical and practical problems of the current innovative design and development, the research exploresfrom theoretical level, policy level and operational level, the relationship between transformation and upgrading strategy with innovation design by focusing on forward-looking, timeliness, application and maneuverability. This report concentrating on deriving efficient approaches to promote the development of China's innovative design so as to provide guidance, strategies and useful reference for policy making to government, regions, enterprises, service agencies, industry alliances and parks.

  The reportconsists of monographic research, industry research, international research, regional research, case studies on Industry Innovation Design and case studies on design organizations. Monographic research investigates the role of innovation design in promoting the manufacturing transformation and upgrading with the integration of network, digital, intelligent, information age resources, big data and industrial 4.0 and innovative design paradigm reform, innovation and intellectual property development, innovation and design of education reform and other current innovation and economic development. Case studies on Industry Innovation Designfocus on new trends exploration in the fields of high-techequipment manufacturing design, Internet based design, information service design, film and television animation design, fashion design and so on, which is helpful to guide the innovation of relevant trades. International research puts the focus on the United States, Britain, Finland and other developed countries, to review the experiences of innovative design-related policies making and management. Regional researchfocuses on the innovation of the Yangtze River Delta, the Pearl River Delta and the Beijing-Tianjin-Hebei region in the light of the national strategy of "The Belt and Road Initiative". Yangtze River economic zone development strategy andBeijing-Tianjin-Hebei regional integrationstrategy, as well as the development of innovative design in Hong Kong. It is of great significance to promote the independent innovation capability of the three regions and promote the industrial transformation and upgrading. Meanwhile, it can be also a positive reference for the development of innovative designs in other regions. Case studies on Industry Innovation Design investigate Huawei, Mi and other design-led innovation-oriented enterprises and major innovative design projectsthrough anatomy of typical cases to demonstrate the mechanism ofinnovative design creates value. The leading role in innovation. Case studies on design organizations review the development of design service organization and design promotion organization domestic and abroad such as China Strategic Alliance of Innovation and Design Industry, German Design Committee, SVID Swedish Industrial Design Foundation, etc.

Contents

I General Report

B1. Leading Industry Transformation and Upgrading by
Innovative Design   *Wang Xiaohong, Zhang Liqun and Yu Wei* / 001

Abstract: Innovative design plays acrucial role in promoting the intelligent, greenand service oriented manufacturing industry and upgrading the construction of new manufacturing system in China. Innovative design is an important way to effectively promote the structural reform of the supply side, to promote the transformation and upgradingfrom "Made in China" to "Create by China", from "China's Speed" to "China's Quality", from "Chinese products" to "Chinese Brand". Innovative design is also a practical approach to explore new way of green, low – carbon, intelligent and efficient industrialization, and to accelerate the innovation of products, systems, processes and services, to enhance the capability of independent innovation, sustainable development and international competitiveness of Chinese products. Innovative design has become an important component of innovation – driven strategies, policies and innovative activitiesin many countries. Refining the construction of national innovation design strategy and innovative design system, encouraging innovation and design theory and applied research, promoting education of innovative design talent development, strengthening innovation design in economic restructuring and technological innovation, enhancing its critical role inupdate the value of design in the whole industry chain, help to upgrade China's overall innovation design capabilities.

Keywords: Innovation Design; Transformation and Upgrading; Innovation Design Strategy

Ⅱ　Monographic Research Report

B. 2　Research on Big Data and Industry 4.0 with the Reform of Innovation Design Paradigm

Wang Zuyao, Huang Shaohua and Sun Shouqian / 022

Abstract: People are progressively aware of the value of Big Data in recent years. Along with the budding development of industry 4.0 in our country, the innovation design now is at the crossroads. Big Data and industry 4.0 provide brand new information network, physical environment and a powerful motivator of innovation for the innovation design. In pace with the trend that knowledge and service gradually become the core of creating value instead of products and technology, the objects, construction, methods, business model and talents of innovation design are all getting changed dramatically. Influenced by the crowdfunding, outsourcing, co-creation, crowdsharing and other internet technologies, innovation design proceeds to merge with product manufacture in a speedy way, and more and more designers are willing to launch business startups as an positive response to it.

Keywords: Big Data; Industry 4.0; Innovation Design; Design Startups

B. 3　Design Innovation and the Current Situation and Trend of Intellectual Property　　*Lin Xiaoyue, Wu Su / 034*

Abstract: Based on the patent statistics, this paper explores the current situation and tendency of design innovation and intellectual property in international and domestic society. Moreover, development trend and characteristics of Chinese design innovation have been observed from the perspective of intellectual property. Achievements and existing problems of Chinese industrial property enterprises in utilizing intellectual property strategy have been summarized. Finally, suggestions for improving the environment of intellectual property in the field of design innovation at the national level and industry level are given.

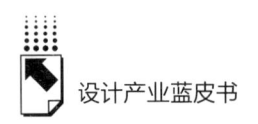

Keywords: Design Innovation; Intellectual Property; Design Patent

B. 4　Research on the Pattern of Innovation Design Education

Jiang Nan / 053

Abstract: In this report, we firstly illustrate the strategic significance of innovative design education. Secondly, we analyse the current state and existing problems of design education in China, and then present the study of innovative design education modes abroad that are worth a reference. Thirdly, we purpose suggestions on the reformation of innovative design education in China as follows: 1. Reconstructing the education system and education ideology; 2. Building pluralism and international organization of educators; 3. Conducting interdisciplinary development of innovative design and training versatile design talents with innovative design ideas, by combining creativity, technology and business.

Keywords: Innovative Design; Education Mode; Interdisciplinary Development; Versatile Design Talent

Ⅲ　Industry Research Report

B. 5　The Current Situation and Trends of Design Development in High ‑ End Equipment Manufacturing Industry

Ming Xinguo / 068

Abstract: The advanced equipment manufacturing industry adopts advanced and high-value equipment to improve the manufacturing of enterprises, and makes products better in the manufacturing process. However, the design system of the advanced equipment manufacturing industry is not optimal in our country, and the product innovation system is developed to improve the level of the equipment manufacturing industry. To solve this situation, this paper presents the product innovation framework and innovation process based on lifecycle. The product design theory, design management, design levels and development direction in the future are all developed. This can assist the development of the advanced equipment manufacturing industry.

Keywords: Advanced Equipment Manufacturing Industry; Product Innovation; Product Design; Research and Developmentmanagement

B. 6 Internet Thinking and Internet Design

Xie Xueying, Dong Zhanxun / 082

Abstract: Internet thinking is a systemicbusiness thinking. It is featured by decentration, large data, share and supreme experience. Internet thinkingplays a significant, even a subversive role in botharea of real economy and experience economy, promoting the escalation and innovation in different domains.

Keywords: Internet Thinking; Summary; Features; Domain Innovation

B. 7 The Current Situation and Trends of Information Design

Hu Jianbo / 090

Abstract: This paper revolves around information system-design seven elements—information infrastructure construction, industrial development, information technology application, information technology, information resources development and utilization, network and information security, laws, regulations and policies related to the informatization, combing the current situation of the informationization development of our country, and combining with the trend of the development of the global informatization as well as China's economic and social development strategic target and the actual demand, trends for the future development of informationization in China are analyzed and prospected.

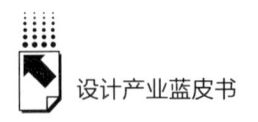

Keywords: Information; System-design; Trends

B.8　The Current Situation and Trends of Film and Television Animation Innovation Design

Liu Xiumei, Zhang Leilei / 105

Abstract: On the road of 'Reform', the domestic film and television animation has never stop seeking development on innovative design, not only has huge increase on production, but also has progress in artistic expression, ideological appeal, narrative ability and the maturity and stability of whole industry. The paper aims at offering a glimpse of status quo and tendency of innovative design development of film and television animation during 2014 - 2015, by summarizing the well-worthy learning pattern of market status, creative landscape and aesthetic pursuit, to give suggestions for the future development of Chinese film and television animation industry.

Keywords: Television Animation; Innovative Design; Animated Movie; Animated Television

B.9　The Trends and Strategies of Fashion Design Development

Jia Ronglin, Chang Le / 123

Abstract: Accelerating the development of fashion industry and design services industry and achieving the transformation and upgrading of fashion industry, are important ways to promote the industrial structure upgrading and regional economic development. This paper explores the development trend of China fashion design through examining the current situation of the development of China fashion design industry and its development characteristics. It also proposes the ideas and strategies of boosting the development of fashion design industry from its source.

Keywords: Fashion Design; Development Trend; Innovation Drive; Strategy

Ⅳ International Research Report

B.10 Research on the Development of Design Service Industry in the United States

Yu Wei, Jiang Xinyu, Wang Lin and Bao Rushuang / 139

Abstract: Design service industry is the main driving force of innovation oriented country, the United States as an up and comer, the design developed fast and have an important influence on other countries. This paper mainly studies the development of the United States design of the service industry, and from the relevant government organizations, industry associations, creative companies and so on, studies the external and internal factors of its rapid development. Get inspiration from it to guide the design of China's service industry, and predicts the future direction of development.

Keywords: The United States; Design Service Industry; Power Factor; Future Prospects

B.11 Research on the Evolution and Development of Design Innovation System in Finland

Hannu Kahonen, Chen Chaojie / 153

Abstract: Finnish economic success attributes it's the long–term investment of the field of Design and innovation and the successful practice of design. This essay's objectiveis the support form Finnish government policy of the filed of design and innovation. Observations and analysis the evolution and development of Finnish design innovation system via time, economy and Finnish research policy, respectively.

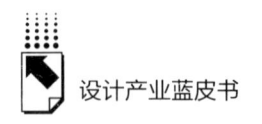

Keywords: Industrial Design; Design Promotion; Finnish Design Policy; National Innovation System

V Regional Research Report

B. 12 Research on Industrial Design Development Characteristics of the Yangtze River Delta and the Pearl River Delta Region
Hu Fei, Zhou Hongshi / 164

Abstract: Based on the analysis about the features and Experiences on Industrial Design Development of three provinces of Jiangsu, Zhejiang and Shanghai, This report found that they have emphasized on innovative ideas and through a focused integration of various resources, docking industry, culture, and other measures to attract high-end talent to provide a good development for the industrial design development environment, strengthening its leading position in the Yangtze River Delta economy. However, as the earliest provinces of reform and opening up, Guangdong Province has not yet established a sound industrial design for industrial innovation system. Therefore, This report will put forward thinking about the development of industrial design in Guangdong province.

Keywords: Industrial Design; Design Innovation; Industry Innovation

B. 13 Research on the Development of Design Industry in the Beijing-Tianjin-Hebei Region   *Song Weizu, Wu Jian /* 172

Abstract: Coordinated Development of Beijing, Tianjin and Hebei has been identified as a major national strategy. The Cooperative Development Plan of three districts which is adopted in April 2015 represent that the joint development in this district is shift from the top － level design phase into the comprehensive implementation phase. Industrial Development identified as one of the three main tasks for the coordinated development of three districts. The Industry collaborative innovation －driven development can be represented with driving force, and is the research and design is in the leading position. As an integrated knowledge on technology, culture, society and economy, Design can create original and innovative methods to meet user's demand for goods and services. Beijing, Tianjin and Hebei all have the clear development orientation and distinctive industrial resource, which can create a strong strategic support and development opportunities.

Keywords: Design Industry; Beijing Tianjin and Hebei; Development

B. 14　Design Service Industry in Hong Kong　　　　*Liu Xihui* / 190

Abstract: As a leading free economy in the world, Hong Kong integrates international view with respecting tradition and local culture. This is the unique land for nurturing Hong Kong design to serve branding, innovation, marketing, communication and service. Hong Kong designers are famous for their multi － talents and commercialization. To foster design, various agencies are established by the government.

Keywords: Hong Kong; Service Design; Branding Various

Ⅵ　Case Studies on Industry Innovation Design

B. 15　Case Study of Xiaomi Tech Innovative Design

Liang Qiwei / 202

Abstract: This paper focuses on Beijing Xiaomi Technology LLC, from three aspects, industrial design, internet positioning and innovation mode. Xiaomi's industrial design has its own design language, philosophy and methodology. As an internet company, Xiaomi also has some specific internet characteristics in its branding positioning and marketing. Through building the enterprise innovation ecosystem, Xiaomi open the enterprise innovation 3.0 mode, which provides the internet industry a perfect system.

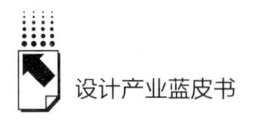

Keywords: Xiaomi Tech; Industrial Design; Internet; Mode of Innovation 3.0

B.16 Case Study on the Development in Design Management of JiaE Brand　　　　　　　　　　　　*Guo Yu, Xie Min* / 217

Abstract: With the Chinese innovation in full progress, people is increasingly concerned about creative design and has purchase intention. In such an environment, domestic creative vertical E – Commerce, such as creative product, gradually started. JiaE, as the earlier establishedcreative E – Commerce in China, sells selected creative daily necessities online, and participates in enterprise creative projects, undertakes various creative product exhibitions offline. JiaE has formed China design product supply chains ahead after two years of development, with economic developed rapidly. This paper is intended to introduce the business model of JiaE, analyse enterprise innovation capacity construction and development strategies, and put forward development suggestions for China creative vertical E – Commerce through a synchronic and diachronic comparison.

Keywords: JiaE; Creative E-Commerce; Business Model; Development Strategies

B.17 Case Study of Hua Wei Innovative Design and Management
　　　　　　　　　　　　　　　　　Wang Jin, Zhong Jiaming / 236

Abstract: Huawei Technologies Co. founded with communication equipment. It grew up to a world − class communication enterprise from an unknown company just in about 20 years and it now become the NO. 2 enterprise of the communication device. In the Internet time, the industry environment changed fiercely so Huawei also tried to find its own transition. The research introduced the management policy of design and design management research, focusing on design of mobile phone, with the aspects of design policy, design strategy, product strategy. The research concluded the important role which design management played in the success of enterprise.

Keywords: Huawei; Huawei Design; Design Management

B. 18 Case Study of Xiamen Dong Tai Group Innovative Design and Strategy

Hu Qinglin, Liang Tian / 248

Abstract: In the background of advocating environmental − friendly and sustainable economic development, it has been imperative for traditional construction industry to improve its old development mode. This paper takes Xiamen Tung Tai Group asan example, toanalyze howto make innovations to get through the industry transition. On the one side, the enterprise has been transforming the mode of development, implementing the diversified development strategy and deepening the construction − related industrial chain to integrate resources, control costs, guarantee quality and consolidate its market advantages. On the other side, the enterprise has been applying green building design to saving resources and energy, meeting the development trends, which has made great economic and social benefits.

Keywords: Construction Industry; Diversified Development Strategy; Green Building

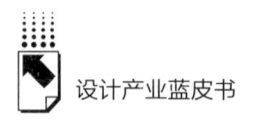

Ⅶ Case Studies on Design Organizations

B.19　Innovation Design Alliance of China

Zhang Yanmin, Liu Huirong / 263

Abstract: Innovation Design Alliance of China, (abbr. IDAC) as the organization committing to promote the capacity of innovative design, was established in October 11th, 2014. This report describes comprehensive introduction to the background, aims and objectives, tasks and division of labor, organization and focus of IDAC.

Keywords: Innovation Design; Alliance; Organization

B.20　German Design Council

Yu Wei, Jiang Xinyu, Wang Yayun and Yuan Song / 272

Abstract: The German Design Council which is well - known in foreign countries is an independent international governing body to determine the form of the excellent German products, to provide the exchange of information for the various design organizations, and to joint those outstanding international brands and to promote the design trends for the purpose of commercial areas, which give a strong impetus to economic development in Germany, making Germany becoming one of the world's fastest growing industrial country. In this paper, firstly, we introduce the establishment background, main function and development process of the German Design Council, then analyse the relative factors in the development of the Council, historical experience and the influence and the future development trend in order to provide the referable theory guidance and policy basis for the development of China's design industry.

Keywords: The German Design Council; Current Situation; Development; Trend

Contents

B. 21　Swedish Industrial Design Foundation

Jiang Xinyu, Yu Wei, Chen Xin and Li Yanqiao / 288

Abstract: Contemporary Swedish design has outstanding reputation in the international stage, which has been a vital representative of northern Europe design. The development of Swedish industrial design is closely related to its particular geographical location and natural environment, democratic social system and powerful support of the government. The establishment of Swedish Industrial Design Foundation (SVID) accelerates the developmental progression of Swedish Industrial Design and is working on making design as the power of country's development and the powerful arm of enhancing competitiveness. While Swedish Design pursuing the access of products, it also mixes the user's emotion, psychology and the real using requirement, and combines humanism and functionalism organically, injuring fresh energy into design of the new period.

Keywords: Democratization; Humanization Design; Furniture Design; Industrialization

皮书起源

"皮书"起源于十七、十八世纪的英国,主要指官方或社会组织正式发表的重要文件或报告,多以"白皮书"命名。在中国,"皮书"这一概念被社会广泛接受,并被成功运作、发展成为一种全新的出版形态,则源于中国社会科学院社会科学文献出版社。

皮书定义

皮书是对中国与世界发展状况和热点问题进行年度监测,以专业的角度、专家的视野和实证研究方法,针对某一领域或区域现状与发展态势展开分析和预测,具备原创性、实证性、专业性、连续性、前沿性、时效性等特点的公开出版物,由一系列权威研究报告组成。

皮书作者

皮书系列的作者以中国社会科学院、著名高校、地方社会科学院的研究人员为主,多为国内一流研究机构的权威专家学者,他们的看法和观点代表了学界对中国与世界的现实和未来最高水平的解读与分析。

皮书荣誉

皮书系列已成为社会科学文献出版社的著名图书品牌和中国社会科学院的知名学术品牌。2011年,皮书系列正式列入"十二五"国家重点出版规划项目;2012~2015年,重点皮书列入中国社会科学院承担的国家哲学社会科学创新工程项目;2016年,46种院外皮书使用"中国社会科学院创新工程学术出版项目"标识。

中国皮书网

www.pishu.cn

发布皮书研创资讯，传播皮书精彩内容
引领皮书出版潮流，打造皮书服务平台

栏目设置：

- □ 资讯：皮书动态、皮书观点、皮书数据、皮书报道、皮书发布、电子期刊
- □ 标准：皮书评价、皮书研究、皮书规范
- □ 服务：最新皮书、皮书书目、重点推荐、在线购书
- □ 链接：皮书数据库、皮书博客、皮书微博、在线书城
- □ 搜索：资讯、图书、研究动态、皮书专家、研创团队

中国皮书网依托皮书系列"权威、前沿、原创"的优质内容资源，通过文字、图片、音频、视频等多种元素，在皮书研创者、使用者之间搭建了一个成果展示、资源共享的互动平台。

自2005年12月正式上线以来，中国皮书网的IP访问量、PV浏览量与日俱增，受到海内外研究者、公务人员、商务人士以及专业读者的广泛关注。

2008年、2011年中国皮书网均在全国新闻出版业网站荣誉评选中获得"最具商业价值网站"称号；2012年，获得"出版业网站百强"称号。

2014年，中国皮书网与皮书数据库实现资源共享，端口合一，将提供更丰富的内容，更全面的服务。

法律声明

"皮书系列"(含蓝皮书、绿皮书、黄皮书)之品牌由社会科学文献出版社最早使用并持续至今,现已被中国图书市场所熟知。"皮书系列"的LOGO( )与"经济蓝皮书""社会蓝皮书"均已在中华人民共和国国家工商行政管理总局商标局登记注册。"皮书系列"图书的注册商标专用权及封面设计、版式设计的著作权均为社会科学文献出版社所有。未经社会科学文献出版社书面授权许可,任何使用与"皮书系列"图书注册商标、封面设计、版式设计相同或者近似的文字、图形或其组合的行为均系侵权行为。

经作者授权,本书的专有出版权及信息网络传播权为社会科学文献出版社享有。未经社会科学文献出版社书面授权许可,任何就本书内容的复制、发行或以数字形式进行网络传播的行为均系侵权行为。

社会科学文献出版社将通过法律途径追究上述侵权行为的法律责任,维护自身合法权益。

欢迎社会各界人士对侵犯社会科学文献出版社上述权利的侵权行为进行举报。电话:010-59367121,电子邮箱:fawubu@ssap.cn。

社会科学文献出版社

皮书数据库

ANNUAL REPORT(YEARBOOK) DATABASE

权威报告·热点资讯·特色资源

当代中国与世界发展高端智库平台

www.pishu.com.cn

皮书俱乐部会员服务指南

1. 谁能成为皮书俱乐部成员？
- 皮书作者自动成为俱乐部会员
- 购买了皮书产品（纸质书/电子书）的个人用户

2. 会员可以享受的增值服务
- 免费获赠皮书数据库100元充值卡
- 加入皮书俱乐部，免费获赠该纸质图书的电子书
- 免费定期获赠皮书电子期刊
- 优先参与各类皮书学术活动
- 优先享受皮书产品的最新优惠

3. 如何享受增值服务？

（1）免费获赠100元皮书数据库体验卡

第1步 刮开附赠充值的涂层（右下）；

第2步 登录皮书数据库网站（www.pishu.com.cn），注册账号；

第3步 登录并进入"会员中心"—"在线充值"—"充值卡充值"，充值成功后即可使用。

（2）加入皮书俱乐部，凭数据库体验卡获赠该书的电子书

第1步 登录社会科学文献出版社官网（www.ssap.com.cn），注册账号；

第2步 登录并进入"会员中心"—"皮书俱乐部"，提交加入皮书俱乐部申请；

第3步 审核通过后，再次进入皮书俱乐部，填写页面所需图书、体验卡信息即可自动兑换相应电子书。

4. 声明

解释权归社会科学文献出版社所有

皮书俱乐部会员可享受社会科学文献出版社其他相关免费增值服务，有任何疑问，均可与我们联系。

图书销售热线：010-59367070/7028
图书服务QQ：800045692
图书服务邮箱：duzhe@ssap.cn

数据库服务热线：400-008-6695
数据库服务QQ：2475522410
数据库服务邮箱：database@ssap.cn

欢迎登录社会科学文献出版社官网
（www.ssap.com.cn）
和中国皮书网（www.pishu.cn）
了解更多信息

社会科学文献出版社 皮书系列
SOCIAL SCIENCES ACADEMIC PRESS (CHINA)

卡号：0495076395527346
密码：

子库介绍
Sub-Database Introduction

中国经济发展数据库

涵盖宏观经济、农业经济、工业经济、产业经济、财政金融、交通旅游、商业贸易、劳动经济、企业经济、房地产经济、城市经济、区域经济等领域，为用户实时了解经济运行态势、把握经济发展规律、洞察经济形势、做出经济决策提供参考和依据。

中国社会发展数据库

全面整合国内外有关中国社会发展的统计数据、深度分析报告、专家解读和热点资讯构建而成的专业学术数据库。涉及宗教、社会、人口、政治、外交、法律、文化、教育、体育、文学艺术、医药卫生、资源环境等多个领域。

中国行业发展数据库

以中国国民经济行业分类为依据，跟踪分析国民经济各行业市场运行状况和政策导向，提供行业发展最前沿的资讯，为用户投资、从业及各种经济决策提供理论基础和实践指导。内容涵盖农业，能源与矿产业，交通运输业，制造业，金融业，房地产业，租赁和商务服务业，科学研究，环境和公共设施管理，居民服务业，教育，卫生和社会保障，文化、体育和娱乐业等100余个行业。

中国区域发展数据库

以特定区域内的经济、社会、文化、法治、资源环境等领域的现状与发展情况进行分析和预测。涵盖中部、西部、东北、西北等地区，长三角、珠三角、黄三角、京津冀、环渤海、合肥经济圈、长株潭城市群、关中—天水经济区、海峡经济区等区域经济体和城市圈，北京、上海、浙江、河南、陕西等34个省份及中国台湾地区。

中国文化传媒数据库

包括文化事业、文化产业、宗教、群众文化、图书馆事业、博物馆事业、档案事业、语言文字、文学、历史地理、新闻传播、广播电视、出版事业、艺术、电影、娱乐等多个子库。

世界经济与国际政治数据库

以皮书系列中涉及世界经济与国际政治的研究成果为基础，全面整合国内外有关世界经济与国际政治的统计数据、深度分析报告、专家解读和热点资讯构建而成的专业学术数据库。包括世界经济、世界政治、世界文化、国际社会、国际关系、国际组织、区域发展、国别发展等多个子库。